U0036194

歷史中國

西元前21世紀～西元前249

夏商周原來是這樣

醉罷君山◎著

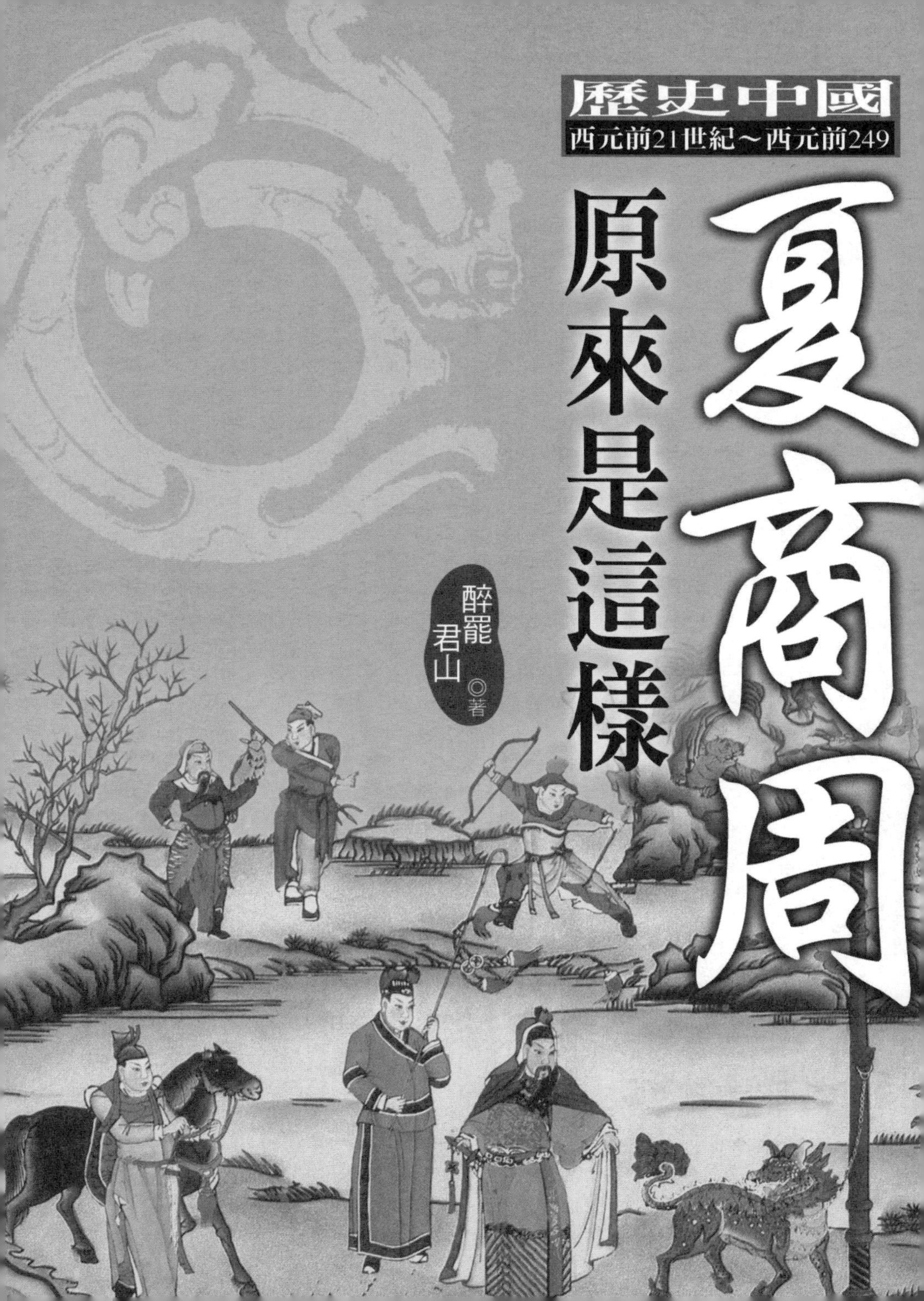

目錄

一、遠古時代的英雄／007
二、征服者軒轅／016
三、開闢鴻茫，告別蠻荒／025
四、黃帝的子孫們／033
五、洪水滔天——帝堯時代／039
六、聖人還是陰謀家（上）／044
七、聖人還是陰謀家（下）／052
八、禪讓還是奪權？（上）／061
九、禪讓還是奪權？（下）／069
十、夏王朝的誕生／076
十一、竊國者（上）：后羿／086
十二、竊國者（下）：寒浞／092
十三、少康中興（上）：復仇／098
十四、少康中興（下）：復國／105
十五、失重的權柄／114

十六、夏桀幹了什麼壞事／122
十七、權謀大師伊尹／128
十八、夏台之囚／135
十九、十一征而無敵於天下／142
二十、賢相還是叛臣？／149
二十一、大遷徙：盤庚遷都／159
二十二、武丁大帝（上）：三年不語／170
二十三、武丁大帝（下）：運掌天下／177
二十四、岐周的興起／184
二十五、山雨欲來風滿樓／191
二十六、酒池肉林：暴君與「藝術家」／198
二十七、我本梟雄：西伯與姜太公／205
二十八、殷商的滅亡（上）／213
二十九、殷商的滅亡（下）／221
三十、周雖舊邦，其命維新／230

三十一、管、蔡的叛亂（上）／237
三十二、管、蔡的叛亂（下）／246
三十三、周公的政治學／254
三十四、成康之治／264
三十五、從未來穿越到周朝？／271
三十六、周穆王的武功文治／278
三十七、衰落中的周王室／284
三十八、曇花一現的宣王中興／291
三十九、驪山之變／301
四十、權力倒懸的時代／310
四十一、在霸主鐵腕的庇護下／318
四十二、風刀霜劍嚴相逼／325
四十三、零落成泥碾作塵／335
夏商周大事年表／346

一、遠古時代的英雄

很久很久以前，距今上萬年，中國大地之上仍是一派原始自然景象，天造草昧，荊榛未開。高山丘陵、平原高原、江湖沼澤仍保持著原始的蠻荒模樣。溫暖濕潤的氣候，帶來充足的陽光與豐富的降水，從黃河流域到長江流域，高大的樹木夾雜著低矮的灌木，枝藤交錯，野草叢生，形形色色的花朵隨處可見。禽鳥蟲蛇走獸，遊蕩其間，人類看上去並不佔有絕對的優勢。

然而憑藉思想這一無敵利器，人類巧妙地利用種種工具，依靠團結與協作漸漸脫穎而出，成為地球生物圈之主宰。

儘管如此，彼時之人生存境況之惡劣，仍為今人所難想像。僅有簡陋之居所、寒磣之衣物、窳劣之器具，夏與烈日爭，冬與嚴霜爭，與洪水爭，與毒蛇猛獸爭，非勇敢堅強者無以生存。華夏之文明便是在此惡劣之環境下初露熹光。

由於歷史久遠，史料缺失，要恢復遠古歷史的面貌幾乎是不可能。當然中國有一些神話故事，只是與印度、埃及、巴比倫、希臘等文明古國相比，不僅神話故事少得可憐，也毫無系統可言。在這些神話中，包括中國人所熟知的盤古開天闢地、女媧補天、后羿射日等。不過值得注意的一點是，這些神話故事產生的時間並不早，在早期歷史文獻中極少被提及。可見華夏文明自一開始就與神保持著一定的距離，這也是中國文明區別於其他古國文明的特點之一。

大家都知道孔子曾說過一句有名的話：「敬鬼神而遠之。」這句話的背後有深刻的歷史背景：在孔子之前的數千年裡，中國人對鬼神的態度就已是如此。一個非常典型的例子，早期出現的神祇都不是人格化的，而是非常抽象的概念。上古時代的神，譬如天神、地神、河神、山神等可以享受人的祭祀，卻始終沒有神的面貌，沒有偶像崇拜。誰也不知道神長什麼模樣，似乎也沒有人去關心這個問題。對於那時的中國人來說，只要知道敬畏神，能從神那裡得到啟示就足夠了，沒必要與神過分親密。

不推崇鬼神，勢必就要立起人世間的英雄。華夏文明從一開始就充滿英雄崇拜的味道，英雄們的偉大業績，總是激勵著子孫後代，「祖先崇拜」的思想由此發端。

下面先說說對華夏文明產生過重要影響的幾位英雄人物。

中國上古史有「三皇五帝」之說，「三皇」是哪三位呢？史料的說法五花八門。呂思勉先生寫的《三皇五帝考》，羅列出六種說法：

第一種說法是天皇、地皇、人皇；第二種說法是天皇、地皇、泰皇；第三種說法是燧人、伏羲、神農；第四種說法是伏羲、神農、祝融；第五種說法是伏羲、女媧、神農；第六種說法是伏羲、神農、黃帝。

這裡我選用第三種說法，即三皇為燧人、伏羲、神農。除了這三人之外，還有一個比較重要的人物，就是有巢氏，他之所以沒有在「三皇」之列，大約是因為年代過於久遠。他是最早的一位英雄，用古人的說法叫作「聖人」。

從這四位英雄的名字裡我們隱隱地發現，他們的英雄事蹟並不在於武功，而在於開創了技術革命、開啟了文明之光。

先來看看第一位英雄人物：有巢氏。

關於有巢氏，先秦《韓非子》一書中有一段記錄，文字並不深奧，我把原文引述如下：

「上古之世人民少而禽獸眾，人民不能勝禽獸蟲蛇。有聖人作，構木為巢以避群害，而民悅之，使王天下，號之曰有巢氏。」

嚴格地說，有巢氏不能叫名字，它與燧人氏、神農氏一樣都是稱呼。為什麼稱呼他為「有巢氏」呢？因為他是中國歷史上的第一位房產大亨，「巢」就是房子、巢室、居所。這個人的功績可不得了，在他之前人類沒有房屋的概念，那麼他們都住在哪兒呢？要麼露宿，要麼住樹上，要麼住在洞穴裡。我們可以想像那種艱難的生存狀態，風吹雨淋日曬倒不是真正的威脅，當時大自然還沒有被開發，到處都是毒蛇猛獸，試想晚上睡覺時爬進幾條蛇或者來隻猛虎獅子的，人就只能成為動物的美食。要是把現代人往原始叢林一扔，在那待幾個晚上與蟲蛇為伴，恐怕沒幾天都準得失眠症，誰能放心睡個安穩覺呢？

不知道大家有沒有這樣的體驗：有時在睡夢裡，會夢到從某個高處跌下來，或者突然掉到什麼地方，這時我們就會有身體反應，小腿會不由自主地蜷縮起來。有科學家認為這是人類對遠古生活的一種回憶，當時住在樹上，睡著時很容易掉下來。可能還有另一種情況，就是腿突然被蛇咬上一口引起條件反射。在餐風露宿的年代，這真的是再平常不過的事。

這個時候，有巢氏出現了。

他是個很聰明的人，嘗試改善居住環境，便想出一個絕妙的主意，用木頭建起了房屋。如果放在今天這確實稱不上一件難事，因為我們有了各式各樣的工具，有斧頭、鋸子、鐵釘。可是那個年代啥也沒有只有石器，光是要把一棵大樹砍倒都不是一件容易的事。人類的意志最終戰勝了物資條件的匱乏，有巢氏用最簡陋的工具，蓋起了最原始的房屋。那時房屋是什麼樣子我們也不太好想像，肯定是很難看的。不過沒有關係，虎豹豺狼來了，被阻擋在房子外面，張牙舞爪卻無可奈何。

房屋的出現確實是人類一次巨大的革命，改造自然的步伐邁出了堅實的一步。按照韓非子的說法，有巢氏因而「王天下」。我想當時根本還沒有「天下」的概念，頂多就是在有巢氏生活圈附近的人紛紛跑來向他學習蓋房子，他因此被推為首領。

統治的權柄並不在於武力而在於智慧。睡覺是件大事，有巢氏讓大家睡上了安穩的覺，因此被尊為「聖人」，實際上就是英雄。他確實是一個英雄。有了房屋後人類才有了安全的居所，這是獲得與動物界戰爭優勢的開始，人類社會是從征服動物開始的。

征服動物界，是一場漫長的戰爭。

即便有了房屋作為防禦性的居所，人類的生活環境仍然危機四伏。黑夜裡隱藏著巨大的威脅，多數動物在夜晚的行動能力要遠遠超過人類。地球有一半時間在黑暗中，不能戰勝黑暗就不能戰勝出沒於黑暗中的凶猛動物。火的出現是人類歷史上最偉大的革命之一。

嚴格說來，火並不是人類的發明，自然界早已存在。酷熱會引發森林起火，雷擊、火山噴發等都會產生火。然而自然之火並不是什麼時候都有的，出現的機會很低。有沒有辦法人工取火呢？

在美國電影《浩劫重生》中，湯姆•漢克扮演的那個當代魯濱遜落難到了一個海島上，他費了九牛二虎之力鑽木取火，期間經過了無數次的失敗。一個當代人在懂得鑽木取火的原理後，要憑藉原始的工具生起一堆火仍然是困難重重，更何況上古的人連這個原理都不曉得。燧人氏的稱號與有巢氏一樣，是以發明成就來命名，因為當時還沒有姓名稱謂。有巢氏就是有房子的傢伙，而燧人氏就是能取火的傢伙。

燧人氏怎麼知道鑽木取火呢？我想在燧人氏之前肯定已有很多人嘗試過了，最後都以失敗而告終。鑽木取火可能起源於人類對自然界的觀察，比如說石塊猛地相擊時會有火花。只是這種稍縱即逝的火花，根本不可能保存下來。

有這麼一種傳說，燧人氏見到鳥啄樹木有時會有火花閃出，他由此受到啟發，開始鑽木取火的試驗。就像我們前面說過的，現代人用更好的工具鑽木取火都十分不容易，更何況是久遠之前的人。燧人氏的試驗一定失敗了無數次，次數一定不會比愛迪生試驗電燈泡少。他不斷地打磨石頭，試驗各種木頭，終於有一天木頭被點燃了。

可惜歷史沒有記下那一天的日期，那是一個偉大的時刻。

他成了中國的普羅米修斯，但並非是從天上盜火，而是在人間取火。

人工取火是人類擺脫野蠻、邁向文明的關鍵，其意義比造房屋更大。在自然界中有不少動物也會營造巢穴，比如小鳥、蜜蜂都能築巢，但只有人類做到了自主取火。正是這個原因，燧人氏被列入「三皇」之列，而有巢氏沒有。從此夜晚不再是一片漆黑，火光照亮了大地，光明不再只屬於白晝。

火不僅僅用於照明，還有更深刻的意義。人工取火使得人類在與動物界的戰爭中，獲得了一個勝利的法寶，用火可以驅趕毒蛇猛獸，可以在夜晚作戰，它本身就是戰爭的利器。

另外，火還為人類帶來了兩大變革。

其一，是帶來健康的熟食，不再像動物那樣吃生的。這點在《韓非子》一書中也有提到：「民食果、瓜、蚌、蛤，腥臊惡臭而傷腹胃，民多疾病。有聖人作，鑽燧取火，以化腥臊，而民悅之，使王天下，號之曰燧人氏。」當時的人並不懂得病菌之類的名詞，但他們已經發現生食經常導致疾病，用火煮熟的食物則更為安全。火的出現帶來了飲食的革命，這點是動物界所無法做到的。

其二，使冶煉金屬成為可能。從火的發明到冶煉金屬的成功，應該經歷了很長的時間，沒有火就無法從石器時代過渡到青銅時代。隨著金屬冶煉的成功，人類便成為地球生物的主宰者。

與有巢氏、燧人氏相比，伏羲的傳說就更多了。

伏羲又稱為庖犧氏或包犧氏，從這個名字來看，大致可以推斷出他的主要貢獻。「庖」字如果做動詞解，就是「烹調」；如果做名詞解，就是「廚房」。「犧」就是牲畜，是人工飼養的牲口。在人類早期，食物的獲取無非兩大途徑：其一是採摘野果；其二是捕殺動物。

在人口數量相當少的時候，食物並不緊缺，大自然有豐富的供給。隨著人類不斷地征服動物界，生存空間不斷拓展，人口也變多了，這時食物就成問題了。

樹上的果實會隨著季節的不同而增減，有的時候多，有的時候少，供應是不穩定的。而對動物的捕殺也使得動物的數量減少，狩獵到的食物也變得不穩定。人工飼養因此成為穩定的食品來源，在這個過程中伏羲扮演了一個重要的角色。

據說伏羲是個大發明家，除了畜牧之外還發明結網打魚的方法，用獸皮縫製衣服等。然而他的貢獻絕不僅僅在於物質層面，而是上升到精神層面。在遠古英雄中伏羲有著十分特殊的地位，因為他是中國歷史上的第一個哲學家。

《易經》是這樣描寫這位聖人的：「古者庖犧氏（即伏羲）之王天下也，仰則觀象於天，俯則觀法於地，觀鳥獸之文與地之宜，近取諸身，遠取諸物，於是始作八卦，以通神明之德，以類萬物之情。」他的眼界不僅僅局限在人自身，而「觀象於天」、「觀法於地」，探尋天理，探尋人與宇宙的關係。

伏羲是第一個用「數」與「圖」的方法去理解宇宙萬物的人，從這一點上說他確實充滿哲學家的氣質。八卦就是八個卦相，每卦由三個爻構成，「—」代表陽爻、「--」表示陰爻。八卦分別是乾、坤、震、巽、坎、離、艮、兌，分別代表天、地、風、雷、水、火、山、澤。通俗一點說，這是一種樸素的宇宙模型。

在古代傳說中伏羲又被描述成人首蛇身的怪物，為什麼會是這種形象呢？有一種說法十分合情合理，伏羲「人首蛇身」的形象與一個字有關，這個字就是「道」。我們注意一下「道」字的寫法，上面是「首」字，下面是「辶」，這個文字構成像不像「人首蛇身」呢？伏羲是得道之人，古代的道就是宇宙真理，他就是「道」的化身，因而後來居然被描繪成人首蛇身之形象，實在可笑至極。

人類的發展史也是對宇宙真相不斷探索研究的發展史。沒有哲學思想就談不上什麼文化，因此伏羲對宇宙開創性的思索是中國文化史上的里程碑。

在中國的古文獻中，像「有巢氏」、「燧人氏」、「庖犧氏」這些詞都包括了兩層意思：第一層意思就是三位英雄的稱謂，第二層意思就是他所在的氏族。伏羲的這一氏族，即「庖犧氏」興起一段時間後走向沒落，原因很簡單，其他氏族在文明上後來居上，進而取代了庖犧氏的地位。取代庖犧氏的，是神農氏。

《易經》記載：「包犧氏沒，神農氏作。」

這裡的神農氏，我的理解仍是兩層意思：最初是一個人的稱謂，後來是一個氏族的名。古代的族群能獲得多大的影響力與其擁有的技術水準是密切相關的，在伏羲的畜牧革命後神農氏又引導了一場新的技術革命，即種植業的革命。

講到這裡，我想說一個話題。

多數人對中國歷史的了解多是春秋戰國之後的各個王朝。事實上，自秦以後中國文明進入了一個發展相當緩慢的階段，巨大的技術變革、深刻的思想變革並不多。反倒是從上古時代到秦以前，中國文明充滿了創造力，產生了無數技術與思想的奇蹟。這是讀史者不可不關注的一個問題。

種植業的出現使得人類的糧食問題獲得了最終的解決。直到今天，給我們提供糧食的仍然主要是種植業。人工種植是不是神農氏的首創呢？應該不是。神農氏的農業革命是耕種方法與農具的革命，使得大規模的種植成為可能。

在《淮南子》一書中，有這樣的寫法：「古者，民茹草飲水，採樹木之實，食蠃蚌之肉，時多疾病毒傷之害。於是神農乃始教民播種五穀，相土地宜，燥濕肥墝高下。」在此之前儘管有畜牧業作為補充，但人類的食物仍然嚴重依賴於野生的動植物資源，野果可能有毒、動物可能染上瘟疫，即便煮熟了也會威脅人的生命安全。而五穀則是安全性很高的食物。神農氏何以使得大規模耕種成為可能呢？他認真地研究了地形、氣候、土壤對種植物的影響，使得種植成功率大大提升。

除此之外，他還大力改進農業工具，據《易經》載，神農氏「斵木為耜，揉木為耒。耒耨之利，以教天下」。耒耜是古代一種像犁的翻土工具，耜是用來起土，耒是耜上的木曲柄。在古代，耒耜也泛指農具。

神農氏是第一流的植物專家，他不僅推廣種植業，還是中醫藥之祖師。在自然界中有許多植物具有解毒、治病的功效，在神農氏之前可能草藥的功效就被人所認識，但是並沒有系統的發展。神農氏是第一個專心致志研究草藥的人，古代很多文獻都寫到他「嘗百草」的故事，為了試驗草藥的藥性，他把自己當作試驗品，這種嘗試是十分危險的，他也因此多次中毒。據說有一次，在一天之內就中毒達七十次。有一種說法稱神農氏是死於中毒，這種可能性是很大的。中國的醫藥學，實際上也是奠基於神農氏。

可以說在當時的中國，神農這一氏族掌握了最先進的技術，因此成為眾氏族的首領。神農氏族的領袖地位維持了十七代之久。

在神農時代，由於文字還未產生，對此期發生的故事我們仍然知之甚少，後世關於神農的文獻也不一定真實有據。正是因為這個原因，大史學家司馬遷在巨著《史記》中對漫長的神農氏統治時代並未有詳細記載，《史記》的開篇實際上是從神農氏族最後一個領袖炎帝開始的。

二、征服者軒轅

到了炎帝時，神農部落已走向沒落。

在神農氏族統治的十七代裡，許多部落都是接受其家族的統治，那麼神農氏為什麼會衰弱呢？推想其原因，大約是技術優勢已經蕩然無存。神農氏所宣導的耕種法已經被各部落所掌握，這個家族的權威已是搖搖欲墜。更重要的是金屬冶煉業的發展帶來了深刻的軍事變革，在這一方面神農部落已經落後於其他部落了。

武器的變革歷經了三個階段，即木製兵器、石製兵器與金屬兵器。《太白陽經》中有這樣的說法：「伏羲以木為兵，神農以石為兵，蚩尤以金為兵。」蚩尤的年代，正是神農氏部落統治的末期。精良武器的出現，使得武力的重要性日益增強，一個混戰時代出現了。

當神農氏族強有力的統治不再時，各部落之間的相互攻伐越來越多，每個部落都想擴張自己的力量。儘管神農氏新的首領炎帝幻想用武力重新奪回政治話語權，可是他已經是心有餘而力不足，因為有兩個強有力的部落後來居上，這兩個部落的首領分別是蚩尤與軒轅（即後來的黃帝）。

蚩尤與軒轅兩股新勢力的崛起，印證了軍事技術革命的深刻影響力。

軒轅是一個有著雄心壯志的部落首領，他姓公孫，是少典氏族的首領。據說軒轅生下來才七十天就會說話了，比起王陽明五歲都不會講話，他可以算是十分早慧。軒轅似乎是一個天生的領袖人物，因為他不僅智慧超群、辯才無礙，還見多識廣，對事情有著敏銳而獨到的判斷力。

根據《管子》一書的記載，軒轅雄心勃勃試圖取代神農氏成為天下新的領袖。他曾經請教一位名叫伯高的智者：「我想要把天下融合為一家，有沒有辦法做到呢？」言下之意是要統一諸部落，建立起一個龐大的政權。

伯高回答說：「有辦法的。」

軒轅問道：「您可以說來聽聽嗎？」

伯高答道：「關鍵是要控制礦山。怎麼知道哪裡有礦石呢？有丹沙的山地，下面就埋有金礦；有慈石的山地，下面就有銅金礦；有陵石的山地，下面就有鉛、錫、赤銅礦；有赭土的山地，下面就有鐵礦。對於這些礦山，應當將它們封存起來，設立邊界，不允許私人隨意開採，如果有違令的，就處以死刑。」

這則對話讓我們很吃驚，因為五千年前的中國人就已深刻地認識到經濟對政治的決定性作用。對當時的人來說礦業就是新經濟，誰掌握了新經濟，誰就掌握了政治的話語權。從伯高的話中可以看出，當時中國人對金屬礦產的認識已經頗多。這位智者敏銳地察覺到金屬將在戰爭中發揮巨大的作用，誰的金屬武器更多、更先進，誰就可以稱雄天下。為了把這些金屬礦產收歸公有，必須以嚴厲的刑罰制止私人隨意開採，這樣才能確保軍隊的武器供給。

軒轅聽從了伯高的建議大力採礦，並且牢牢地控制開採權。十年之後，一座大礦山被開發了，這座礦山名為葛盧之山，礦藏十分豐富。

不料就在這個時候軒轅卻遭到悶頭一擊，這座大礦山被人奪走了！

奪走礦山的人，正是蚩尤。

蚩尤是九黎部落的首領，他的出身很有問題。據《大戴禮記》中孔子的說法：「蚩尤，庶人之貪者也。」庶人，說明他的出身是低賤的，並沒有貴族血統。出身低賤怎麼能當上部落首領呢？孔子的話實際上是暗示蚩尤的首領地位，可能並非來自繼承而是來自武力篡權。

以現在的眼光來看，蚩尤是一位奇才，他堅強而悍勇，有著非凡的軍事才能。他的部落曾經臣服於軒轅，他可能為軒轅的崛起立下過汗馬功勞。蚩尤是一個對武力十分著迷的人，十分熱衷於新的武器技術，他自己可能就是這一方面的專家。他與軒轅同樣認識到金屬武器的革命性意義，因而也認識到金屬礦產的重要性。以他高傲的個性，注定不可能長久地屈居他人之下，於是他密謀背叛軒轅，自立門戶。

當葛盧之山的礦產被大規模開採後，蚩尤突然叛變了。

他用武力驅逐軒轅派往礦山的人員，將礦山據為己有。他利用豐富的金屬礦產製造出大量的武器，迅速使自己的部落成為諸部中的最強者。儘管金屬武器的運用不一定始自蚩尤，但在他之前金屬武器從來沒有被如此大規模地運用過。

在中國兵器變革史上，蚩尤是一個十分重要的人物。其實他並不是第一個意識到金屬武器重要性的人，軒轅、伯高都認識到了這一點，但蚩尤捷足先登了。

對於蚩尤的背叛，軒轅有沒有試圖給予猛烈的還擊呢？史書上沒有明說，不過就算還擊也未必能獲得勝利。此時的外部環境對蚩尤是有利的，因為神農氏的沒落，導致了諸部落的戰爭日益加劇，有心取代神農氏的軒轅把重點放在了對諸弱小部落的征伐上。在蚩尤奪取葛盧之山的這一年共有九個部落被兼併，其中多數應該是被軒轅與蚩尤瓜分的。

蚩尤的實力還在不斷地增強，在奪佔葛廬之山後不久他又開發了另一座大礦山，這座礦山名為雍狐之山。當時這座山的礦石被流水沖至山麓地帶，因而發現了豐富的礦藏。蚩尤利用雍狐之山的金屬礦製造出雍狐之戟、芮戈等兵器，這些兵器在當時可能算是最先進的武器。這一年又有二十個部落在戰爭中被兼併，部落戰爭的結果，出現了三足鼎立的格局，這三足分別是炎帝的神農部落、軒轅的少典部落與蚩尤的九黎部落。

從三強的分布格局來看，炎帝的神農部落與軒轅的少典部落位於北部，蚩尤的部落位於南部。倘若只看武力，三強之中蚩尤似乎最為強大。但是他有一大弱點，過於迷信武力，他四處征伐，擴張自己的勢力，但論起政治眼光卻遠遠遜於軒轅。

在古史的記載裡，蚩尤是以殘暴者的形象出現的，他四處掠奪、破壞，其他部落畏懼他的威力卻不甘心屈服於他。相反，軒轅則更注重於軍事打擊與政治宣揚雙管齊下，恩威並施，這種策略使他獲得了多數部落的支持。

再來看看神農部落。

神農部落在諸部中的領袖地位已經延續了十七代之久，炎帝實際上就是那個時代的「天子」，儘管當時沒有這樣的稱謂。可是神農部落威風不再，對於風起雲湧的部落間爭鬥，炎帝根本無法制止，更談不上征伐以維持天下秩序。在這個時候，明智的軒轅打著支持神農政權的旗幟，這有點類似於春秋時代的「尊王」，對不服從炎帝的部落逐一征服。

韓非子曾經說過：「上古競於道德。」那個時代的民風比較樸實、率真，不像後世那麼多的爾虞我詐。軒轅意識到爭取人心才是勝利的不二法寶，從這一點看他比蚩尤徒有蠻夫之勇要更加高明。軒轅征服諸部落卻不濫施暴行，而是安撫民眾，施行德政。他以武力手段制止各部落間無休止的爭鬥後，輸出先進的種植技術改善當地民生，並且訓練他們的軍隊以為自己所用。

當然我們也必須看到，軒轅實施德政的背後是有自己的目的的。他是一個雄心勃勃的英雄人物，他打著「尊王」的旗幟掃蕩不服從炎帝的部落，實際上並非是為了重振衰落的神農政權，而是要建立一個新的政治秩序。

炎帝對軒轅的意圖十分清楚，作為神農部落的最後統治者，他不甘心把統治諸部落的大權拱手讓出。為了重樹神農氏的權威，炎帝企圖對各個部落採取更為嚴厲的控制，他試圖以武力手段逼迫這些部落承認神農氏的統治權柄。可是諸部落寧可歸附於新興的軒轅勢力也不願意接受炎帝的統治。

軒轅儼然成為諸部落擁護的新領袖，這樣他與炎帝之間的衝突就不可避免了。

中國人都自稱為「炎黃子孫」，炎帝與黃帝是華夏二祖，可有趣的是在四千多年前這兩人卻是陷入了你死我活的戰爭中。

面對炎帝的步步緊逼，軒轅必須應戰。儘管軒轅已經得到諸多部落的支持，可是他的形勢還是不容樂觀，因為他隨時可能陷入與炎帝、蚩尤的兩線作戰之中。蚩尤的武力是恐怖的，炎帝憑藉著十幾代的積累也有不容小覷的實力。為了避免兩線作戰，軒轅決定先對付炎帝的神農氏軍隊。

軒轅把軍事力量集中於北面，與炎帝的軍隊多次交鋒後逐漸掌握了戰場的主動權。特別是在阪泉一戰，炎帝的軍隊大敗，戰爭的天平已是完全傾向軒轅一方。只要再給一點時間，軒轅便可以完全擊敗炎帝，用武力征服神農部落。就在這個時候蚩尤捲到了這場大戰之中，使得局勢變得撲朔迷離。炎帝、軒轅、蚩尤三雄之戰，究竟誰會是最後的贏家呢？

此時的蚩尤征服了南方諸多部落，是無可質疑的南方霸主。軒轅與炎帝之間的戰爭，對他來說是一次絕佳的機會。只要軒轅與炎帝兩敗俱傷，到時他出動自己的精銳武裝，必定可以一鼓作氣消滅兩大對手，成為天下至尊無上的戰神。

蚩尤的參戰打亂了軒轅的部署，他被迫放棄對炎帝的深入打擊，轉而迎戰蚩尤的部隊。但是蚩尤確實有著項羽一般的驍勇，特別是他的部隊在武器裝備上佔了上風。在交戰中軒轅被打敗了，只得向北逃竄，一直退到了涿鹿這個地方。涿鹿大約在今天北京西北一百五十公里的地方，五千年前這幾乎是中國的最北界，十分荒涼。

此時的軒轅十分狼狽，據《逸周書》所記：「蚩尤乃逐帝（黃帝），爭於涿鹿之阿。」這裡用了一個「逐」字可以清晰地表明，蚩尤的軍隊是進攻的一方，來勢洶洶，而軒轅的軍隊是被追得一路北逃，戰場上的優勢已完全落入蚩尤一方。

據軍事學家的估計，在軒轅與蚩尤大戰的時候，已經有戰車了，但數量是很少的，軍隊仍然以步兵為主。可以想像，倘若軒轅的軍隊繼續後撤，勢必要退到荒漠地帶，而步兵要穿越荒漠，可想而知是凶多吉少的。因此涿鹿便成了軒轅與蚩尤決戰的最後舞臺，這是一場關係到中國歷史的決戰。

歷史經常是很戲劇性的。

就如同後世戰國時期晉國的內戰，知瑤在與趙無恤戰爭中取得了絕對的優勢，眼看勝利的果實就要到手，卻由於魏、韓二氏的反戈，反而落了個身亡族滅的下場。蚩尤與軒轅的戰爭同樣如此，蚩尤完全相信自己很快就會獲得最終的勝利，他迫不及待地想把帝王尊號加諸己身。

可是蚩尤的勝利卻引起了中原諸部落的驚慌恐懼，部落的首領們都知道倘若由這個殘暴者來統治，他們的悲慘命運可以想像。甚至連神農部落的領袖炎帝也不得不認真思考這個問題，在與軒轅的戰爭中神農部落已遭重創，根本不可能抵擋得住蚩尤的進攻。炎帝的神農部落與軒轅的少典部落代表著中原農業文明，而蚩尤的九黎部落則更多地帶有野蠻的色彩。在共同文明的感召下，炎帝做出了一個重大的選擇，他決定聯合軒轅捍衛中原文明，抵制南方的蠻族軍隊。

《逸周書》中有這樣的說法：「赤帝大懾，乃悅於黃帝，執蚩尤，殺之於中冀。」赤帝就是炎帝，他與軒轅的聯合是扭轉戰局的關鍵所在。對於軒轅來說，他也不是坐以待斃，事實上他已經發現了蚩尤的弱點所在。

儘管蚩尤可能對戰局相當樂觀，可是有一個風險始終存在：他過於孤軍深入了。蚩尤的地盤究竟在哪裡，眾說紛紜，有的認為在長江流域，有的認為在淮河流域。不管怎麼說，他的軍隊挺進到了華北平原的最北界，這種幾百公里甚至上千公里的大進軍發生在五千年前，而且是在車馬缺乏的條件下進行的，確實令人瞠目結舌。我們站在公正的眼光而不是古史偏頗的立場來看待蚩尤這個人，可以發現他確實是一個奇才，膽力絕倫且有著高超的軍事才能。

在戰術層面上，軒轅或許不如蚩尤，不管在武器裝備還是勇猛上都較為遜色。可是在戰略層面上，軒轅則是一個巨人。做一個不十分貼切的比喻，軒轅類似劉邦，而蚩尤更類似項羽。蚩尤的敗亡與項羽也有相似之處，戰術上的勝利無法挽回戰略上的失敗。

軒轅一方面在涿鹿頑強地頂住蚩尤的攻勢；另一方面，他把外交手段發揮得淋漓盡致。憑藉著多年來所建立的巨大威望，他不斷地派人遊說中原諸部落，召集他們的武裝開赴涿鹿戰場。特別是在神農部落的炎帝轉向支持軒轅後，諸部落更是踴躍參戰。我懷疑炎帝之所以屈服於軒轅，也可能是軒轅外交活動的結果。

諸部落的參戰使得涿鹿戰場的格局發生了根本性的變化，深入北地的蚩尤陷入了諸部落的包圍之中，遠離南方大本營的他沒辦法增調後備武裝以支援戰場。

關於軒轅與蚩尤的決戰，正史並沒有詳細描述其過程，但在許多近乎神話的傳說中則寫得繪聲繪色，蚩尤與軒轅幾乎都是仙魔一類的人物。比如說：蚩尤會呼風喚雨作霧，而黃帝則得到了上天的相助，上天派玄女幫他渡過難關等。此類故事在許多文明古國的神話傳說中也屢見不鮮，譬如古希臘奧林匹斯山的神祇們總是捲入人類的戰爭，而人類英雄身上也閃耀著神的光輝。

在神話中，蚩尤是一個法力頗高的魔頭，他能「制五兵之器，變化雲霧」，他施法「作大霧，彌三日」。制五兵之器是一個事實，《管子》一書中就有記述，這得益於蚩尤擁有葛盧與雍狐兩座礦山，他的軍隊武器裝備實現了金屬化，即青銅武器。那麼他為什麼被描寫成為一個可以「變化雲霧」的魔頭呢？筆者推測，在這場關係到中國歷史命運的決戰中確實出現了雲霧天氣。雲霧的出現原本對雙方軍隊都會產生影響，可是為什麼神話故事中似乎對軒轅一方產生更大的危害呢？原因恰恰在於蚩尤的軍隊更習慣於在雲霧中行軍作戰，因為他們來自潮濕的南方，南方出現霧氣的機會比北方要多，因而南方軍隊更能適應霧天的戰爭。

這些神話傳說當然是後人牽強附會，但可以從一個側面看出這場戰爭的影響是極其深遠的，即便得到炎帝及諸多部落的支持，軒轅仍然費了九牛二虎之力才戰勝蚩尤。神話雖然荒誕，可是詳加考察我們仍可以理出若干可能的史實。

儘管有諸落部的協助，黃帝在這場戰爭中仍然打得十分艱辛。在神話故事裡，黃帝「九戰九不勝」，他只能「仰天而歎」。這個時候，「天遣玄女下授黃帝兵信神符」。這已經成了一場中國的「特洛伊戰爭」了，與荷馬史詩所描寫的那場英雄戰爭類似，中國的神仙們也紛紛插手塵世的爭鬥，這豈止是人間的戰爭，這是神魔之間的決鬥。有了神女的相助，軒轅逆轉了戰局。

與所謂的「玄女下凡」傳說相比，另一個傳說可信度稍高。在這個傳說中，黃帝軒轅逆轉敗局的法寶是指南車，這大概也是歷史上第一次出現指南針的記錄。黃帝利用指南車，在雲霧天氣下得以辨別方向，利用人多勢眾一舉擊敗了蚩尤。這就成了科技的勝利而不是天神的勝利了，榮耀復歸於人世英雄。有一些軍事史學家認為，軒轅之所以能在涿鹿之戰中打敗持有先進且精良武器的蚩尤，是因為他在戰爭中使了密集隊形的弓箭部隊，這種說法恐怕難有確切的證據。影響歷史的，不是過程而是結果。結果就是一路北上的蚩尤沒能凱旋，而是有去無回，成為戰爭中失敗的一方。

三、開闢鴻茫，告別蠻荒

中國歷史上的第一次大內戰以軒轅的勝利而告結束，各部落首領推舉他為首領，也就是「天子」，尊稱為黃帝。

大概在此之前，一種神秘的學說已經興起，這種學說就是「五行說」。五行就是水、火、土、木、金，在古代被認為是構成世界的五種基本元素。「五行說」不僅僅是一種宇宙物質觀，同時也被運用於政治領域。比如炎帝的「炎」字很明顯是與「火」有關，代表「火德」。依照五行理論，土從火生，如今軒轅取代了神農部落的炎帝，意味著「土」取代了「火」，土德取代了火德。軒轅使用了「黃帝」這一尊號，是因為「黃」字總令人聯想到土的顏色。

黃帝成了新的天子，而炎帝則失去了統治天下的權力。儘管從當時的情形看炎帝是個失敗者，但如果以更長久的目光來看他卻是一個勝利者。在炎帝、黃帝之前，中國並沒有形成一個相對統一的民族，各個部落是比較分散的。在與蚩尤的戰爭開始之後，中原諸部落之間的聯繫、交流得到了進一步的加強，這些部落先後歸附於炎帝與黃帝，在文明上趨於一致，一個民族的雛形產生了。炎、黃二帝成為華夏族的共同先祖，從這個意義上說，黃帝與炎帝都是勝利者。

至於蚩尤，雖然戰敗身亡，但他的影響力猶存。

據說後來黃帝為了征服南方部落，特地畫了蚩尤的像威懾諸部。在民間，蚩尤更是被當作一個三頭六臂的戰神來看待。從這個側面來看，古中國的文明還是顯得相當寬容，因為官方似乎無意制止崇拜蚩尤的民間信仰。

司馬遷偉大的歷史著作《史記》中有一篇《封禪書》，其中有談到秦始皇曾經「行禮祠名山大川及八神」。在秦統一中國時中國民間有所謂的八神，其中第三尊神就是「兵主蚩尤」，他排在「天主」與「地主」之後，主兵事，用現在的話說就是「戰神」。司馬遷特地記道：「八神將自古而有之。」可見蚩尤被當作戰神加以崇拜是古中國一直延續下來的傳統，而且他在諸神中的排名僅次於天地，地位相當尊崇。

蚩尤被擊斃了，可是他卻成為中國人的神，這是很有趣的事情。官方文獻一直把蚩尤刻畫為一個殘暴的反動派，站在公正的角度說，蚩尤對中國文化是有很大貢獻的，特別是在軍事技術的革新上。從蚩尤開始中國才算進入大規模使用青銅武器的階段，把他當作「兵主」或「戰神」來看待是不過分的。

當然，在上古三雄之中，影響最大的還是黃帝，從他開始中國有了一個國家的雛形。

黃帝是中國歷史上有史料記載的第一位征服者。

在黃帝之前，神農氏部落曾經十七代成為各部落的首領，這種領袖地位的獲得除了掌握農業技術之外，也不排除有幾分武力的色彩。不過武力應該是第二位的，主要原因大約有兩點：其一是人口數量仍然比較少；其二是各部落的組織形式仍然比較原始，並沒有十分完善的行政系統。

黃帝的統治帶來了政治上的革命，他建立了一套行之有效的政府管理機制，一個國家政權的雛形出現了。這種政府管理機制想必是中原大混戰之下的產物，戰爭迫使政府必須升級管理模式，原先那種帶著濃厚原始部落色彩的簡單管理模式已不足以適應戰爭的需要。我們從黃帝與炎帝、蚩尤的戰爭中可以看到作戰的地域範圍已經相當遼闊，從江淮流域一直延伸到了華北平原的最北界，戰爭波及的範圍恐怕將近一百萬平方公里。從某種意義上說，黃帝的勝利得益於其更有力、更高效的行政能力。

我們來看看史料中的一些記錄。

根據《史記》的記載，黃帝對諸部落採取了嚴厲的控制手段，凡有不順從者他就前往征討，平定叛亂後也不停留，馬上收兵離開。為了征伐這些部落，他的軍隊遇山開路，披荊斬棘。他的勢力所及，東抵東海岸，西至崆峒山，南抵長江，北至涿鹿。他把都城安置於涿鹿平原，因為這裡是他的福地。

中國古代，君主「坐北朝南」，歸順的一方「南面稱臣」，這個習慣的由來大約也是從黃帝開始的。他從稱帝始就把行政中心置於國家的最北端。這麼一來，他的統治區大致可以說是以涿鹿為中心向南展開的一個扇形區。在建都位址的選擇上，黃帝一定是耗盡心思。他必須預防諸部落的反叛，如果把都城建在帝國中心很容易遭到反叛部落的突襲，倒不如離得遠一點，即便有變也有充足的時間應對。

接下來黃帝必須要認真思考一個問題：都城建在偏遠的北方，如何對諸部進行有效的控制呢？

他摸索出三種控制手段：

第一，巡視。那個時代通信條件很差，沒有手機也沒有電視，最保險的辦法莫過於親自大駕光臨了。黃帝是一個非常勤勉的君主，他不斷地出巡，實際上也是在向諸部展示他的權威與武力。他似乎對諸部落的忠誠並不是特別放心，因為在出行途中，每到一個地方，他的住所周圍都是手執戈戟、全副武裝的戰士。這種架勢自然會對諸部產生巨大的威懾力，這是他統治的一個手段。黃帝巡視諸方還有一個目的，就是祭祀天地鬼神山川，搞封禪大典，表明自己的權柄並非來自人世而是來自上天，正所謂「君權神授」也。據《史記》的記載，黃帝登過丸山、泰山、崆峒山、雞頭山、熊山、湘山等，這不全是遊玩，主要是祭祀，讓山川之神庇佑自己的政權。

第二，召集諸部大會。黃帝曾經在釜山召集諸部首領開會，這個釜山當然不是現在韓國的釜山。在《史記》裡已經使用「諸侯」這個名稱，不過這似乎是把後世的稱謂用於黃帝時代，當時應該還沒有這種叫法，部落色彩仍然是很濃厚的。通過諸部會議，進一步確立了黃帝的統治權。

第三，他設立了兩個機構，分別稱為「左大監」與「右大監」，職責就是監察各部落。也就是說，黃帝派出特派員駐紮在各部落裡，嚴密監視各部的一舉一動並直接向上級彙報。我們可以看出一個中央政府的雛形出現了。通過這種方式，黃帝對諸部的控制力度要遠遠超過神農氏統治的時代。

在「三皇五帝」的傳說中，「三皇」的年代過於久遠，可信度是比較低的。史學家司馬遷在撰寫《史記》時本著謹慎性的原則，並沒有寫「三皇」的事蹟，而是以「五帝」開篇。五帝指的是黃帝、顓頊、帝嚳、唐堯、虞舜五人，而黃帝則是五帝中的第一帝。

黃帝在中國歷史上的重要地位是不言而喻的，也正因為如此後世把許多功勞都歸之於他，把一個大活人變成了一個半仙，成了一個無所不知、無所不曉的先知。正是因為歷史太久遠、史料太缺少才產生了一種朦朧美，後世僅僅是憑藉著想像力去認識一個人，無論想得多完美都不過分。

說起來古人也算有福，換作現代，要保持完美的形象根本是不可能的，除非是整個國家的言論都操縱在某個人手中。即便如此，操縱者也只能在自己所能操縱的範圍內得意一時罷了，豈能騙得過全世界的眼睛呢？

除了若干個史實事蹟外，黃帝的生平差不多就是一張白紙。正因為是白紙，可以隨意畫上幾筆，所以後人拼命往他臉上貼金。他不僅是個征服者，還成了文化巨人，在中國思想的兩大源流儒家與道家中，黃帝通通吃香。

我們來看看孔子是怎麼說黃帝的。

有一回，孔子的學生宰我問道：「我聽到這樣一種說法，說『黃帝三百年』。請問老師，這個黃帝究竟是不是人啊，他怎麼能活三百年呢？」這是古代一種傳聞，稱黃帝統治了三百年，宰我是個樸素的唯物主義者，這傢伙不信邪，別說活三百年，活一百年都沒見過呢，所以他拿這個棘手的問題來問老師。

孔子向來不語「怪力亂神」，當然也不能回答說，人家黃帝仙風道骨，活三百年有什麼好奇怪的。他還是比較務實的，可是宰我的這個問題問得相當刁鑽，換作別人是很難解答的。但老夫子畢竟是聖人，沒有兩把刷子哪行，他見多識廣、腦瓜靈敏，靈機一動答道：「生而民得其利百年，死而民畏其神百年，亡而民用其教百年，故曰三百年。」

什麼意思呢？孔子說，黃帝活著統治了一百年，死後精神又延續了一百年，然後他的那一套教化手段又施行了一百年，加起來三百年。您瞧瞧，老夫子確實有水準，用唯物史觀科學解釋了「黃帝三百年」的深刻內涵，沒有怪力亂神的成分。一個人做出三百年的事業，這在儒家份子眼中確實是偉大的事業。

黃帝不僅是儒家推崇的對象，也是道家的祖師爺。

在漢代興起了一股「黃老之治」的風氣，把黃帝、老子都當作無為而治天下的典範。老子講「無為」是有證據的，而黃帝怎麼也成為「無為之治」的鼓吹者，這點就奇怪了，令人難以理解。黃帝奪取天下靠的是實實在在的武力與征服，並非「無為之治」，他居然也成為道家人物。倘若黃帝能從墳墓中爬出來，自己準認不得自己了。

之所以鬧出這樣的笑話，在於中國人喜歡「言必稱古人」，後世許多書都假託黃帝之名，黃帝漸漸變成無所不能的百科全書式的人物。這些書裡，最著名的當然是《黃帝內經》，比較有名的還有《素問》、《陰符經》。除此之外，後世方士、卜者為了提高自家學說的權威性也都把著作掛到黃帝名下，比如《黃帝九鼎神丹經訣》、《黃帝龍首經》、《黃帝宅經》、《黃帝授三子玄女經》等，五花八門，舉不勝舉。

黃帝時代有許多重要的發明創造，其中最著名的便是造字。

據說創造漢字的人是黃帝時代的倉頡。實際上，在此之前一些簡單的語言符號就產生了。在很早之前就有「結繩記事」的說法，就是結草繩做成各種符號用來表示不同的事物。我們可以想像，隨著文明程度的提高，人類運用的符號越來越多，漸漸地形成了文字的基礎。到了黃帝時，由於他統治的範圍已經相當廣闊，有必要把各類形形色色的語言符號統一為文字。在這個時候，倉頡應運而生了。

倉頡可能是黃帝的一名史官。有人會問，當時還沒有統一的文字，史官是做什麼的呢？其實那時的史官並不是要寫史書，而是要懂得各種神秘文化，得會占卜、算卦之類的。文字的產生，在文明史上是一件大事，這也是一個國家政權發展到一定程度時必須要做的事，否則國家的命令怎麼傳達呢？

那麼倉頡是怎麼造字的呢？據說他是受到鳥兒的影響，看到鳥兒用爪子在地上亂扒而得到啟示，所以創造出「鳥跡書」。今天的漢字是方方正正的方塊字，以前則不是，歪歪扭扭的，一眼掃過去還頗有鳥跡的模樣。

另一個重要的發明，就是「干支」紀年體系。

這也是對後世產生至深至遠影響的發明，所謂的「干支」就是「天干地支」。「十天干」就是甲、乙、丙、丁、戊、己、庚、辛、壬、癸；「十二地支」就是子、丑、寅、卯、辰、巳、午、未、申、酉、戌、亥。中國人又以陰陽的觀念，把十天干分為五陽五陰，把十二地支分為六陽六陰，陽干對陽支，陰干對陰支，依次相配，得到六十個組合，稱為六十甲子。古代便是用六十甲子循環來紀年、紀月、紀日、紀時，實際上是一種六十進位。

一直到二十世紀採取西曆西元紀年之前，這種干支體系一直是中國紀年主流，即便現在被邊緣化了，在日曆上仍然會標注出來。發明干支體系的人據說名喚「大撓」，當然他也是在黃帝的命令之下才搗鼓出來的，所以論起功勞黃帝也有一份。

養蠶取絲亦始自黃帝時代，發明者據說是黃帝之后嫘祖。這項技術後來不斷被改進，蠶絲及絲織業一直是古代中國技術的驕傲。在漢武帝時，中國絲綢經絲綢之路運到羅馬帝國，大詩人維吉爾還下斷言：這東西是從樹上長出來的。而那時距黃帝時代已過去兩千多年矣。

除了以上幾個重大發明之外，黃帝時代在天文學等領域也有很大進展，包括羲和占日、常儀占月、臾區占星氣、伶倫造律曆、隸首作算數等。黃帝還曾經用首山之銅鑄大鼎，據說舟車也是這期間發明的，我的理解是改進了舟車的製作。不管以上這些說法是否屬實，有一點是得到證明的，那就是黃帝時代的文明已經達到了非常高的水準。

自古以來黃帝一直被認為是中華始祖，這不是沒有道理的。因為從黃帝開始，民族、國家初步成形了，有了一個全國性的行政管理機制，有了文字曆法。可以說黃帝是「開闢鴻茫，告別蠻荒」的關鍵人物。他是什麼時候去世的並沒有明確的記載，估計是在最後一次出巡的途中去世的，因為他的遺體埋葬於陝西北部的橋山。

黃帝開啟了一個偉大的文明時代，他的繼承者們又如何把他的事業發揚光大呢？

四、黃帝的子孫們

黃帝之後，誰繼承了帝位呢？

根據《史記》的說法，黃帝的孫子高陽繼承了帝位，稱為帝顓頊。可是在其他一些古文獻中，黃帝與顓頊之間還有一帝，稱為少昊（又稱少皞）。大概是因為司馬遷認為少昊的功績平平，沒有資格入「五帝」之列，故而將他省略不提。

我們可以在《國語・楚語》中找到一些蛛絲馬跡。「及少皞（即少昊）之衰也，九黎亂德。」到了少昊執政的晚期，南方的九黎部落，即以前蚩尤的部落，爆發了嚴重的叛亂。這次叛亂的背後有著深層的原因，即南方九黎部落與北方中原政權在文化、信仰、宗教上存在巨大的差異。

北方中原文明雖然也是有神論者，但無論是天神、地神還是山神、水神，都不是人格化的神。更重要的是，與神溝通的權力是掌握在當權者手中的，只有通過他們才能解釋上天深奧難測的旨意。封禪大典，祭祀山川鬼神，這都不是普通人可以隨隨便便做的事情。

南方的九黎部落呢？

「民神雜糅，不可方物。夫人作享，家為巫史，無有要質。民匱於祀，而不知其福。烝享無度，民神同位。」對於南方人來說，神從來不遙遠，形形色色的神靈就在身邊，而且幾乎每家都可以通過祭祀、巫史與神溝通。這種多神宗教的存在，大大削弱了中原政權在南方的統治權威。對北方人來說，南方人不啻為一群異教徒。

這種宗教上的反叛，從一個側面可以看出九黎部落掙脫北方統治的努力。此時距黃帝與蚩尤的戰爭仍不算遙遠，顯然九黎部落對於上一次戰爭的失敗耿耿於懷，他們把失敗更多地歸之於運氣而非武力不濟。多神宗教的興起，實際上是為政治上的反叛奠定意識形態基礎。他們堅信只要有眾多神祇的庇佑，就會迸發出無窮的勇氣去對抗少昊的政權。

少昊沒能在有生之年平定九黎之亂，從這點上看他確實算不上一位優秀的君主。正因為如此，司馬遷的《五帝本紀》中才沒有他的地位。

九黎叛亂這個爛攤子扔到了顓頊手中。

顓頊是「五帝」中的第二帝，他與祖父黃帝比較相似，既有雄心壯志又不乏統治的手腕。顓頊證明了自己是一個強有力的君主，他鎮壓了九黎族的叛亂，重新恢復了秩序。與武力征服相比，思想的征服更加困難。只要九黎部落的民眾仍然迷信於神祇的力量，不服從於世俗的權威，叛亂將是永無休止的。

為此，顓頊派出兩位得力幹將前往南方。這兩名得力幹將，一為南正重，一為火正黎。南正、火正都是官名，其中火正又稱為北正。兩名官員一個名叫「重」，一個名叫「黎」，都是學識淵博，對天文曆法有深入的研究，從某種意義上說他們是當時第一流的天文學家。南正重與火正黎被派往南方，最重要的目的就是要「絕地天通」。

什麼叫「絕地天通」呢？

地就是地上的生靈，天就是天上的神靈，「絕地天通」就是要斷絕塵世與上天的交流。套用西方的俗語來說，就是「上帝歸上帝，凱撒歸凱撒」，神去做神的事情，人去做人的事情。至於神人溝通這樣的事乃是國之利器，不可示人，不能讓普通百姓躲在家裡與鬼神相通，絕對不行。

這是一次對異教徒的大掃蕩。雖然史書上略去了掃蕩的過程，但可以想像勢必有一大批人倒了大楣。其中尸祝、巫士更是首當其衝，因為他們是人與神的媒介，只要清除掉這些人自然就可以隔絕人神之間的聯絡。

這次掃蕩的效果是顯著的，就如《國語》所記錄的：「顓頊受之，乃命南正重司天以屬神，命火正黎司地以屬民，使復舊常，無相侵瀆，是謂絕地天通。」劃清了神與人之間的界限，摧毀了異教徒的思想基礎。不過我們必須看清這一點，要征服人的思想比征服人的肉體要難得多。在多年以後，從九黎族分化出來的三苗部落，在堯帝統治的時候與鬼神相通的思想再次死灰復燃，這是後話。

顓頊大帝明確了一種傳統：只有天子才有權與上天溝通。天學不是可以私家相授的學問，只有天子才能設立天學研究機構。這一觀念影響中國達數千年之久，因此也就不難理解何以曆書在中國古代政治中具有極其重要的意義。

有一個現象讀史者應當細察，中國歷史上每有政權更迭時都把頒布曆書當作首要事情。為什麼呢？我們知道，曆書的編制需要有大量的天文學觀測資料，而中國歷朝歷代天學機構都是欽定的。頒布曆書，實際上就是宣揚政權的合法性，這個合法性就是取之於上天，君權是神授的。

以今天的眼光來看，曆書不過是對天體運行自然規律的認識和總結。可是從黃帝開始就把天文曆法神秘化，變成王權、帝權、皇權的象徵。奉行某政權的曆法，就意味著對該政權的臣服與順從，因為曆法體現的是君王與上天溝通的權力。

據說曆法起源於黃帝，但是黃帝的曆法是比較粗糙的，這與當時觀測手段的落後有關。繼承者少昊對曆法的重視程度，比起黃帝有過之而無不及。在《左傳》中，記載有少昊政府的一些重要官職，其中鳳鳥氏主持曆法編制，玄鳥氏「司分」，伯勞氏「司至」。

什麼是「司分」與「司至」呢？

「分」就是「春分」與「秋分」，「至」就是「夏至」與「冬至」。在少昊時代，玄鳥氏是負責觀測春分、秋分，而伯勞氏是觀測夏至、冬至。學過天文學、地理學的人都知道，在一個回歸年裡，夏至日太陽直射點在北回歸線；冬至日直射點在南回歸線。太陽直射點從北回歸線移到赤道時，則是秋分日；從南回歸線移到赤道時，則是春分日。這也是二十四節氣中最重要的四個節氣，是四季變化的重要標誌。要編制一本很完善的曆書，首先就必須確定「兩至」、「兩分」點，因此就有司至、司分這樣的官員。

在平定九黎族異教徒的叛亂後，顓頊大帝派去南方的兩名大員，即南正重與火正黎（即北正黎），隨即展開了更精密的天文觀測，並且重修曆法，這個曆法後來稱為《顓頊曆》。《顓頊曆》影響的時間非常長，前後長達兩千餘年，後世的《夏曆》、《殷曆》、《周曆》都延續了《顓頊曆》的一般性原則。但是這本曆法的原本與其他幾本古曆都在戰國混戰中毀於兵燹。到了秦漢之際，有好事者仿冒了包括《顓頊曆》在內的幾本古曆，不過《漢書》已經指出這些古曆只不過是冒牌貨罷了。

關於顓頊大帝還有一個傳說，就是他與共工的戰爭。

據《山海經》的記載，共工是炎帝的後人。共工的叛亂，想必也是少昊統治時期政治動盪的結果。共工幻想奪回先祖失去的帝號，遂發兵叛亂，顓頊大帝並沒有給他機會，他在戰爭中敗北，最後在不周山撞山而亡。

由於時代久遠，後人編制了荒誕的故事，說不周山乃是頂著上天的天柱，被共工一撞給撞斷了。看來共工也不是一個人，也是個像蚩尤一樣的魔界人物，一頭就把不周山給撞斷了。這下子大事不好了，「天柱折，地維絕」，結果是什麼呢？結果「天傾西北」，大地傾斜了，西北高、東南低。您瞧，中國西高東低的地形走勢，原來是共工這個老兄給撞出來的。這個頗有神話傳奇色彩的故事，可以從側面看出顓頊大帝在位的那些年天下確實不太平，有九黎之亂、共工之亂，幸好這位大帝本領非凡，一一鎮壓叛亂，成為黃帝政權的中興之君。

顓頊是一位十分勤勉的君主，他延續黃帝巡視天下的傳統，北至幽陵（幽州），南至交阯，西至流沙（甘肅），東至蟠木（東海），行蹤之廣大約有今天的半個中國。

令人不解的是，顓頊大帝的子孫並沒有繼承帝位，繼承者是顓頊的堂侄高辛，也就是帝嚳。從新帝國的幾位君主來看，後世「嫡長子繼承權」的傳統在此時並未形成，君主在考慮接班人時更多的是考察他的能力與德行。那麼帝嚳是個什麼樣的人呢？在《史記》中，他的形象幾乎是完美無缺的，堪稱人間帝王的表率：「普施利物，不於其身。聰以知遠，明以察微。順天之義，知民之急。仁而威，惠而信，修身而天下服。」道德修養高得不得了，堪比佛教中的菩薩。

帝嚳時代，帝國欣欣向榮，沒有發生很大的災難，國家政治比較清明。這一方面得益於帝嚳本人的廉政，另一方面也是顓頊大帝打下了良好的基礎。司馬遷用這樣的文字來總結他的政績：「日月所照，風雨所至，莫不從服。」

本著對人性的理解，我們不太相信那是一個沒有陰謀與欲望的年代。我更願意這樣認為，包括司馬遷在內的後代史學家刻意造出「五帝」完美的形象，與其說是記錄真實，不如說是借古代之事構想出一幅烏托邦的美麗畫卷，寫的實際上是自己理想中的社會。

帝嚳有四個兒子，分別由四位帝妃所生。究竟要由哪個兒子繼承帝位呢？他在這個問題上遲疑不決，最後用占卜的方式來決定。卜者告訴他，他的四個兒子都有帝王的福相，有些人將成為帝王，有些則是子孫成為帝王。

這個預言後來成了現實。

在帝嚳去世後，他的兒子摯繼承帝位。摯並沒有能力統治這麼大的帝國，他或者是主動、或者是被迫把帝位傳給弟弟放勳，放勳就是歷史上著名的帝堯。至於其他的兩個兒子契與棄（稷），他們的後代分別成為商王朝與周王朝的開創者。

從帝堯開始史料變得豐富，這顯然與文字的普及、傳播有著極密切的關係。古文獻的增多，使我們可以對這個古代的大帝國有更進一步的了解。

五、洪水滔天——帝堯時代

帝堯上臺後，做的第一件事就是強化天象觀察，進一步完善曆法。

這並非是帝堯有科學探索的精神，而是因為這件事關乎帝國的統治基礎。天學與其說是研究天象變化、四季更替的規律，倒不如說是一種宗教，是認識上帝旨意的方式。與南方蠻族的「人神雜糅」不同，對於中原帝國來說人與神之間是有界限的。就像顓頊大帝的做法，「曆日月而迎送之，明鬼神而敬事之」。神的啟示在於日月變化、天體運動之中，人對於神要「敬事之」，但並不能親狎之，這與後來孔子的說法是一致的。這個人神界限是不能打破的，這樣才能體現出宇宙的和諧。

帝堯時代對天文的觀測，規模比顓頊時更大。他派出四位大臣主持天文曆法，這四位大臣分別是羲仲、羲叔、和仲、和叔，分別屬於羲、和兩個家族。四人分居於東、南、西、北四地，這樣使天文觀測點增多了，得到的資料更加準確。他們的任務是通過確定春分、夏至、秋分、冬至的時間及對應的星象，進一步完善顓頊大帝的曆法。

這些天文觀測取得了重大進展，保留下來的觀測資料對後世天文學的發展有著很深遠的影響。

羲、和二氏觀測的結果是第一次確認了一年的長度，他們得出的結論是一年三百六十六天。我們現在知道地球繞太陽一周為一年，大約是三百六十五又四分之一天，帝堯時期的記錄誤差四分之三天。這個誤差可能只是古代文獻記錄簡略所致，否則每四年就要出現三天的偏差，這麼大的誤差一定會在實際觀測中得到糾正。

我們從夏、商、周的史料記錄反推帝堯的時代，大約是在西元前二十三世紀，即西元前二二〇〇年左右。這個時間記錄是否準確呢？帝堯時代的天文曆法觀測記錄，為後世提供了推斷歷史年代的科學佐證。天文學研究表明，中國的歷史記錄是可靠的。

當時羲、和二氏所做的觀測不僅確定了春分、秋分、夏至、冬至的時間，同時觀測了「兩分」「兩至」時對應的星象。當時人們把天上星辰劃分為二十八星宿：東方為青龍七宿；西方為白虎七宿；南方為朱雀七宿；北方為玄武七宿。據《堯典》所記，春分日，朱雀七宿在黃昏出現在正南方；夏至日，青龍七宿中的火星出現在正南方；秋分日，玄武七宿中的虛星出現在正南方；冬至時，白虎七宿中的昴星出現在正南方。用觀察星體位置的方法，來輔助確認「兩至」、「兩分」點。

正是這個記載，給我們科學推斷帝堯時代的年限提供了強有力的證據。

由於知識的局限性，上古時的人認為「兩至」「兩分」點對應的星宿是固定不變的，這種看法是錯誤的。後世的天文學家在觀測時發現，「兩至」「兩分」日的星象實際上是不斷變化的。起初天文學家們對此問題十分困惑，存而不論。直到西元四世紀時，晉朝天文學家虞喜根據自己的觀測結果，參照《堯典》中「冬至日短星昴」的記錄，大膽地提出存在「歲差」的理論，以天體為對照，冬至點每年都在西退（**夏至、春分、秋分也如此**），對應的天空中的星體就顯得是東進了。根據虞喜的觀測，當時冬至點已經偏離昴星宿五十多度，時間距帝堯時代已經過了二千七百年。據此，虞喜得到的歲差值是五十年退一度。

以現在的精密測算，歲差大概是七十一年退一度。雖然虞喜的測算值存在一定的誤差，但是我們必須肯定帝堯時代天文記錄的價值。《堯典》不僅間接導致了歲差理論的提出，還為今人用歲差工具去倒推堯的大致年代提供了依據。在十九世紀到二十世紀，有西方學者推算過帝堯的大致年代。只要計算出《堯典》中所記錄的星宿到今天偏移了多少角度，每偏移一度是七十一年的時間，就可以算出距離現在多少年。

推算的結果證實了堯的年代是在西元前二十三世紀，史料中天文學的記錄給今天的科學家推算歷史年代提供了強有力的證據，同時也說明中國的歷史記錄確實非常完善。

帝堯的時代，政治上倒是沒有出現太大的動盪，《堯典》是這樣寫的：「百姓昭明，協和萬邦。」諸部之間多能友好和睦。不過或許是氣候反常的關係，從帝堯時代起洪水氾濫成災，成為國家的一大禍患。在先前的史料裡，從黃帝一直到帝嚳都沒有記載過洪水氾濫的情況。我們在許多古文明的傳說中都可以看到某一個時間段洪水滔天，最著名的有基督教傳說中的諾亞方舟故事。那麼這些古文明所描繪的洪災，會不會與帝堯時代一致呢？如果是一致的，想必與整個地球的氣候變化有著直接的關係。

也有另一種說法，比如宋代程顥、程頤在《二程語錄》中這樣說：「古者民少，居民各就高而處。中國雖有水，未必即為人害。堯之時，人數漸多，漸擇平曠以居，水氾濫乃始為害。」程氏又特別指出：「非特堯時水為患也，蓋已久矣。」程氏所說也可視為一種見解，由於人口的增多與種植業的發展，民眾大量遷移到平原地帶，故而水患災害成為不可回避之問題。

洪水氾濫，已經成為社會穩定的一大威脅，這位賢明的君主決心要徹底解決洪災。

帝堯召集諸部首領，討論道：「如今滔滔的洪水危害人民，淹沒了山岡，水勢浩大，百姓都愁眉苦臉，有誰能治理洪水嗎？」

諸部首領你看我、我看你，最後推舉出一個人：「鯀大概可以治理吧。」

鯀就是後來以治水聞名天下的大禹的父親，估計鯀家族曾經有過治水的經驗，因此大家都舉薦他。然而在帝堯看來，鯀並非善類，因為這個人很狂傲，不服從命令。這樣的人能辦成這件大事嗎？帝堯是持懷疑態度的。

諸部首領紛紛勸諫說：「還是讓他試試吧，要是實在不行就算了。」

既然諸部首領都這樣說了，並不專橫的帝堯只得同意，因為他確實沒有合適的人選。他語重心長地對鯀說：「去吧，不過要謹慎從事，不可馬虎啊。」

那麼鯀治水如何呢？

在古代，鯀經常被當作一個反面人物出現。其實很好理解，帝堯既然被當作聖人，時常抗命的鯀自然被當作反面人物。但這裡有一個疑問，倘若鯀真的是個反面人物，為什麼他能得到諸部的支持呢？我們且不論鯀的品行如何，單論他治水究竟有沒有功勞呢？

對此，《堯典》是否定鯀的功勞的：「九載，績用弗成。」鯀治了九年水，一點效果也沒有。可是在四千多年後我們要為鯀說句公道話，就算他治水九年沒有見效也不能算過失，換成其他人能成功嗎？他肩負治水的重任整整九年之久，至少表明他是敢擔大任的，比起袖手旁觀的人難道不更讓人尊敬嗎？

鯀治水不成功，問題出在哪兒呢？

當然，他的方法是不完善的。對於洪水，他採用「堵」的辦法。所謂的「堵」，按我的理解應該是修築堤壩，把洪水限制在河道之內。古代有一句話叫「水來土掩」，這個辦法從理論上說是符合當時治水的思維。問題在於用「堵」的辦法對付一般的洪水可以，倘若我們前面的推測成立，帝堯時期的洪水乃是人類面臨過的最大洪災，那麼洪水的衝擊力可以輕而易舉地將人工土堤摧毀。

這裡我還是要說，鯀仍然是有功績的。因為他的治水實踐至少積累了失敗的經驗教訓，沒有失敗的嘗試，就不可能有後來大禹治水的成功。

鯀勇挑重任，最後以失敗告終，落得個身敗名裂的下場，喪失了原有的威信。對於治水的失敗，「帝乃震怒」（《尚書．洪範》），帝堯何以會震怒呢？《洪範》中道出原因，是因為鯀「汨（意為擾亂）陳其五行」，這是什麼意思呢？就是說他胡亂使用五行，五行就是水火土木金，這裡只是籠統的說法，我們從語意上推究，就是鯀為了治水使用了大量的物資，包括木材、金屬等，耗費國家大量的物力財力，當然也包括人力在內。眼看國家日益窮困，財政捉襟見肘卻毫無成效，難怪帝堯要震怒了。

鯀從此失勢了，以致被流放誅殺，後文再說。

六、聖人還是陰謀家（上）

關於帝堯的傳說，最有名的是他把帝位禪讓給舜的故事。這個故事有多少真實性呢？背後是不是暗藏玄機呢？

我們先來看看《堯典》中的說法。

由於被洪水的災害折騰得筋疲力竭，加之年齡老邁，晚年的帝堯萌生退隱之心。誰能成為接班人呢？帝堯召集大臣討論這個事情。

放齊推薦說：「您的兒子丹朱是個開明的人。」

帝堯回答說：「丹朱喜歡說大話，又喜歡跟人爭吵，不是合適人選。」

驩兜推薦說：「共工這個人有本事，有號召力。」

帝堯搖搖頭說：「共工巧言令色，陽奉陰違，表面謙恭，滿腦袋卻是壞點子。」這裡說的共工，與顓頊時代那個觸不周山而死的共工有什麼關係嗎？也許是那個共工的後人，也可能僅僅是同名罷了。如此古老的歷史也很難去弄得一清二楚。

兒子丹朱不行，共工也不行，帝堯把諸部首領招來，對他們說：「我已經老了，在位七十年，你們之中誰能順應天命，繼承我的帝位呢？」

諸部首領都謙虛地答道：「我等德行淺薄，難堪此任。」

帝堯提示說：「你們也可以推薦地位卑微的賢人。」

這時有人站出來說：「在民間有一個窮苦卻有德行的人，他名叫虞舜。」

虞舜！帝堯對這個名字很感興趣，他雖然未嘗見過虞舜本人，卻對他的大名早有耳聞。一個地位低微的平民百姓，為什麼會聞名天下呢？究竟虞舜有何過人之處呢？諸部首領是這樣說的：「虞舜原本是樂官瞽叟的兒子，他的父母親行為不正，弟弟是個傲慢奸邪之人。出生於這樣的家庭裡，他仍然能以孝悌之心來對待雙親、兄弟，用自己的言行感化他們。他德行高尚，出淤泥而不染，沒沾上邪惡的邊。」

說白了，虞舜的優點就是他品德好。

韓非子後來曾經這樣說：「上古競於道德。」在華夏文明的開端，便有重視道德的傳統。「修德」一直被視為順應天命的象徵，比如《史記》中記載黃帝「修德振兵」，顓頊大帝「有聖德焉」，帝嚳「修身而天下服」，後來這演變為儒家所鼓吹的「修身齊家治國平天下」。

那麼虞舜是不是名副其實呢？

帝堯當然不能偏聽偏信傳聞，他想了一個辦法，對諸部首領們說：「讓我試探試探他吧。虞舜還是個單身漢，我打算把兩個女兒嫁給他，通過女兒來觀察他的德行。」

舜到底是個怎麼樣的人呢？

我先說說正史的觀點，然後再說自己的看法。

在古史中，舜總是以一個聖人的面目出現。

據《史記》的記載，虞舜的六世祖是顓頊大帝，這樣說起來他也有高貴的血統。他的譜系是這樣的：顓頊大帝—窮蟬—敬康—句望—橋牛—瞽叟—虞舜，經歷六代，到虞舜時已經從貴族掉到平民百姓了。虞舜的父親叫瞽叟，這個名字只是一個俗稱，意思就是「瞎老頭」。瞽叟最早娶了一個老婆生下虞舜，但是她不久後就去世了。後來瞎老頭又娶了一個老婆，生了一個兒子，名叫象。

後媽的到來，讓虞舜吃盡苦頭。由於不是親生的，後媽非常討厭虞舜，經常給他小鞋穿、刁難他、虐待他。瞎老頭眼睛看不到東西，新老婆又不斷在他耳邊說虞舜的壞話，久而久之他也非常討厭虞舜。與虞舜相反，象則是生活在父母的過度溺愛之中，從小開始他處處佔便宜，養成了他傲慢的性格，把哥哥視為下人。

只要有小小的過錯，虞舜便要遭到父親與後媽的毒打。這還不夠，瞎老頭受後妻的影響甚至多次想殺掉自己的長子。面對這樣的父親、後媽與弟弟，虞舜是怎麼做的呢？他不動聲色，仍然對父母十分孝敬，對弟弟十分友愛。

稍年長後，虞舜就外出自力更生了。他幹過各種活，曾在歷山種田、在雷澤捕魚、在黃河邊上製作陶器，除此之外還學了不少其他手藝。大概在這個時候，他的孝名開始傳開了，史書上記的是二十歲左右。在父親與繼母面前，他仍然是和顏悅色。

十年後，也就是虞舜三十歲左右，他已經成為一個全國知名人物。諸部之長都聽過他被父母虐待卻又孝敬父母的故事，連帝堯也聽到了。帝堯打算把兩個女兒嫁給虞舜，通過她們二人來觀察舜的德行。當然，舜在結婚後表現得中規中矩，有模有樣。兩個女兒也向父親彙報，說自己的丈夫確實是非常好的一個人。帝堯聽後當然十分開心，便賞賜給虞舜衣服、牛馬等，還給他蓋了糧倉。

所有人都覺得舜這個人特別好，唯獨舜的父親、繼母與弟弟始終與他為敵，勢不兩立。瞎父親又搗鼓著怎麼暗算大兒子，有一回他叫虞舜到糧倉裡面去修補穴隙，虞舜很聽話拿著工具就進去了。這時瞎老頭子就放火燒糧倉，虞舜拿著兩個斗笠護住身體逃了出來。過了段時間，瞎老爹又吩咐虞舜去挖井。井挖得深了，趁虞舜在井底，瞎老爹與舜的同父異母弟弟象一起往井裡倒土，把井給填平了。可是沒想到舜早有防備，他事先在井底下挖了一條秘密通道，藉著這條通道從另一個出口爬了出來。

瞎老頭與弟弟都以為虞舜被活埋了，兩人拍手相慶，並商量著瓜分舜的財產。象出主意說：「舜的兩個妻子就歸我了，他的牛羊、倉庫就留給父母吧。」說完後象就大搖大擺地走進舜的臥室裡，室內有一把琴，這把琴也是帝堯送給虞舜的。正當象撥動琴弦時舜走了進來，象一臉愕然，一時間不知要說什麼，急中生智說：「我正想你呢。」舜聽了後也沒有怪他，只是呵呵一笑說：「這樣就很好。」

這件事情後，舜仍然一如既往地孝敬瞎父親、關心弟弟。這個事情傳到帝堯的耳中，帝堯是讚歎不已，對舜的好感與日俱增。

如此看來，舜的德行真的是高得不能再高了，修養的功夫也算登峰造極，真正可稱為聖人了。

可是這一切的可信度有多高呢？

舜的故事，真實性有多少呢？

很值得懷疑。

我們不妨先從瞎子父親處心積慮要殺死虞舜這件事說起吧。這件事疑雲重重，按照史料的說法，舜是一個感天動地的孝子，無論父母如何虐待自己甚至想殺了自己，他都一笑置之，孝敬若舊。

我們不禁要問，瞽子父親為何數十年如一日地想殺死兒子，他的作案動機是什麼呢？

其一，一個父親數十年想殺死自己的親生兒子，而且兒子是世界上最聽話、最孝順的人，這合情合理嗎？

非常不合理。可是這則故事幾千年流傳下來沒有人去質疑，只是因為舜一直被認為是完美的聖人。如果瞽老頭真的那麼討厭兒子，把他逐出家就是了，舜倘若真的那麼聽話，他會違背父親的意願嗎？再者，殺死舜有什麼好處嗎？是擔心舜會與弟弟象爭奪家產嗎？且不說瞽老頭沒有什麼家產可言，就算有的話，他也完全可以指定象為財產繼承人，這在古代完全是合法的。所以我們實在想不出父親對舜有什麼深仇大恨，有非殺了他不可的理由。

其二，瞽子父親謀害舜的故事，是怎麼流傳開的？

我們來設想一下，所謂的謀害過程只有父親、舜、象三個當事人在場，父親與象會到處去宣揚說「我們要殺死舜可是沒成功」嗎？不可能！那麼放出風聲的人是誰呢？只有虞舜本人。如果虞舜不把這個事說出去，外人根本就不可能知道。也就是說，所謂的「父親殺子」的傳聞完全是虞舜放出去的風聲，而且他一而再地重複著同一故事的不同版本。難道這些故事只是虞舜一手杜撰出來的嗎？

其三，如果說虞舜有意抹黑自己的父親，有充足的理由嗎？

我認為，虞舜報復父親，比父親報復虞舜的理由要合理得多。因為瞽子父親在虞舜的生母死後又娶了個後老婆，而後老婆又生了一個兒子象。舜完全有理由恨自己的父親，因為後媽與弟弟的存在，他失去了父愛，父親更寵愛小老婆與小兒子。這件事使得舜從小就開始恨自己的父親、後媽與弟弟，他採取了一種可怕的報復，就是不斷地給自己父親臉上抹黑。從這點來看，他成功了，因為他的父親成了歷史上最壞的父親，他的後媽成了歷史上最壞的後媽，他的弟弟成了歷史上最壞的弟弟，不僅生前背黑鍋，而且一背就是幾千年。儘管這是我的猜測，可是我們難道不應該深思這個問題嗎？他讓自己的父母背上萬載罵名，這就是他所謂的「孝道」嗎？這恰恰是最惡毒的不孝呢。

其四，有人會說，作者你是以小人之心度聖人之腹，所以我要提供更多的證據。

據《史記》載，虞舜在二十歲時孝名開始傳播。這個記載十分蹊蹺。按照《史記》的說法，舜從小受虐待卻不改孝心，怎麼會在二十歲時孝名才開始流傳開呢？根據史料，我們知道舜在青年時代曾經到許多地方去打工，又是種田、又是捕魚、又是製陶瓷。那我們推測，大約二十歲時他就出去打工了，他出了家門後孝名就廣為流傳，為什麼呢？難道他在二十歲以前，同村的人就沒有稱讚他的孝行嗎？我想所謂的「孝名」都是虞舜一手打造的，他四處說自己的「悲慘故事」，由於他表面上為人勤勤懇懇，一副老實人的樣子，他所說的人們很難不相信。

其五，我們來看看這個父親是怎麼謀害兒子的。

他先是把兒子打發到倉庫裡去補牆，然後在外面放一把火。幾千年來沒有人質疑這個故事，因為舜的父親是以一個惡毒者的面目出現。可是人們似乎忘了一件事，這個父親可是一個瞎子！讓我們來分析一下犯罪現場吧。

父親是怎麼放火的呢？他不可能用火柴或打火機，因為古代沒這個玩意兒，儘管當時人們會取火，可是取火估計還是很麻煩的。所以父親得先在哪裡弄個火堆，也許他先叫舜在倉庫附近燒一堆火，等舜進去後，他冒著被火燒著的危險，拿了根木柴點了火，然後這個瞎子舉著火柴摸黑前進，摸到了倉庫前點燃了倉庫。作為一個瞎子玩火，隨時可能被火燒死，他到底是燒別人還是燒自己啊？我們再退一步說吧，如果要放火，為什麼不讓舜的弟弟象去放呢？瞎子老爹為什麼要親自去冒這個險呢？

這故事背後的真實情況，我們在幾千年後根本無法還原，可是我在這裡還是要說兩點供大家參考：第一點，如果瞎子父親真的想殺舜，那背後一定有更深的原因，這才令他不惜鋌而走險。什麼原因呢？大約是意識到了舜是個什麼樣的人物，看清了舜的真實面目，表面誠實，內心陰險，道德掛在嘴上，狡詐藏於心窩。所以老頭子抱著為民除害的念頭，在兩眼都瞎了的情況下，不惜以身犯險，摸黑點火。第二點，或許這個故事就是舜自己編造出來的，有父親的惡行才襯托得出他的「孝行」。

其六，我們再來看看另一個謀害的版本。

瞎子父親打發舜去挖井，等舜下井後他與象兩人把井給填了。這則故事同樣不靠譜。按照史書所說，父親想方設法要殺死舜，之所以要想方設法無非是要做到滴水不漏，至少要給外人造成是死於意外的印象，否則一刀捅死是最簡單的辦法。可是這個案件卻顯得拙劣無比，舜在井底，如果是製造出井壁崩塌還能算是意外，而父親與象兩人卻拙笨地用填土的辦法，這不是公然要告訴別人舜是被謀殺的嗎？

更奇怪的事情是，象在填完土後還跟父親說：「舜的兩個女人歸我。」這更是荒謬絕倫。只有在蠻族，才有哥哥死了後媳婦改嫁給弟弟的傳統，華夏文明是沒有這個傳統的。再說了，舜的兩個妻子是何許人也？是當今天子帝堯的女兒，象居然沒有把天子放在眼中，不僅要殺死天子的女婿，還要霸佔天子的女兒，這豈非荒誕？

可見這個故事，肯定與事實不符。

大家都知道，堯舜在古代被認為是曠世賢君，特別是堯舜禪讓更成為千古美談，他們也成為道德的標榜。可是我們在看待歷史人物時，必須抱有一些警惕之心。為什麼這麼說呢？歷史上成名的政治家，他們的所作所為並不一定發自於內心，而更多的是出於計謀。

筆者讀的歷史越多，越發現歷史不等同於歷史的記載，真實的歷史要遠遠比書本複雜得多，而人的內心更複雜。虞舜這個人，並非表面上看上去的那麼純樸憨厚，而是非常有心機的，這點我後面還會說到。

為什麼作為一個平民百姓，虞舜的大名不僅為諸部首領所知，也為帝堯所知呢？在那個通信手段落後的年代裡，他的名聲何以能廣為流傳呢？說實話，像虞舜家裡那麼點小事，我很懷疑鄰居有沒有興趣，更別提遠在天邊的人了。可是舜卻搞得全天下的人都知道了，我不得不佩服他有高超的宣傳本領，他不斷地製造出「新聞」，以吸引別人的眼球。從這點看，舜無疑是成功了。

七、聖人還是陰謀家（下）

我們可以懷疑舜與父親的故事，可是不能懷疑舜的本領。

成為帝堯的女婿後，虞舜的政治前途變得一片光明。帝堯對舜的「孝行」大為讚賞，他開始讓虞舜參與政事。虞舜十分明白自己出身於下層，雖然竄到上位，可是缺乏根基。倘若要穩固自己的權力，必須要有自己的人馬。於是他一口氣起用了十六個人，這十六人是誰呢？

據《史記》所載，這十六人中，有八人是高陽氏的後人，稱為「八愷」，有八人是高辛氏的後人，稱為「八元」。高陽氏就是顓頊，高辛氏就是帝嚳，而帝嚳是帝堯的父親。由於此時帝堯已經年老，故而「八元」很可能是帝堯的侄子。按司馬遷的說法，這幾個人都是德才兼備，可是在帝堯時代，卻沒有得到重用。這種說法實在頗令人狐疑，帝堯連像虞舜這樣的鄉村鄙夫都能任用，獨獨不用自己的親戚侄子，實在難以體現聖君的風采。不管怎麼說，虞舜提拔了這十幾個人，總算有了一批自己的心腹。

接下來，便是堯把帝位禪讓給舜的故事了。

堯是什麼時候把帝位禪讓給舜的呢？《尚書》與《史記》的說法是不同的。《尚書》稱堯是在考察舜三年後，便讓位給他，而《史記》則稱是二十年後。堯讓位給舜，這在中國歷史上是非常重要的事情，被後世譽為「傳賢不傳親」的德行典範。這兩本書寫到帝堯為何讓位時，觀點是相同的，那就是舜在參政、治理期間，政績相當突出，加之品格高尚，故而帝堯決定讓位於他。

然而這件事並沒有那麼簡單。

先秦著名思想家韓非子在《說難》中有這麼一句話：「舜逼堯，禹逼舜，湯放桀，武王伐紂，此四王者，人臣弑其君也。」

這簡直是驚天之論，儒家所津津樂道的「禪讓」，在韓非子這裡卻成了「舜逼堯，禹逼舜」。若是屬實，那麼這種禪讓的本質，與後來王莽、曹丕之流奪權模式如出一轍，王莽、曹丕等人不也是藉著「禪讓」的名義奪權嗎？難道舜也是逼迫帝堯讓位的嗎？

我們都知道，韓非子的《說難》是一篇非常有名的文章，堪稱其代表作，影響很廣。可是他所提到的「舜逼堯」這種說法，並沒有引起世人的注意。這是他杜撰出來的嗎？或者他有秘密的資料來源，而這個資料是其他人沒看到的？

沒錯。韓非子確實有內部資料。

在解釋這個問題之前，我們先來看看一本神奇的史書，這本書就是對中國史學界產生過巨大影響的《竹書紀年》。《竹書紀年》其實就是戰國時代魏國的史書，後來秦始皇一統中國後，把六國史書都給燒了，魏國史書也就消失了。所幸的是，在數百年後，西元二八一年一起盜墓事件竟然讓這本史書得以重見天日。

據《晉書》所記，這是魏襄王或魏安釐王的墓，墓穴中藏有數十車的竹簡，其中便包括這本非常珍貴的魏國史書。由於這本書是刻在竹簡上的，故而稱為《竹書紀年》，也稱為《汲塚紀年》，因為是在汲郡的墓穴中發現的。

《竹書紀年》的珍貴之處在哪裡呢？在於它與正史的記載有許多不同之處。為什麼會這樣呢？原因很簡單，古代史書不是寫給小民們看的，而是寫給君主看的，這是屬於內參、絕密。給普通百姓看的實際上是另一個版本，是出於統治的需要而曲改了的歷史。現代的考古發現，有力地證實了《竹書紀年》的可靠性。

《竹書紀年》是如何記載舜取代堯的事情呢？有幾個記載，我們來看一下：

「昔堯德衰，為舜所囚也。」

「舜囚堯於平陽，取之帝位。」

「舜放堯於平陽。」

「舜囚堯，復偃塞丹朱，使不與父相見也。」

「后稷放帝子丹朱於丹水。」（**后稷就是棄，他是帝堯的同父異母兄弟，被舜任命為后稷，后稷是主管農事的官名。**）

這些記載，完全顛覆了儒學史學傳統的「禪讓」美德。原來舜是發動政變，囚禁了帝堯，又斬斷了帝堯與兒子丹朱的聯繫，以此逼迫帝堯讓位！

原來這竟然是「禪讓」的真相。舜的手段，與後世的王莽並沒有多大不同，但是舜僥倖得到善名，而王莽卻得到惡名。

由此可見，《竹書紀年》裡的說法，與韓非子的說法並無二致。那麼，為什麼在學術發達的春秋戰國時代，只有韓非子提到帝堯是被舜逼迫讓位的呢？原因很簡單，因為其他人看不到內部史料。韓非子是韓國公子，而韓國與魏國都是從晉國分裂而來的，因此魏國史料中從五帝時代到晉國時代的記錄在韓國也應該保留一份。韓非子是王室貴族的身分，自然有可能接觸到這些史料，因此他才能寫出「舜逼堯」的觀點。要知道韓非子原本是受業於儒學巨擘荀子，可最終卻與儒學劃清界限，原因正在於他發現儒家所鼓吹的三代，其實根本是二手貨，真實的歷史遠非想像的那麼美好。

我們有理由相信，舜並非是一個表裡如一的人。表面上看，他溫文儒雅、待人有禮而謙遜、樂於助人、滿嘴仁義道德，可是實際上他卻很有心機。他把自己塑造成一個「家虐」的受害者形象，博取世人的同情，並以此彰顯自己的「孝行」，贏得了帝堯的信任。可是在提拔一批被帝堯冷落的貴族份子後，他營造了自己的勢力，在羽翼豐滿後開始向帝堯發難了。

據《尚書》的說法，帝堯在物色虞舜時已經在位七十年，可以說他已經老態龍鍾。虞舜當時才三十多歲，正當盛年。帝堯是否真的想把帝位傳給虞舜呢？應該說，有這種可能性。舜雖然是一個平民百姓，但從血統上說他是顓頊大帝的五世孫，現在又是帝堯的女婿，身分不一般。

如果說帝堯要傳位於舜，那麼舜為什麼要迫不及待地發動政變呢？這裡有三個原因：其一，帝堯雖然年邁，可是他身體十分硬朗，以《堯典》的說法，他在舜稱帝之後，還活了二十八年之久，死時已一百多歲了。其二，帝堯的兒子丹朱始終是帝位的有力爭奪者，有許多部落首領是支持丹朱繼承帝位的。其三，儘管虞舜偽裝得十分巧妙，可是時間長了，一個人的本性終究會露出來，倘若帝堯發現他不是自己心目中的完美人物，舜的繼承權肯定會被取消的。

因此舜必須先下手為強，他發動政變，輕而易舉地控制了帝堯並把他軟禁起來，不許他與兒子丹朱聯繫。

一旦大權在手，虞舜便開始清洗異己勢力，把刀口對準反對派，以武力手段鎮壓自己的對手。

剷除「四凶」一直被儒家學派認為是舜的功績，由於漢代之後儒學在中國文化中一枝獨秀，所以很少有人去質疑所謂「四凶」的說法。現在我們擺脫了傳統儒家史觀的束縛，可以好好探討一下除「四凶」的真相了。

「四凶」指的是共工、驩兜、三苗、鯀，其中共工、驩兜、鯀都是人名，三苗則是九黎分離出來的一個部落。在傳統儒家看來，「四凶」都是罪惡滔天、十惡不赦的人，可是他們到底犯了什麼罪，沒有人說得清楚。我們必須感謝先秦時代的書籍，因為那還是百家爭鳴的時代，儒家並不能一手遮天，所以我們可以依稀尋找到一些線索。

先來看看《呂氏春秋》的說法：「堯以天下禪舜，鯀為諸侯，怒於堯說：『得天之道者為帝，得地之道者為三公，今我得地之道，而不以我為三公。』欲得三公，怒甚猛獸，召之不來。帝舜於是殛殺之於羽山。」

再看看韓非子《外儲說》的說法：「堯欲傳天下於舜，鯀諫之曰：『不祥哉，孰以天下而傳之於匹夫乎？』堯不聽，舉兵而誅殺鯀於羽山之郊。共工又諫之曰：『孰以天下而傳之於匹夫乎？』堯不聽，又舉兵而誅殺共工於幽州之都。」

這兩則史料有一個不同之處，《呂氏春秋》稱誅殺鯀的人是帝舜，而《韓非子》則稱是帝堯。其實兩者並不矛盾，因為此時正是舜逼迫堯傳位的時候，堯應該已經被軟禁，所以舜乃是以堯的名義，誅殺了共工與鯀。兩人被殺的原因只有一個：反對舜稱帝。

相比之下，被儒學奉為經典的《尚書》對「四凶」被殺或被流放的原因幾乎忽略，只是寫了結果：「流共工於幽州，放驩兜於崇山，竄三苗於三危，殛鯀於羽山，四罪而天下咸服。」

顯然，《尚書》是避重就輕。「殛」的本意是「殺死」，以文義來看，共工、驩兜、三苗是被流放了，而鯀則是被殺死。後來儒家學者把舜捧為聖人，聖人當然不會無緣無故地殺人，所以把「殛」的意義曲解為「流放」。我們從《呂氏春秋》與《韓非子》兩本書中已可看到，鯀根本不是被流放的，而是被殺死的。同樣，共工也不僅僅是遭到流放，後來也同樣被舜處死了。

鯀與共工是因為反對舜而被殺死，這已經有明確的證據。那麼驩兜呢？驩兜之所以在劫難逃，是因為他與共工關係密切，他曾經在帝堯面前稱讚共工的業績。共工被流放乃至被誅，驩兜自然被牽連，流放到崇山，據說後來投南海自殺。

至於三苗，同樣是因為政治原因而遭到舜的鎮壓。晉人郭璞注《山海經》有這麼一句：「昔堯以天下讓舜，三苗之君非之，帝殺之，有苗民叛入南海，為三苗國。」

從上面可以看出來，所謂的「四凶」、「四罪」，其實根本不是因為這些人有什麼十惡不赦的罪行，而僅僅是因為他們反對舜稱帝，他們不過是政治鬥爭中的失敗者。這恰恰印證了「成王敗寇」的說法，成功的人就是聖人，失敗的人就是惡人，所以舜成為聖人，而鯀、共工、驩兜等則成為千年流傳的惡人。

我們從記錄帝堯生平事蹟的《尚書・堯典》中可以看到，這幾個所謂的惡人是帝堯時代最重要的幾個人物，其中鯀是大禹的父親，治了九年水，不算功高，也算得上勞苦，可是他們全被舜給抹黑了。必須說，舜是一個高明的宣傳家，他抹黑了鯀、共工、驩兜，也抹黑了自己的父親、繼母與弟弟，同時也抹黑了帝堯。帝堯不是一代明君嗎？可是舜說帝堯的幾個得力幹將都是惡人，是四凶，而舜提拔起來的十六個所謂德才兼備的人，卻在帝堯時代被冷落了。這麼看來，帝堯任用奸人，排斥賢人，豈有半點賢君的模樣，簡直算得上是昏君。

在我看來，堯不是聖人，舜也不是聖人。

為什麼後世會把兩人塑造成聖人呢？

這是因為後人以美化先人的方式，構想了一個理想的社會。他們寧可相信有純潔無瑕的聖人，思慮精純、一心奉公、品格高尚、毫無私心。後人用這種方式憧憬著一個烏托邦的社會存在，在遙不可及的前世立起清明政治的標杆。於是堯、舜禪讓的美談就這樣傳頌開了，人們寧可信其有，只要真的存在過這樣美好的社會，那麼人的希望就一直存在。我們不可苛求古人，因為他們需要夢想，沒有夢想他們對前途會失去所有的信心。其實不僅是堯、舜的傳說，在世界各國的古老傳說中，哪個英雄不是道德與勇氣的完美結合呢？在宗教世界中，哪個教主不是完美的代名詞呢？

帝舜上臺後，以雷霆手段迅速鎮壓異己勢力，這與原先流傳的那個逆來順受的「孝子」形象大相逕庭，所以我說他是一個很有心機的人。實際上，他的政治手段是極其高明的，雖然我不認為他是個聖人，但他絕對是一個堪稱雄才大略的君主。

由於最主要的政敵已經被清除，政權的更迭已是水到渠成。舜在打擊對手的同時，也以施與恩惠的手段收買人心。堯時代的幾個大臣，包括皋陶、契、后稷、伯夷、夔、龍、垂、益、彭祖、禹等，都被安排在合適的位置上，這對政權的穩定起到積極的作用。上文引用《竹書紀年》時便提及，放逐帝堯之子丹朱的人正是后稷，他是帝堯的兄弟，但是他選擇站在舜的一邊。

有一個人我們必須注意，這個人便是禹，他是鯀的兒子。鯀因為叛亂被舜處死，舜卻重用其子禹，這是為什麼呢？我們在《堯典》中看到，鯀是很有勢力的，當初諸部首領都一致要求由他治水，可見他的影響力。當時的政治體制並非後世皇權之下的中央集權制，而是相對鬆散的部落制（**或以後世的稱法為諸侯制**），這些部落或諸侯是很有實力的，故而舜不可能像後世皇帝那樣，對政敵採取株連九族的做法。舜很明智地拉攏禹，以減輕諸部落的敵對情緒，這對鞏固其政權是相當有幫助的。

為了表明自己政權的合法性，舜從登位始就做了種種宗教上的準備。在太廟接受帝堯的禪讓後，舜做的第一件事就是觀測天象，顯然他要從天象中找到「君權神授」的證據。緊接著，他搞了盛大的祭天儀式，同時祭祀山川諸神。在即位的第一年，他進行了四次長距離的巡視：東巡至東嶽泰山，在這裡他不僅祭祀諸神，還接受諸侯的朝見；南巡至南嶽；西巡至西嶽；北巡至北嶽。每到一處，都免不了要搞些祭神活動，帝舜以四次巡視顯示自己充沛的精力以及超強的自信力。

儘管我不認為帝舜是一個品行無可挑剔的聖人，可是不否認他是一位傑出的大帝。他以強有力的手腕建立起完善的帝國秩序。為了進一步約束諸侯或部落，他制定了諸侯朝見時的五種禮法，他頒發給諸侯五等圭玉作為權力的信符。每當諸侯朝見天子時，必須攜帶圭玉赴朝，朝廷考察諸侯沒有犯過，才發還圭玉，允許其回到自己的領地。可以說，帝舜對諸部的控制力度，要比前幾任大帝都強。

帝舜是一個十分勤政的天子，他每隔五年便要巡視四方一次。由於當時交通條件不便，東西南北各巡視一次就要花費大約一年的時間。在巡視期間，諸侯們要輪流朝見天子，當面述職，帝舜會花時間考察他們的政績，對有功的諸侯給予賞賜。同時，帝舜還重新劃分了行政區，把全國劃分為十二個州，使得中央政府的權力向底層滲透。可以說，帝舜時代的改革，使得真正意義上的國家呼之欲出。從神農氏到黃帝到帝堯，儘管有國家的雛形，可是仍然是有原始色彩的部落制，帝舜的改革為後來的夏帝國奠定了基礎。

舜時代最偉大的事業乃是治水，而完成治水偉業的人正是大禹。

八、禪讓還是奪權？（上）

禹是鯀的兒子，後世尊稱為「大禹」，意為「偉大的禹」，禹的偉大在於治水之功。我們前面說過，面對自然界的洪水災害，帝堯時代幾乎束手無策。鯀用堵的辦法，就是修水堤防洪水，可是在驚濤駭浪的威力下收效甚微。

後來鯀由於反對舜稱帝，被舜所誅殺，他的兒子禹成為部落的新首領。這時禹處於十分尷尬的境地，一方面帝舜是他的殺父仇人，另一方面這位強有力的天子又急需拉攏他。在這種情況下，禹要做何選擇呢？他是同父親一樣，與舜戰鬥到底呢？還是屈服於舜的政權呢？禹做出了明智的選擇，接受了舜的招撫，與中央政府和解。這一定是個艱難的選擇，但禹深知自己不是舜的對手，無法與他抗衡，唯有隱忍才是上策。

舜真的對禹那麼放心嗎？

顯然不是。

舜是很有心機的人，表面上拉攏禹，實則想找機會除掉禹。「大禹治水」背後，可能就是一個政治陰謀。

為什麼這麼說呢？

我們先來看看《史記》的一段話：「舜登用，攝行天子之政，巡狩。行視鯀之治水無狀，乃殛鯀於羽山以死。」從這裡可以看出，舜在殺了鯀之後，對外宣稱鯀的罪名是「治水無狀」。這是一個十分牽強的理由，治水治不好就要殺頭，誰還敢去治水呢？可是舜偏偏要讓禹去治水，這不明擺著要借刀殺人嗎？只要到時禹治水無功，照樣扣上一個「治水無狀」的罪名，不就可以名正言順地除掉這個心腹之患嗎？

再來看看《尚書》的記錄。

帝舜給禹下達了一個命令：「你去平定水土吧，要好好幹啊。」

注意禹的回答，他沒有答應，而是當即婉言拒絕道：「這件事還是交給契、伯益、皋陶等人吧。」為什麼禹要拒絕？他看得太明白了，這是明擺著在我脖子上套上繩索，洪水那麼好治理嗎，搞不好腦袋搬家還要遺臭萬年。

帝舜當然不同意了，一句話頂了回去：「還是你去完成這個任務吧。」

看來是沒得商量了。治水這件事，只能成功，不能失敗，只要失敗，一定會死得很難看，禹只能背水一戰了。

要怎麼樣才能徹底解決水患呢？

禹認真地研究了父親鯀治水失敗的經驗，認定用堵的辦法是行不通的，這是因為當時的工具太有限了，沒有鋼筋混凝土，堤壩建成後還是鬆鬆垮垮的，根本無法抵禦洪水的衝擊。要怎麼辦呢？既然用堵的辦法不行，就用疏導的辦法，把洪水分流，分流到水少的區域。這個辦法看似簡單，實則困難重重，在工具那麼簡陋的年代，要人工疏通河道，談何容易！

再難也得去做，因為禹別無選擇。

要怎麼開始呢？首先要測量地形高低。因為水是從高處往低處流的，要是新開挖的河道比原河道還要高，洪水是無法流出去的。疏導洪水後，會不會殃及疏導區的居民呢？這也要有測量的資料才行。因此禹帶著一批人，翻山越嶺，拿著簡單的測量工具，在山川地帶測地形的高低，立起一根根標杆，計算從哪裡開挖水道最合適。這個工程量極其巨大，不要說古代，就是到今天也算得上是巨大的工程。

由於責任重大，禹做事都是親力親為，他幾乎跑遍了全國各地。在平地他乘馬車；遇河流則搭船；在沼澤地帶用橇拉；在陡峭的山地則穿上特製的鞋，這種鞋上山時前齒短後齒長，下山則前齒長後齒短。勘測完畢後，便是大規模的治水，整個治水過程共耗費了十三年，範圍遍及冀州、兗州、青州、徐州、揚州、荊州、豫州、梁州、雍州。當然，當時還沒這些地名。其間開挖了許多水道與陸路，長年以來危害百姓的洪水災害終於得到了抑制。

在這裡，我不得不佩服先人的勇敢與堅強，在那麼惡劣的環境下，能做出如此偉大的事業，大禹不愧是「偉大的禹」。他是中華民族歷史上最偉大的人物之一，他的治水功績不僅功在當代、利在千秋，而且對中國的政治版圖產生了重大影響。在大禹治水之前，中國的版圖其實很模糊，當時也沒有什麼國界的概念。大禹治水，開水道、陸路，凡此開拓過之地，實際上都成為帝國版圖之地，國家的概念更加明確了，難怪乎到了大禹的兒子時，一個嶄新的國家形成了。

帝舜派禹去治水，顯然是別有用心的，但是禹以自己的大智大勇化解了危機。根據史書的記載，大禹治水時，帝舜派了兩個人去協助，一個是伯益，一個是后稷。我的看法是，這兩個人是帝舜派去監督禹的，就是兩個密探，任務就是要抓住禹的小尾巴。可是禹何嘗不知道自己的險境，他表現得小心翼翼、無懈可擊。

大家都知道大禹治水「三過家門而不入」的故事。所謂「三過家門」，是孟子的說法。《孟子》的原文是這樣的：「禹八年於外，三過其門而不入。」三過其門，不是說有三次路過家門，而是指多次。

為什麼三過家門而不入呢？這個故事一直被後人所稱道，認為大禹是大公忘私。可是我在這裡要提出懷疑，路過家時進去看看老婆孩子，怎麼就成了「有私」呢？這會影響到工作嗎？就算有影響也幾乎可以忽略不計吧。這個故事與瞽叟殺舜的故事一樣，很不合常理，背後肯定還有不為人所知的故事。

我們來看看司馬遷的《史記》是怎麼寫的：「禹傷先人父鯀功之不成受誅，乃勞身焦思，居外十三年，過家門不敢入。」這裡注意一個細節，孟子寫的是「三過其門而不入」，司馬遷寫的是「過家門不敢入」。

「不入」與「不敢入」是完全不同的兩種表達。「不入」是我不進去，可能我很忙，我責任重大，所以我不進去了。「不敢入」是我想進去，可是我害怕，不敢進去。那麼禹害怕什麼呢？司馬遷寫了，「傷先人父鯀功之不成受誅」，原來他心裡念叨著帝舜以「治水無狀」為罪名殺了父親鯀，他害怕自己要是也無功，免不了也遭到殺害的命運，所以「勞身焦思」，腦袋上面掛著一把斧頭，所以他經過家門時不敢進去。

可是我要說，司馬遷仍然沒寫到點子上。

禹不敢進家門是對的，但並不完全是司馬遷所說的原因，還因為身邊有兩個帝舜安插的密探，時刻盯著他的一舉一動。這兩個人就是伯益與后稷。后稷曾幫助帝舜囚禁帝堯的兒子丹朱，很明顯是帝舜的親信。伯益的政治立場相對中立，不過他也是被帝舜提拔起來的人。帝舜以協助治水為名，把伯益、后稷安插在禹身邊，就是要監視他。禹是一個十分明智、冷靜的人，豈能不意識到自己周圍殺機四伏呢？他絕不能讓人抓住任何把柄，因此他在個人生活上極其低調，近乎苛刻。

不與親人聯繫，乃是保護自己的最好辦法。

說到禹的故事時，我經常想到劉秀的故事，兩者確有一些共同點。劉秀的哥哥劉縯也是死於政治鬥爭，被皇帝給殺了。當時，劉秀正是取得昆陽大捷的偉大勝利之時，可是他回到朝廷後，不為哥哥辯護，不述自己的功勞，關起門來不見任何人以求自保。劉秀的隱忍與禹是相類似的，禹也是如此，為了不讓別人抓住把柄，他寧可不與親人見面，做的事全是公事，沒有一點私事，只有這樣才能讓帝舜放心。

我這個說法，與正統史學的說法又完全不同，並非為了標新立異，我們應當從細節處去讀史，讀出文字的言外之意。

請看《尚書》中《益稷》一篇的一段對話，是舜與禹的對話，原文不太好懂，我用白話文轉述。

帝舜說：「禹啊，你不要像丹朱那樣傲慢。丹朱這個人遊手好閒、放縱淫逸，既驕傲又耽於嬉樂，整天只知道跟人家爭吵，無事生非。他還在家裡與人淫亂，所以我懲罰他是應該的，也剝奪了他的繼承權。」

在這裡，帝舜既是為自己流放丹朱做辯護，同時也可視為威脅禹的話，說明自己手中握有生殺大權。禹是怎麼回答的呢？

禹說：「我娶了塗山氏的女兒為妻，結婚只四天就離家治水去了。兒子啟生下來後，呱呱大哭時，我都沒有照顧過他，全身心地想著治水的事情。」

謹慎是對的。

我們從帝舜的話裡，著實看不出丹朱到底犯了什麼罪，只是公子哥生活比較悠閒自在罷了。治水治不好是罪，遊手好閒也是罪，大禹非但要治好水，而且不能有絲毫享受嬉樂，否則他的下場就與鯀、丹朱一樣。若是禹沒事往家裡跑，豈非被扣上「耽於嬉樂」的帽子嗎？所以他「過家門而不敢入」，明哲保身。不僅如此，《史記》說他「薄衣食」、「卑宮室」，吃的穿的都很簡單，住的也很簡陋。我們當然可以說禹是「大公無私」，但這「大公無私」的背後是為了保全自己，任你派多少人來監視，也抓不到我任何把柄。

美國當代思想家尼爾・沃爾什曾有一段關於歷史的精闢說法：「你們教的根本不是歷史，而是政治。歷史本應對真正發生的事，做充分而精確的記載。政治卻從來不關乎真正發生的事。政治總是關於所發生的事的某某人的觀點。歷史揭示事實，政治則將之正當化。歷史揭發、說明一切；政治則掩蓋，只說一面之詞。」這段話說得非常好，也有助於我們更好地理解古代的歷史。古文獻的記錄並非真正的歷史，而是變形後的政治。從理論上說，我們完全不可能恢復歷史的真實面貌。我們不可能還原歷史的本來面目，但是我們可以通過分析判斷，離真相稍稍近些。

前面我曾引述韓非子的話：「舜逼堯，禹逼舜。」關於「舜逼堯」的說法，有《竹書紀年》可以佐證，但關於「禹逼舜」的說法，《竹書紀年》上也找不到證據。那麼舜真的是把帝位禪讓給了禹嗎？

如果「舜逼堯」的說法為真，那麼「禹逼舜」的說法應該也是真的。我們試想一下，舜為了得到帝位，囚禁堯、流放丹朱、鎮壓了所謂的「四凶」之亂，這個政權的得來是充滿陰謀與詭計的，難以想像舜會把辛辛苦苦得來的權力拱手讓出，而且還是讓給被自己殺死的政敵的兒子。

倘若如此，為何古文獻中除了韓非子的這句話之外，就沒有其他資料的佐證呢？我想真正的原因，是因為禹取代舜是比較順利的，並沒有發生大規模的流血衝突。禹的政變很可能是與舜達成了某種協定，即保留舜的聲名，讓他以「禪讓」的方式體面地下臺。或者我們可以說，禹導演了一幕「光榮革命」。

為什麼禹可以化被動為主動，反敗為勝呢？

一個重要原因很可能是舜後期生活比較腐化。

正所謂「權力導致腐敗」，舜早年生活艱辛，登上帝位後，面對形形色色的誘惑，很難保有早年勤儉的生活方式。在魏晉時，有一個名為皇甫謐的人寫了一本《高士傳》，收羅古代賢人的事蹟，其中講到虞舜時代的一個名為善卷的賢士，善卷曾對舜這樣說過：「昔唐氏（指堯）之有天下也，不教而民從，不賞而民勸，民不知怨，亦不知喜。今子（指舜）盛為衣裳之服，以炫民目，調五音之聲，以亂民耳，作皇韶之樂，以愚民心。天下之亂，由此生矣！」

參照《尚書》，皇甫謐的說法是有道理的。舜是「禮法」的創造者，他規定了五等禮法，強化了等級秩序。禮法是與財富掛鉤的，等級高的諸侯獻上的禮就要重一些，等級低的則輕一些。同理可知，等級高的人享用的東西就要多一些，而等級低的人享用的東西就要少一些。作為天子，舜肯定比堯要奢華，在他看來，這種奢華不僅是為了滿足欲望，更是體現權威必不可少的象徵。比如說舜所穿的衣服，上面要繪有日、月、星、辰、山、龍、華蟲，下面要繡有宗彝、藻、火、粉米、黼、黻、絺等圖案，以此來強調自己尊貴的地位。

與此同時，禹的聲名卻是如日中天。治水的偉大功績，造福於萬千百姓，這無疑令禹擁有了別人不可企及的聲望。同時他在品行上幾乎無可指摘，穿簡陋的衣服、吃簡單的飯菜、住破房子、三過家門而不入，結婚四天就離家去治水，兒子出生他也顧不上看一眼。帝舜不得不稱讚他：「惟汝賢，克勤於邦，克儉於家，不自滿假，惟汝賢。汝惟不矜，天下莫與汝爭能；汝惟不伐，天下莫與汝爭功。」（《尚書．大禹謨》）

光有聲望可不夠，光有百姓的支持可不夠，倘若禹要逼舜退位，一定要有實力派人物的支持。帝舜時代最重要的幾個人物，除了大禹之外，便是后稷、皋陶、伯益三人。這三人在帝堯時代便被任用，在位時間長，權勢不可小覷。帝舜政變，后稷是有份的，他把帝堯的兒子丹朱給流放了，可以算得上是舜的親信。這三個人裡，后稷是死得最早的，剩下皋陶與伯益是大禹必須爭取的關鍵人物。

九、禪讓還是奪權？（下）

先來看看伯益。

當初伯益與后稷被派去協助大禹治水，治水功畢，大禹沒有忘記在帝舜面前提起伯益與后稷兩人的功勞。這無疑拉近了他與伯益之間的距離。更重要的是，治水的事業，讓伯益認識到了大禹是一個非凡的人物，他的行為無可非議，能力不容質疑，品格高尚，捨己為公。

在《尚書‧大禹謨》中，有一段伯益對帝舜說的話，必須引起關注：「戒哉！儆戒無虞，罔失法度，罔遊於逸，罔淫於樂。」這是告誡帝舜的話，意思是說：您要小心啊，不要喪失法度、不要耽於遊逸、不要沉溺於淫樂。這話聽起來奇怪，讓我們隱隱地察覺到伯益對帝舜有所不滿，或許是此時的帝舜已經有「失法度」、「遊於逸」、「淫於樂」的苗頭。

我們接著看，伯益又說：「任賢勿貳，去邪勿疑，疑謀勿成，百志惟熙罔違道以干百姓之譽，罔咈（意為違逆）百姓以從己之欲。」就是說，不要違背常道來求得百姓的讚譽，不要違背民眾來順從自己的私欲。雖然這是勸諫之詞，可是讓人覺得這是一種委婉的批評。「任賢勿貳」，似乎暗指舜對禹的態度，當時禹就是天下最賢之人。

我估計，此時伯益對帝舜的所作所為已有微言，這令他與禹走得更近。

再來看看皋陶。

皋陶是一個非常重要的人物，他甚至被後人與堯、舜、禹並列為「四聖」。舜稱帝後，便把皋陶提拔為刑獄之官，掌握司法大權，可以說是位高權重。

我們從《尚書》中可以看出，皋陶對大禹是十分賞識、有好感的。在《益稷》篇中，帝舜讓大禹說說治水的經過，大禹簡要地說自己怎麼勘察山林、怎麼疏通河道、怎麼開通溝渠、怎麼安撫百姓。皋陶聽後十分感動，說道：「師汝昌言。」就是說，你所說的對我很有幫助，我得向你學習，以你為師。

另外還有一篇《皋陶謨》，整篇都是大禹與皋陶的對話。這篇對話意義重大，有一些細節仍然要引起關注。禹和皋陶在討論古代之美德時，皋陶說了幾點後，補充說：「在知人，在安民。」大禹便接著說：「要是這樣子的話，帝舜也難做到啊。知人善任才算明智，這樣做才能任用合適的官員。能安撫民眾才算是仁慈，這樣做民眾都會懷念他。倘若能做到明智與仁慈，怎麼會擔心驩兜呢？何必流放三苗呢？又何必害怕巧言令色的奸佞呢？」

禹能夠跟皋陶說這些，證明此時兩人的關係已經不同一般了，非常親密。值得注意的是，大禹的話鋒直指帝舜。首先，大禹認為帝舜沒做到「知人」、「安民」這兩點；其次，他委婉地批評舜流放驩兜、流放三苗的做法。要知道，剷除「四凶」一直被認為是帝舜的一大功績，「四凶」中就包括禹的父親鯀。最後，我們要認真研究大禹的言外之意，在他看來，流放驩兜、三苗這兩件事舜都做得不對，因為他不夠明智與仁慈。禹為什麼偏偏沒有提及自己父親鯀以及共工呢？鯀與共工都是被處死的，既然流放都是錯的，那麼處死就更不必提了。

可見大禹對父親被殺一事，一直是耿耿於懷的。

雖然皋陶並沒有對大禹的說法做出回應，但可以料想是默認了，心照不宣。我懷疑大禹與皋陶、伯益之間有秘密的約定。根據史料記載，大禹到晚年時原本想讓皋陶繼承帝位，但皋陶比大禹死得早，這件事就作罷了，後來伯益便成了帝位的接班人。這種安排，會不會是事先的約定呢？正如韓非子所說的「禹逼舜」，要逼帝舜退位，不是大禹一個人能做得到的，沒有皋陶、伯益的參與是不可能成功的。作為對皋陶與伯益的回報，大禹同意以後由兩人繼承帝位，真相會是這樣嗎？我不知道，但我把懷疑說出來讓大家參考。

如果大禹真的是逼舜帝退位，他有下手的機會嗎？

有的。我認為三苗之變是大禹奪位的最佳機會。

三苗部落是當初反對舜稱帝的四股力量之一，在鯀、驩兜、共工被剷除後，三苗部落被迫遷移，但他們對帝舜政府向來是不服從的。三苗部落是從九黎部落中分離出來的，前文說過，九黎部落曾經叛亂，遭到顓頊大帝的鎮壓。顓頊大帝試圖從宗教思想入手，破除九黎部落的巫神思想，開展轟轟烈烈的「絕地天通」運動（**詳見前文**）。到了帝堯時代，三苗部落的巫術又死灰復燃，與中原的宗教思想大相逕庭，正因為有這種宗教思想支持，三苗成為難以控制的一個部落。

大禹倘若想發動政變，從帝舜手中奪權，首先必須要掌握兵權。討伐三苗，是掌握兵權的絕好時機。從《尚書・益稷》篇中可以看出，正是大禹向帝舜提出了三苗問題，引發了討伐三苗之戰。他對帝舜說：「苗頑弗即工，帝其念哉。」大意是說，三苗不服從統治，帝舜您得關注這件事。

起初帝舜並沒有出兵討伐三苗的念頭，他只想使用思想武器，就是以德服人，用中原文明去教化蠻族，像顓頊大帝那樣發動一場「絕地天通」的思想改造。

事實證明，要用思想武器征服三苗實在不容易。

為了除去心腹之患，帝舜最後決定動用武力。大禹被任命為遠征軍統帥，這個職位的得來恐怕是動用了各種關係。帝舜下達命令：「禹，那些三苗部眾不服從我們，你前去征伐吧。」

大禹集合軍隊後，發布了一道命令：「濟濟有眾，咸聽朕命。」注意哦，這裡的「朕」字並不是天子自謂，直到秦始皇以後，「朕」才成為皇帝專用稱謂，先秦時代這個字只是第一人稱「我」。大禹掌握兵權之後，便強調「咸聽朕命」，你們所有的將士都得聽我的命令。誓師之後，大禹的軍隊浩浩蕩蕩地開往前線。

可是一個月過去了，戰事沒有什麼進展，令人懷疑大禹是按兵不動，醉翁之意不在酒，他打著討伐三苗的幌子，實際上卻是想發動政變。

他在等一個人，這個人就是伯益。

伯益出現了，他被帝舜派去協助大禹。伯益說了一番話：「只有德行才能感動上天，無論多遠都能歸服。謙受益，滿招損。天子以前在歷山耕作時，日夜向上天哭泣，對於父母的惡行，自己充滿內疚。每當見到父親瞽叟時，總是敬重而莊嚴，後來終於感化了父親。至誠之心都可以感動神靈，何況是三苗呢？」

這句話，實在暗藏玄機。

大家想想，大禹剛剛出兵，伯益就說對付三苗無須用兵，用德行就可以感動他們前來歸附。於是乎便發生了一個荒誕而又離奇的故事。

帝舜對自己的德行向來十分得意，不管這種德行是修鍊出來的，還是裝出來的，他聽了伯益的話當然十分認同。要怎麼用德行感化三苗呢？於是便有了一個十分滑稽的表演，叫「舞干羽於兩階」，干和羽都是舞蹈器具，文舞執羽，武舞執干。打仗不成，用舞蹈來征服敵人，而且不是在敵人面前跳舞，不是在敵人的地盤上跳舞，不是在前線跳舞，而是在自己的宮廷裡跳舞。跳舞能征服敵人嗎？這是騙三歲小孩兒的故事嘛，您還別說，「七旬，有苗格」，大約過了七十天，三苗就前來投降了。

在宮中臺階上一跳舞，敵人就來投降了。

這真是神了，奇了。

舉諸世界古往今來之歷史，恐怕沒有比這個更荒唐的了。

可是這種謊言竟然欺騙了中國人好幾千年，不也是一種悲哀嗎？

那麼我們能從歷史的迷霧中找出真相嗎？在「舞干羽於兩階」的那七十天裡，究竟發生了什麼事呢？

有一件事是明確的，大禹班師回朝了。

作為一個堅韌不拔的人，治水十三年從不言放棄，討伐三苗僅僅七十天就放棄了，這不是大禹的性格。大禹打著討伐三苗的幌子，其實根本一箭未發，他按兵不動，只是等待伯益的消息。當伯益帶來消息，帝舜要取消對三苗的武力討伐，改用「以德服人」的方法，大禹聽罷後一定綻露出了燦爛的笑容。

第一，他借討伐三苗之名，控制了軍隊；第二，伯益已說服帝舜放棄武力征服，他又可以名正言順地班師回朝。

如果要搞一場政變，有比這個更好的機會嗎？

在古代各種史料中，並沒有把大禹繼承帝位與三苗戰爭聯繫在一起，可是我認為兩者之間有著直接的關係。

我們來看看《尚書》中的《大禹謨》，這篇文章時間順序很清楚，從帝舜任用大禹一直寫到帝舜把帝位禪讓給大禹。帝舜給禹的最後指令就是征伐三苗，可見三苗戰爭與帝舜退位發生在同一年。更奇怪的是，依《大禹謨》的說法，舜是先把帝位讓給禹，然後再命令禹去討伐三苗。把帝位讓給禹，禹就是天子，何以舜還能命令他呢？這顯然是一個很大的漏洞。

最可能的解釋是：帝舜命令大禹討伐三苗時確實還是天子，等到三苗歸服時，他的帝位已經被大禹取代了。

在古代正統史學中，都盛讚舜把帝位「禪讓」給禹的美德，並當作古代「任人唯賢」的美德。至於韓非子所說的「禹逼舜」的觀點，顯得十分沒市場。我傾向於後一種說法，不是為了譁眾取寵，而是為了探索歷史真相。

如果「禹逼舜」是歷史真實，有兩個疑問必須解釋：第一，大禹是如何奪權的？第二，三苗何以會歸服？

通過《大禹謨》一文，明確了三苗戰爭與大禹登位時間點一致後，可以判斷大禹之所以能成功奪權，是因為有軍隊作為後盾。這也解釋了為什麼他在討伐三苗戰爭中不賣力，他的目標根本不是三苗，而是帝位。在奪位過程中，伯益顯然是個重要人物，正是他的提議才讓帝舜收回武力征服三苗的決定。大禹名正言順地班師回朝，在帝舜毫無察覺的情況下，一舉發動政變，將他拉下寶座。

由此我們可以解答第二個問題，即三苗為何會歸服。我們不要再相信「舞干羽」的謊言了，單靠跳舞是不可能征服敵人的，何況跳舞時還沒有邀請三苗之君前來觀賞。三苗歸服的真正原因，是帝舜的下臺。當初三苗反對舜繼承帝位遭到鎮壓與遷徙流放，因而一直頑強地反對帝舜，成為帝舜時代的一大隱患。在禹和舜之間，無疑三苗是傾向禹的，因為禹的父親也是舜的反對派，當年也可以算是同一條陣線。如今禹把舜拉下臺，不僅報了殺父之仇，也幫三苗復仇了，這才是三苗歸服的真正原因。「禪讓」不過是傳說罷了。

為什麼會出現這樣的傳說呢？首先，舜與禹都採取這種奪權模式，這與後世王莽、曹丕、趙匡胤取得政權的模式並無不同。只是舜、禹時代久遠，歷史記錄簡單，孔孟時代看舜禹與我們看唐朝一樣久遠。後世儒者之所以相信有「禪讓」的傳說，不過是寄託自己的政治理想罷了，他們寧可相信有這麼個烏托邦存在，只要它存在，就可以超越對現實的不滿，對未來寄予信心。

我們還要思考一個問題：既然大禹逼舜退位，他為什麼沒有為父親平反呢？為什麼還要留下歌頌舜的文章呢？因為他不得不如此。他必須承認舜的美德，這才能使自己的政權合法化。要是公開譴責舜是錯誤的、不義的，那麼禹從舜那裡得來的權力也將是不合法的，他就必須把權力交還給帝堯的兒子。只有把舜捧得高高的，所謂的「禪讓」才是權力合法化的來源。

《尚書》所寫的是政治，而不是歷史真相。我不敢說自己復原了歷史真相，但願意把自己的思考、分析、判斷與大家分享，至少我們可以從古書的細節之處重新審視歷史。但凡不合情理之處一定要深思，就像「瞽叟殺舜」、「舞干羽」而服三苗這種很不合情理的事情，背後可能有許多不為人知的秘密。

十、夏王朝的誕生

夏王朝的誕生，乃是中國歷史上一重大事件，標誌著國家觀念的成熟及民族觀念的確立。在夏王朝之前，從黃帝到顓頊、帝嚳、堯、舜、禹諸帝，儘管都有一個公認的首領以及具有約束諸部的中央政權，但仍然沒有一個完整的國家概念，最明顯的一點是這個大國家連一個名字也沒有。

黃帝武力征服諸部，一個龐大的國家已初現模型。到了帝舜時，劃分全國為十二州，並確定五等諸侯，中央政權對諸部的控制力大大增強了。大禹登帝位後，把十二個州整合為九州，對國家概念有了更進一步的發展。可以說，大夏帝國的奠基人便是偉大的禹。那麼禹有哪些偉大的構想呢？

大禹提出了「中邦」這個名詞。在《尚書・禹貢》中有「中邦錫土姓」的記錄，值得注意的是，在司馬遷的偉大著作《史記》中引用這句話時，變成了「中國錫土姓」。「邦」與「國」意義是相同的，現在我們還使用「定國安邦」這樣的詞語。司馬遷為什麼要把「中邦」改為「中國」呢？有兩個原因：其一，在春秋戰國時，「中國」這個叫法已經十分普遍了；其二，由於漢朝的締造者是劉邦，把「邦」字改為「國」字，似乎也有避諱的味道。所以我們可以確認，大禹是第一個提出「中國」這個名稱的人。

那麼為什麼叫「中邦」或「中國」呢？這就要說到大禹的政治版圖構想了。

在神農氏乃至到黃帝，其實並沒有什麼中央政權的概念，只有某個部落實力很強，其他部落必須聽從該部落的命令，我把這種模式稱為「諸部制」。到了舜的時候，「諸部制」開始向「諸侯制」轉變，這也是舜的一大變革。

諸部制與諸侯制有什麼不同呢？部落有大小之分，但並沒有一個明顯的等級，沒有人為地把這個部落稱為「一等」，把其他部落劃分為「二等」、「三等」，帝舜把諸部改為諸侯，並且劃為五等。到這個時候，就有了中央政權的雛形，諸侯們必須得到天子的確認，每次朝見天子時，要把象徵諸侯權力的信符——圭玉上交給天子，天子考核後，認為沒有重大過失才予發還。

如果我們套用當代觀念，諸侯制近於聯邦制或邦聯制，天子這一級就是聯邦政府，諸侯這一級就是地方政權。

偉大的禹對帝國的版圖又有什麼新的設想呢？

以十三年之功平水災、征服自然的大禹自然是雄心勃勃，所以他的構想也是偉大的。在禹的構想中，帝國的統治是由中心向四周輻射。位於中央的就是天子的領地，或者稱為「中央之國」，這是大帝國的中心。以帝國首都為中心，向四面延伸五百里，稱為「甸服」，甸服就是天子的領地；甸服向外再延伸五百里，稱為「侯服」，即諸侯的領地；侯服向外延伸五百里，稱為「綏服」，「綏」就是綏靖安撫；綏服向外延伸五百里，稱為「要服」，「要」就是羈縻；要服向外延伸五百里，稱為「荒服」，這已經到了荒蕪之地了。

這幾乎是當時中國人所知道的「天下」了。

按照大禹構想的版圖，從帝國中心出發，向東、南、西、北各延伸二千五百里，統治範圍東西跨度五千里，南北跨度五千里。東到大海，西到沙漠，北到寒荒之地，南到熱帶叢林。我們不要忘了，這是距離現今四千年前在交通那麼落後的時代，中原強有力的政權觸角已延伸到極限了。

當然，這樣的劃分顯得不切實際。因為中國的地形條件很複雜，單純以里程來劃分，無疑忽略了地理上的限制。但是我們仍然可以從中看到大禹偉大心臟的跳動，儘管有不合理的成分，但仍然充滿智慧的光芒。中央政權對天下的統治力度並非均等，從直接統治到間接統治，從綏靖安撫到羈縻，是一個衰減的過程，距離帝國中心越近則帝國的統治力越強，距離越遠則統治力越弱。但是中邦文明的教化必須傳遞到蠻荒之地，這乃是一種天職。這一點對大禹來講是相當明確的，這顯示了先進的中原文明的自信力，這種文明必須取得天下的統治權柄。

大禹繼承帝位後不久，便指定皋陶為接班人，但皋陶比大禹死得早，終究與帝位無緣。皋陶去世後，大禹便把政事交給伯益，很顯然伯益成為內定的繼承人。大禹最後一次東巡時，病死於會稽山，臨終之前把帝位傳給伯益。

在儒學文化傳統中，大禹把帝位讓給伯益，是禪讓制度的延續，是大禹高風亮節的體現。可是如果我們前面的分析是正確的話，堯、舜的禪讓都只是政治鬥爭的遮羞布，那麼大禹怎麼會去重蹈覆轍呢？我有一個猜測，當年大禹為了聯合皋陶、伯益推翻帝舜，三人有過秘密的約定，大禹當上天子後，皋陶成為第一繼承人，伯益成為第二繼承人。既然皋陶已經去世，伯益自然成為唯一的繼承人。

伯益並不是一個幸運的人，他的帝位被大禹的兒子夏啟奪走了。

夏啟是如何奪位的呢？我們先來看看儒學宗師孟子的說法。

孟子的弟子萬章問老師說：「我聽別人說，到大禹的時候德行衰減了，所以他不傳位給賢人而傳給兒子，是不是這樣呢？」

孟子回答說：「當然不是。帝禹駕崩後，他的兒子啟服喪三年。三年後伯益放棄帝位，自己跑到箕山之南以避開啟。當時前來朝見的諸侯以及訴訟打官司的人，都跑來見啟，不到伯益那裡，大家都說：這是我們君主的兒子。詩人歌者只歌頌啟而不歌頌伯益。帝堯的兒子丹朱不賢明，帝舜的兒子也不賢明，而帝禹的兒子啟卻很賢明，能夠繼承大禹的道義德行。伯益雖然在大禹時主持政事，但時間不夠長，並沒有做許多恩澤百姓的事情。」

我們知道，孟子是「性善論」者，他非常相信堯、舜、禹這些聖人一點私心都沒有。在他眼中，那個年代沒有政治鬥爭，只是有德者得天下，只有禪讓，只有讓賢，沒有陰謀詭計也沒有刀光劍影。在他看來，啟奪得帝位，一是因為伯益這個人識相，自己溜了；二是因為啟有道德，得到了民眾的支持。在啟取代伯益的過程中，仍然是和和氣氣的，不與任何陰謀沾邊。

但是孟子的這段話，有一個十分明顯的漏洞。他把民眾不支持伯益的原因，歸結於伯益主持政事時間不夠長，威望與恩德不夠，這顯然有悖史實。伯益在帝堯時便已為官，又經帝舜、帝禹兩代，輔佐天子的時間是相當長的，《尚書》中保存的伯益資料也不少，這足以說明伯益很早就是重臣，怎麼可能威望不夠呢？

《韓非子》有一種完全不同的說法：到大禹晚年時，「以啟為不足任天下，故傳天下於益，而勢重盡在啟也。已而啟與友黨攻益而奪之天下。是禹名傳天下於益，而實令啟自取之也」。

這個說法，有一個地方看似自相矛盾，要留意。既然禹想「令啟自取之」，想讓兒子啟去奪取天下，何必又要大費周折，把帝位傳給伯益呢？這不是脫褲子放屁——多此一舉嗎？所以我認為禹之所以把帝位傳給伯益，是因為事先有秘密約定，是當年結盟的條件。

在《韓非子》中，伯益可不是溜到山裡躲起來，啟也不是因為有德行得到民眾支持才上臺的，而是通過血腥的戰爭，才取得最後的勝利。關於這一點，得到了《竹書紀年》的有力支持。《竹書紀年》是這樣寫的：「益干啟位，啟殺之」、「益為啟所誅」。十分明確地指明伯益並不是自己溜到山裡躲起來了，而是在帝位之爭中敗北，被大禹的兒子啟所殺。

由於現存的《竹書紀年》已是殘缺不全，對於伯益與啟之間的鬥爭，寫得十分簡略。但明末清初大思想家王夫之可能見過更全本的《竹書紀年》，他在《楚辭通釋》中寫了這麼一段話：「《竹書紀年》載益代禹立，拘啟禁之，啟反起殺益以承禹祀。」這裡伯益的形象與孟子所描述的那個跑到山裡躲起來的讓位者形象，完全是兩個人。伯益不僅沒有跑到山裡躲起來，反而把啟囚禁了，而啟奮起反抗，最終顛覆了伯益政權。

這裡，我想起了一句名言：「歷史是個任人打扮的小姑娘。」不是嗎？歷史總是上演著羅生門式的鬧劇，同一件事、同一個人，在不同的書裡可以以黑白對立的面貌出現。因為我們所說的歷史，更多的時候乃是政治，文字記載的背後有著強烈的政治目的。

這裡一個問題出來了。既然古書的說法都充滿了政治色彩，我們到底要相信誰的說法呢？我的態度十分明確，以《竹書紀年》為是。為什麼呢？因為《竹書紀年》是最接近歷史真相的。

這裡有必要說說先秦的史書。

中國很早就開始有史官記錄史事，他們記錄的原則是如實記載事件，不置評論。當然，即便是史官，什麼事該記，什麼事不該記，也會受到政治力量的影響，但記錄下來的事件，多數是可信的，因為這些記錄是內參，不對外公開的。第一本公開的史書是《春秋》，魯國的史書，不過我們現在看到的《春秋》不是原汁原味的，而是被孔子改過的。孔子把歷史變成了政治，他發明了「微言大義」的寫法，實際上就是以自己的立場評論史事。其他的諸國史書，後來被秦始皇燒掉，看不到了，直到汲塚出土的魏國史書《竹書紀年》重見天日。《竹書紀年》並沒有使用孔子「微言大義」的藝術手法，只是樸實地記錄發生過的歷史事件。

作為魏國史書，為什麼《竹書紀年》裡記載了從五帝開始的歷代歷史呢？魏國的前身是晉國，晉在春秋時代，長期霸佔霸主的地位，是諸侯之長，周王室完全是在其保護下才得以生存。晉國曾經出兵平定周王室的內亂，我估計從那個時候開始，周王室所藏的歷代史書就被搬到了晉國收藏，所以從五帝以來歷代的完整史料就保存在晉國。到了戰國時，晉國一分為三，魏國最強大，繼承晉國的衣缽，故而這些史料轉移到了魏國。同樣，韓國也是從晉國分裂出來的，應該同樣保留有一份史料，故而韓非子的說法更接近於《竹書紀年》。

何以史官所記的史書比較可信呢？因為從設立史官始，中國就形成一種傳統，即史官只對事件記錄的真實性負責，只要記錄可靠，君主一般不會太多干涉。當然也有例外，但大體的傳統是這樣的。

在春秋時代有兩個著名的例子。

第一個例子，齊國爆發崔杼之亂，崔杼謀殺齊莊公，齊國太史如實記錄在史書上。崔杼大怒，要求太史修改記錄，太史不幹，崔杼便把他殺了。可是接下來，太史的兩個弟弟仍然不修改「崔杼弒君」的記錄，同樣被殺了。太史的第三個弟弟仍然捍衛史官原則，隻字不改，最後崔杼沒轍了。與此同時，另一名史官已經做好殺身成仁的準備，倘若太史的弟弟們被殺光，他將不惜以生命的代價確保史書記錄的真實可靠。

另一個例子發生在晉國，權臣趙盾指使趙穿殺死昏君晉靈公。太史董狐記錄：「趙盾弒其君。」晉靈公是個很壞的君主，可是我們說過，史官的任務不是去判斷一件事的對或錯，而只是如實記錄，故而董狐寫下「趙盾弒其君」。趙盾當然不服，他前去理論，說明殺晉靈公的人是趙穿，不是自己。董狐說：你是策劃弒君的幕後主謀，不寫你寫誰呢？最後趙盾沒辦法，只得由他去寫。

這兩個例子可以看出史官的傳統。像崔杼殺史官這種惡劣的事件，在春秋之前應該是比較少的，即使如此，史官仍然以生命捍衛自己的職責，這是令人敬佩的。所以先秦時代史官所記的史書，事件的真實性、可信度比其他書要高。

不扯太遠了，回到本書的內容吧。

在爭奪帝位的內戰中，啟最後打敗並殺死伯益成為新的君主，這標誌著夏王朝的建立。據說大禹曾封於夏，所以啟的王朝便稱為「夏」，後來人們便把啟稱為夏啟。夏啟奪取大權後，在尊號上做了些改動，除了使用「帝」這個尊號外，還使用「王」的稱號。後世「帝」的稱號，要比「王」的稱號為尊。比如說戰國時代，各諸侯國都稱王了，實力最強大的秦昭王覺得沒意思，打算稱「帝」，凌駕於諸王之上。不過在夏啟時，「帝」與「王」的意思是一樣的，夏啟使用新的稱號，只是為了顯示自己超越前人的雄心。除了使用「帝」、「王」這兩個尊號之外，還有另一個尊號「后」。在這裡「后」的意思不是皇后，而是指君主。我們經常聽到「皇天后土」這個詞，「后」是與「皇」相近的概念，因而夏啟也稱為「后啟」。

從這點來看，夏啟頗為類似後世的秦始皇，改變尊號的背後，是這個王朝比起以往的年代有了更多新的改變。事實也是如此，夏啟開啟了中國歷史的新階段，中國的王朝實際上是從夏啟開始的，他是第一個王朝的第一位君王。在夏啟之前，帝舜與帝禹已經採取強有力的手段加強了中央對諸侯、諸部的控制力度，這為夏王朝的誕生奠定了堅實的基礎。

夏啟是以武力奪權的，在伯益敗亡後，仍然面臨著諸多挑戰，其中最大的挑戰來自有扈氏部落。有扈氏與夏啟的戰爭，打破了孟子的謊言，這場戰爭是權力鬥爭的繼續。

有扈氏反對接受夏啟的統治，理由正是夏啟違背了大禹的遺命，從伯益手中竊取了大權。面對反叛與不服從，夏啟毫不猶豫地選擇武力鎮壓，他親率大軍殺氣騰騰地撲向有扈氏部落，在一個名為甘的地方，雙方展開最後的決戰。

《尚書》中有一份珍貴的文獻，是夏啟在大戰之前向全體將士發表的演說，名為《甘誓》，大意如下：

「諸位將士，我在這裡告誡你們：有扈氏輕視五行，拋棄三正，天理難容。上天要滅絕他們，今天我代上天對他們施行懲罰。戰車左邊的士兵要是不積極進攻，那就是不執行我的命令；戰車右邊的士兵要是不積極進攻，那就是不執行我的命令；戰車中間的御者要是不好好駕馭馬匹，那你們就是不執行我的命令。認真執行命令的人，我要在祖廟賞賜你們；不執行命令的人，我要在神社前殺了你們，還要把你們的妻子兒女變賣為奴隸，或者殺死。」

夏啟給有扈氏扣的罪名是「輕視五行，拋棄三正」，說真的，這究竟是什麼意思，我也看不明白。反正欲加之罪，何患無辭，隨便弄個含糊的說法就行了。

在這篇《甘誓》中，我們沒發現夏啟這個人德行的深淺，整篇文字殺氣騰騰，對敵人如此，對自己人也是如此。對敵人要「滅絕」，對不聽命的部下不僅要殺掉，連妻子兒女都不能免於懲罰。夏啟是用這種恐怖手段來約束部眾。這不是孟子向我們展示的那個很有德行的夏啟，而是一個迷信暴力手段的夏啟。

關於甘之戰的結局，又有兩種不同的說法。

第一種說法見於《呂氏春秋》，稱夏啟在甘之戰並沒有打敗有扈氏，於是他又上演了修德那一套把戲，回去後粗茶淡飯，琴瑟也不彈，鐘鼓也不聽。這一修德，有扈氏自己找上門投降了。這種說法九成出於儒家學者之手，因為《呂氏春秋》一書不是出自一人之手，作者繁雜，三教九流的人都有。對照《甘誓》，你相信夏啟是個迷信道德之人嗎？

第二種說法則是《史記》所載，「（啟）遂滅有扈氏，天下咸朝」。也就是說，甘之戰，實際上就是夏啟與有扈氏的最後一戰，有扈氏被滅掉了。在《淮南子》一書中，也明確寫到有扈氏是被滅的：「有扈氏為義而亡。」這是給予正面的評價，認為有扈氏是堅持正義才被滅的。為什麼說有扈氏堅持正義呢？因為夏啟根本不是合法的君主，是靠政變才上臺的。

殺了伯益、滅了有扈氏後，夏啟的政權總算穩固了。

夏政權的建立，對後世產生深遠的影響。「夏」既是國家的名稱，也是民族的名稱。「夏」後來又衍生出「華夏」一詞，這個名稱一直沿用至今。「華」字含有「大」的意思，又有「華美、華麗」的意思。夏王國顯然對自己的器物文明非常得意，與四周蠻族相比，夏王國在屋宇、服飾、車馬、器具等方面，都顯得工藝精美，日常生活禮節優雅，夏人自然有一種自豪感。

在漢朝以前，以中原為中心的這個大民族被稱為「華夏族」。在先秦之前，「夏」的叫法也很普遍，後來又形成一個新的名詞稱為「諸夏」，也就是中原的各個諸侯國，比如《左傳》中所說的：「諸夏親暱，不可棄也。」可以說，正是夏王朝的建立，才進一步使得民族的認同感增強，這也算是夏啟對中國歷史的一大貢獻。

十一、竊國者（上）：后羿

反抗夏啟的代價是高昂的，伯益被殺與有扈氏被滅就是例子。夏啟以強大的武力為後盾，他的政權終於得到了諸部的認同。武力能鉗制眾人的反抗，卻不見得能得人心。在夏啟晚年，他還發兵征討過西河的叛變。有一種說法，認為在西河發動叛亂的人正是夏啟的兒子武觀（或稱五觀），倘若這個說法屬實，那麼夏王朝在開國不久後，就陷入深深的危機中了。據說夏啟晚年生活驕奢淫逸，政治風氣也隨之敗壞，武觀在西河叛亂估計與爭奪繼承權有關。

夏啟死後，太康繼位。

太康絕對是一個昏君，根本沒有盡到一位國王的責任，不理朝政，終日遊玩尋樂。他的百姓對他失去了信心，他的兄弟們對他深感失望，而有野心的諸侯則是覬覦他的王位。太康卻對這些潛在的危險視而不見，依然我行我素。他對打獵十分迷戀，已經不滿足在帝都近郊狩獵，便跑到洛水南岸。這次打獵卻讓他終生失去了權力，實力派諸侯、有窮氏首領后羿趁機控制了政府，獨攬大權。從此，太康淪為一名傀儡國王。

后羿是中國歷史上一個很有名的人物，他之所以著名並不是因為他竊取了大權，而是因為他的神話故事廣為流傳。

我們搞不清楚一個歷史人物，為什麼在民間傳說中成了神話人物。后羿最有名的故事有兩個：

一個是后羿射日；一個是嫦娥奔月。

傳說中后羿射日的故事，時間被前移到帝堯時代。關於這個故事，《淮南子》一書記得最詳細。書上說帝堯時，天上出現了十個太陽，焦烤大地，莊稼都被曬死，農作物無法生長，連樹木、綠草也枯萎了。不僅如此，還冒出了幾頭怪獸危害人間。后羿是一位箭術高手，武功十分了得，帝堯便派他把天上的九個太陽射落下來，同時又殺掉了那些怪獸，於是老百姓終於過上安穩的日子。

嫦娥奔月更是家喻戶曉的民間傳說。

據說后羿有一次在山中狩獵，在一棵月桂樹下遇到嫦娥，兩人一見鍾情，就以月桂樹為證結為夫妻。後來后羿從西王母那裡弄到了一粒不死神藥，交給嫦娥保管。嫦娥把這粒藥偷偷吃了，飛到了月宮。也有另一種說法，說是有一個叫逢蒙的人，得知后羿有這麼一粒不死神藥，趁他不在時，潛入嫦娥房中要偷藥，並打算加害於她。嫦娥情急之下，就把不死藥吞入肚子裡，結果成仙了，升天而去。然而嫦娥不忍心離開后羿，就滯留在月宮，她想要配製新藥，以便重返人間與后羿團圓。當后羿得知愛妻吞服神藥後飛天奔月，痛不欲生，月母被他的一片誠心所感動，便允許嫦娥在月圓之日下界與后羿在月桂樹下，也就是兩人相識初戀的地方相會。

這真是一個動人的愛情故事，據說中秋節與這個故事有關，所以中秋節又稱為「團圓節」，原意就是嫦娥與后羿團圓的日子。以上這兩則故事，美則美矣，可惜這個后羿的形象，與歷史中的后羿完全不搭邊。唯一的共同點，就是神話中的后羿與歷史上的后羿都是以善射而聞名。我們再回過頭來說說歷史上后羿的故事。后羿竊取大權後，並不敢冒冒失失地稱王，他的地位並不穩固，還需要拿太康這個傀儡來當擋箭牌。過了若干年後，太康去世了，估計是失去權力後內心失落，鬱鬱而終。

太康死後，后羿立其弟仲康為王，自己仍獨攬大權。

就在這一年，發生了一件事。這件事在今天看來不算什麼大事，不過就是發生了一次日食。可問題是，這次日食沒有被準確地預測出來。日食的出現引發了社會的恐慌，「瞽奏鼓，嗇夫馳，庶人走」。倘若是社會政治清明，即便是日食出現也不至於引起恐慌。正是政治的動盪，這種自然現象的突發使得民心震動，擔心是不是上天有什麼預兆。

由於沒能準確預測日食，負責天文觀測的官員難辭其咎。當時是誰在負責此事呢？仍然是羲氏與和氏兩大家族。羲、和二氏可以說是天官世家，他們從帝堯時代開始，就負責天文曆法，世代相襲。我們必須說，古代天文學畢竟不是很完善，出現一次預測錯誤雖然很嚴重，但也是可以理解的。誰能料想得到，一次預測錯誤竟然導致了一場戰爭。

仲康發動了一場討伐羲、和二氏的戰爭。

這是不是過火了呢？

這場戰爭的背後，難道僅僅是因為天文預測失誤嗎？

我認為沒有那麼簡單。

雖然戰爭的命令由仲康發布，但是可以料想背後的指使者乃是后羿。后羿為什麼要討伐羲、和二氏呢？據《史記》所載，「羲、和湎淫，廢時亂日」，原來羲氏、和氏嚴重失職的原因是嗜酒廢政。如果司馬遷記錄可靠的話，說明這個時候的政治確實非常腐敗，連羲氏、和氏這樣的天文學世家也敗壞了。后羿當初正是因為民眾不滿太康的統治才有機會奪權，可是他獨攬大權後政治依然沒有起色，不消說民眾的怨氣很大，他正好以日食為藉口，拿羲氏、和氏開刀以平民怨。

這裡我們有一個疑問：難道沒有預測出日食，真的是因為羲氏與和氏喝酒誤事嗎？我想這根本不是一個重要原因。事實上，對日食的預測一直到清朝也未能百分之百的準確，更何況是在夏代呢？要是每次日食未預測到便要發動討伐，那中國歷史上可能要多出好幾次的戰爭。因此這次戰爭，很可能是后羿剷除政治對手的一次行動，羲、和兩大家族從帝堯始歷經數代地位巋然不倒，如果他們反對后羿干政，勢必是后羿的心腹之患。

夏王仲康委任胤侯為統帥，率領大軍討伐羲、和二氏。胤侯在出征前發表了一次演說，記錄在《胤征》一文中。胤侯先是批評羲、和二氏怠忽職守，貪酒忘政，導致天象昏亂，太陽被掩蝕，罪大惡極。然後他說：「現在我將率領諸將士，代上天懲罰惡人。你們諸位要同心戮力，輔佐王室，助我實施天子威嚴的命令。烈火焚燒山岡，玉石俱焚；身為天官卻怠忽職守，危害比烈火更甚。奮勇作戰吧，殲滅敵軍魁首羲、和二氏，至於被迫追隨羲、和二氏的人，免於懲治，要給他們重新做人的機會。」

這次遠征的結局並沒有寫在《胤征》一文中，料想是羲、和二氏戰敗被迫向后羿做出了必要的讓步。由於羲、和二氏特殊的地位，使他們免於滅族的命運，因為他們是世襲的天文學家，對朝廷來說是不可或缺的人物。

從諸多的記錄來看，夏朝的情形頗類似後世的晉朝，帝國在建立不久便被奢侈腐敗的風氣掏空了。君王與世襲貴族已經拋棄了先輩們奉行的道德原則，太康如此，仲康如此，羲、和二氏如此，另一個世襲貴族伯封也是如此。伯封的父親是帝舜時代的樂正后夔，《左傳》中稱他為「貪婪無饜」之人，而這正好給了后羿消滅他的藉口。后羿親自率領一支軍隊，征討伯封，並最終將他的家族一網打盡。

儘管后羿以腐敗為由征伐羲、和二氏以及伯封，可是並沒有證據表明他試圖把國家從腐敗中拯救出來，代之以清明的政治。據《左傳》記載，后羿「恃其射也，不修民事」。事實上，他與夏啟一樣只迷信於武力手段。他是個十分勇武之人，以箭術聞名天下，大概正是如此後世才出現了后羿射日的神話傳說。

仲康只不過是后羿控制的傀儡罷了，他的在位時間，有不同的說法，有的說七年，有的說十三年，有的說十八年。仲康死後，后羿又把仲康的兒子相推上王位，史稱后相，也稱為帝相。從后相時代開始，夏王國對外戰爭變得頻繁。這可能有兩個原因：其一，通過對外戰爭轉移國人對朝政不滿的注意力；其二，可能是蠻夷不願意歸服大夏政權，崇尚武力的后羿決定給他們一個教訓。

后相即位後，連續發動多場戰爭，討伐淮夷、畎夷、風夷、黃夷。事實證明后羿控制下的夏王國在武力上仍然維持著一等的水準。到了后相七年，周圍的蠻夷都前來朝見天子，夏王國又一次取得了對蠻夷的控制權。

此時的后羿實是登上了人生的巔峰，夏國王后相只是他手中的木偶，反對他的貴族被鎮壓了，四邊的蠻夷也歸順了，他才是夏王國的真正統治者。

有一種說法，稱后羿最終把帝冠戴在了自己的頭上。

魏晉人皇甫謐在《帝王世紀》中這樣說：「太康已來，夏政陵遲。為羿所逼，乃徙商丘，依同姓斟灌、斟鄩氏，羿遂襲帝號，為羿帝。」就是說，夏王后相在后羿的逼迫之下，把國都遷往商丘（**應為帝丘**），這時后相基本上失去權力，只是在兩個同姓諸侯（**斟灌、斟鄩**）的庇護之下才得以苟延殘喘。后羿不一定廢除了后相的王位，他自己沒有使用「王」這個尊號，而是沿用「五帝」以來「帝」的尊號，自稱為「羿帝」。

后羿為什麼不殺掉后相呢？顯然他認為毫無必要。從太康以來，王室的權力一落千丈，幾個夏王都是庸碌之輩，既沒有遠大的理想也缺乏做大事的能力，不足道也。后羿不想落得個「弒君者」的罵名，作為一介武夫，只要自己利箭在手，有誰敢挑戰他的權威呢？

此刻的后羿，頭頂榮譽的光環，手握生殺之權柄，虎視九州，誰能與之爭鋒呢？於是他又拿起手中的強弓，馳騁於田野，盡情地享受狩獵的快感。

可是誰能想到，螳螂捕蟬，黃雀在後，一隻毒手正伸向偉大的后羿，一張巨大的羅網正在張開，一場驚天的陰謀正悄然醞釀著。

山雨欲來風滿樓，可是后羿居然一點也沒察覺到。

一個陰謀家出現了，此人名叫寒浞。

十二、竊國者（下）：寒浞

《左傳》中對寒浞有頗為詳盡的記載，我們來看一下。

寒浞原本是伯明氏部落的子弟，他心術不正，喜歡挑撥是非。伯明氏部落的首領后寒還算頭腦清醒，覺得這個人是個禍害，便把他驅逐出境。寒浞被趕出家園後，心有不甘，決定前去投靠實力最強大的后羿。憑著一張能言善辯的嘴巴，他很快便得到了后羿的信任。

后羿控制國家後，並沒有打算改革腐敗的政治，而是與太康一樣熱衷於狩獵。當時后羿有幾個耿直的大臣，如武羅、伯困、熊髡、尨圉等，時不時進諫。然而忠言逆耳，這位神射手大怒之下，把這幾位大臣統統免職。八面玲瓏的寒浞抓住這個機會，投后羿所愛，拍他的馬屁，大獲后羿的青睞，終於登上相位，成為一人之下、萬人之上的權臣。

寒浞並不滿足於此，他有更大的野心。

由於后羿不理政事，寒浞一方面以拍馬屁的手段爭取后羿的更大信任；另一方面採用賄賂手段收攏人心。漸漸地，眾人只知有寒浞，而不知有后羿，因為后羿已經放心地把國家大權交給了這個陰謀家。在后羿看來，寒浞忠貞不貳完全可靠，而且正是有了寒浞，他才可以心無旁騖地拋開政事盡情享樂。

在不知不覺之間，權柄已經悄然轉移了。

正如后羿架空太康、仲康一樣，寒浞也不動聲色地架空后羿。當整個國家都拜倒在寒浞的權杖之下時，只有后羿一人還懵然不知。迷信武力的后羿顯然不相信寒浞有虎狼野心，在他眼中，寒浞只是個會說話、忠誠的奴才罷了，根本不是一個勇武之人。沒有勇武，哪兒來的野心呢？

這是迷信武力者的悲哀。

后羿又一次出門狩獵，寒浞已經做好了充分的準備。當這位神射手神采奕奕地扛著獵物從野外歸來時，他不再是一個獵者，而是寒浞羅網中的一隻獵物罷了。

早已被寒浞收買的家臣們趁后羿毫無防備時，一擁而上，把這位英武的君主擒殺。后羿的下場十分悲慘，儘管這是他咎由自取的結果，可是我們仍然不希望神話傳說中的蓋世英雄與鐵骨柔情漢子，在現實中竟然死得毫無尊嚴。寒浞殺了后羿，把他的屍體扔入鼎中烹煮，並且逼迫他的兒子們吃下父親的肉。

后羿的麻痺大意，非但葬送了自己，同時也葬送了他的家族。

當寒浞把后羿的屍體煮爛後端到后羿的兒子們面前時，這些可憐的人哪裡嚥得下去。冷酷無情的寒浞毫不猶豫地把他們全部殺死，並霸佔了這位梟雄的每一件東西，包括他的土地、他的財產以及他的妻室。忠於后羿的大臣們也遭到了血腥清洗，只有少數幾個人得以逃脫，其中就有一位名為伯靡的大臣，他逃往有鬲氏部落避難，後來成為「少康中興」的重要人物。

寒浞之所以殺后羿，除了野心之外，還有另一個原因，就是他與后羿妃有不可告人的親密關係。大詩人屈原在《天問》中有提到這件事，「浞娶純狐，眩妻爰謀」。后羿妃就是純狐氏，她應該是后羿晚年娶的妻子。但是英雄老矣，與后羿相比，寒浞還年輕力壯呢。由於寒浞權勢熏天，得以自由出入宮禁，與后羿妃接觸機會頗多。兩人眉目傳情，一來二去，很快便有了一腿。

快則快哉，然而寒浞豈能不明白，他這是在玩火。倘若此事曝光，以后羿凶殘的性格，這對小情人的小命哪裡能保得住。就像後來呂布為了貂蟬一定要殺董卓，寒浞為了純狐女也勢必要殺掉后羿。在整個謀殺行動中，純狐女扮演著重要的角色，正是有她作為內應，才使得謀殺行動十分順利。我懷疑後世「狐狸精」這個詞的由來，便是從純狐女來的，她以媚術迷惑后羿、誘惑寒浞，可以說是史書中最早記錄的一個狐狸精。

後來純狐女為寒浞生了兩個兒子，兩人都成為寒浞的得力助手，從這裡顯然可以看出寒浞對這位女人的寵愛與信任。在中國歷史上，女人與愛情往往成為政變的導火索，只是后羿與寒浞的歷史太過久遠了，對於其中的許多細節，我們終究沒有辦法弄清楚。

我們不清楚寒浞有沒有稱帝，但毫無疑問，他實際上就是夏王國的最高統治者。

在寒浞殺后羿之後的十幾年裡，夏王國倒是風平浪靜，並沒有出現太大動盪。這至少說明寒浞頗有幾分本事。后羿意外身亡，本應是反對派勢力重新抬頭的大好時機，可是寒浞似乎並沒有給他們這個機會。后羿數十年的統治，早已令眾諸侯俯首貼耳，誰也不願為軟弱且平庸的夏王后相以身犯險，去挑戰殺死后羿的寒浞。

寒浞充其量只是一個政治投機客，並非一個武士，他的兒子寒澆卻是天生的武士。寒澆是純狐女的長子，他還有一個弟弟名為寒豷。說來也奇怪，寒澆與寒浞並沒有太多相似點，反倒與后羿頗為相像，勇猛善戰，有英武之氣。這不由得令人懷疑，寒澆究竟是寒浞的兒子呢，還是后羿的兒子？

據一些史料的說法，后羿死於夏王相八年，這時寒澆尚未出世，十八年後（即夏王相二十六年），寒澆已經成為一名軍事統帥。能夠擔任軍事統帥，獨當一面，最少也要十七八歲吧。從這個年齡判斷，寒澆應該是在后羿死後不久就出生了，不排除他是后羿遺腹子的可能性。

寒澆是天生統帥的料，這無疑令寒浞十分欣喜。弒君者寒浞有很大的政治野心，只是他在武力上缺乏后羿的自信，這才隱忍了十多年之久。對寒浞來說，夏王后相始終是一個巨大的威脅，這個傀儡君王雖然沒有實權，卻仍然具有不可忽視的號召力，並得到若干諸侯的鼎力支持。如果不盡早剷除心腹之患，終究會夜長夢多，難保哪一天自己在睡夢中醒來，夏王的軍隊就殺到眼前。

是時候出擊了，把夏王的勢力連根拔掉！

新一輪的內戰爆發，對夏政權來說，這是一次生死之戰。

寒浞把首個打擊目標對準戈國。戈是一個小諸侯，我們不清楚戈國是不是夏王后相的擁護者，但顯然戈國是拒絕服從寒浞的異己勢力。寒浞牛刀小試，就把戈國從地圖上輕輕抹去了。他把戈地分封給自己的兒子寒豷，把過地封給另一個兒子寒澆，後來寒澆也被稱為「過澆」。從伐戈之戰開始，寒浞走上了窮兵黷武之路。這位野心家雄心勃勃，欲建立比后羿更偉大的業績。

在接下去討伐斟灌、斟鄩的戰爭中，寒浞把年輕的寒澆推上統帥的位置，此時的寒澆年齡尚不滿十八歲。寒浞並沒有看走眼，寒澆在軍事上確實有著罕見的天賦，他的勇武令敵人望而生畏。他如同後來的另一位天才名將霍去病，在別人尚處於乳臭未乾的年齡時，便在戰場上創造了不可思議的奇蹟。

在擊滅夏王后相的戰爭中，寒澆一鳴驚人。

在支持夏王后相的勢力中，斟灌與斟鄩是實力最強的兩個諸侯。這兩個諸侯是夏王的同姓諸侯，也是后相的兩座靠山。在寒澆凶悍而有力的進攻下，斟灌與斟鄩被打得潰不成軍，先後滅亡。此時的夏王后相已經形同孤家寡人，在寒澆強大武裝的威懾下，其他諸侯國選擇了沉默，眼睜睜地看著夏王跌入命運的深淵。夏王后相所在的帝丘，在防禦力量上比斟灌、斟鄩還要弱小，哪裡頂得住寒澆的攻勢。

城池終於淪陷了。得意洋洋的寒浞以征服者的身分，趾高氣揚地踏入天子的地界，沒有一絲仁慈與憐憫。這位曾經殺死主人后羿的陰謀家，並不在乎再來一次血腥的屠殺，從他無情的嘴裡宣布了冷酷的命令：斬盡殺絕。於是士兵們如野獸般闖入王宮，把這裡變作一座人間地獄，鮮血染紅了碧草，屍體堆積成丘，連夏王后相也未能逃過一死。

直到這一刻，寒浞終於鬆了一口氣。夏王這個絆腳石被清除了，從今往後天下就是寒氏的天下了。這一刻寒浞做著與秦始皇一樣的美夢，寒氏帝國巍然屹立，直至千世萬世矣。

可是天下事總有不盡如人意之處。

寒浞終究是百密一疏，這一疏忽是致命的。數十年後，他將為這一疏忽付出慘重的代價。他並沒做到斬草除根，有一個人逃脫了，她是夏王后相的王后，稱為后緡。可是一個女流之輩，就算逃跑了，能掀起什麼風浪嗎？她難道能翻江倒海嗎？

有一件事，卻是寒浞始料不及的。

后緡逃跑時，肚子裡已經懷有夏王后相的孩子了。這件事，誰也不知道。當寒澆的士兵血洗王宮時，后緡從王宮的地下水道逃了出去。這條秘密通道，大概是夏王后相事先為自己準備的，可是他沒有機會逃走，而后緡則僥倖死裡逃生。我們不清楚寒浞究竟有沒有發現后緡逃走，不過就算他發現了，可能也只是置之一笑罷了。他的當務之急，是要把王冠戴在頭上，接受諸侯們的朝見。

至此，由夏啟所建立的夏王國實際上已經滅亡，寒浞成為王國新的統治者。大禹、夏啟的子孫失去了國家，寒浞的軍事政變並沒有引起天下大亂，這是因為從太康開始，連續三代的夏王實際上只不過是權臣手中的傀儡。后羿的鐵血統治已經令天下諸侯噤若寒蟬，寒浞繼承后羿的政治勢力，連續滅掉戈、斟灌及斟鄩幾個諸侯後，弒君自立，天下人也只能敢怒而不敢言了。

寒浞並不能建立起一個長期政權，對夏王朝的歷史來說，寒浞竊國只是一段插曲，而不是一個結束字元。最終推倒寒浞政權的人，就是夏王后相與后緡的兒子少康。

那麼，少康是如何從逆境中奮起呢？他又是如何以弱克強，完成復仇雪恨的使命，並使夏王國得以中興呢？

十三、少康中興（上）：復仇

對后緡來說，那一年成了永遠無法抹平的痛苦回憶。丈夫夏王后相死了，土地被強佔了，國家滅亡了，她成了一片飄零在空中的葉子。

從王宮大屠殺中死裡逃生後，她幾經艱辛磨難，回到了娘家有仍氏部落。她並沒有全然絕望，因為她有一個希望，這個希望就是肚子裡的孩子。到底是男孩還是女孩呢？倘若是女孩的話，那麼復仇的希望差不多就泡湯了。可是這回復仇之神關照了這位不幸的女人，她產下一個兒子，取名為少康。

這個小生命注定命途多舛，因為他身上流淌著王室的血脈，儘管這個王室已經被寒浞冷酷無情地抹去，只成為人們記憶中的碎片。母親后緡把所有的希望都寄託在這個小生命身上，在很長的一段時間裡，為了躲避寒浞父子的迫害，她幾乎過著隱居的生活。少康也一直不知道自己的真實身分，直到年齡稍長，母親才把真相告訴自己的兒子，「殺父亡國」的刻骨仇恨，點燃了年輕人心中復仇的火焰。他發誓，終有一天要殺死寒浞父子，奪回原本屬於自己的權力。

可是要怎麼復仇呢？

看上去這幾乎是一件不可能做到的事情。

當年父親后相至少還有一塊領地、幾個諸侯的支持，在寒浞面前都不堪一擊。如今少康卻連一塊屬於自己的土地也沒有，而敵人寒浞則已經完全控制了國家，把天下踩在腳下。表面上看，雙方實力之懸殊，就如螞蟻對陣大象一樣，隨時可能被大象抬起的巨腳踩死。

然而我們不要忘了，世界上最偉大的力量，乃是心靈的力量，乃是信仰的力量，這種力量可以改變世界，化劣勢為優勢、變弱為強，讓夢想有實現的一天。厄運造就了少康堅韌不拔的意志，他的勇氣與雄心堪比祖上大禹、夏啟，與父親后相、祖父仲康的懦弱形象完全不同。

轉眼之間，王宮大屠殺已經過去十幾年了，少康也長大成了一個小夥子，並在有仍部落裡擔任「牧正」，也就是主管畜牧業的官員。此時他的神秘身世才漸漸為眾人所知，消息很快傳到了寒浞、寒澆父子的耳中。一向以勇武自命不凡的寒澆，當然不會把區區一個少康放在眼裡。殺雞焉用牛刀，無須自己親自出馬，只消派出一個使者傳達自己的口諭，便可以把少康擒來。

於是一個名為椒的官員被派往有仍氏部落，目的就是要逼迫該部交出少康。可是這個消息走漏了風聲，少康腳底一滑，一溜煙地逃走了。他逃往哪裡，椒也查不出來，只好兩手空空回去覆命了。寒澆一聽，少康不過就是個跑路的膽小鬼，這種人豈能撼動寒氏江山呢？遂也沒有深究。

少康逃到哪兒了呢？

他逃到了有虞氏部落。有虞氏部落就是帝舜一族的部落，帝舜下臺後，大禹及其後人對有虞氏部落都挺照顧的，讓他們保有自己的地盤。也正因為如此，有虞氏部落首領伯思也感恩戴德，現在大禹的後人少康落難至此，便悄悄收留了他。伯思讓少康擔任庖正，也就是大廚，主管飲食的官員。看來少康不僅會牧馬，還能煮一手好菜哩。後來伯思又把兩個女兒嫁給了少康，對少康來說，這是他得以崛起的一大關鍵。

此時的少康仍然落魄，他得提防寒浞、寒澆父子的迫害，但是有仍氏與有虞氏兩個部落，實際上已經成為他的支持者。有仍氏的首領是他的外祖父，有虞氏的首領是他的岳父，這層親密的關係，使得少康不是一個人在對抗寒浞父子。成婚之後，有虞氏首領伯思又送給少康一塊不大的土地以及幾百人，少康便在這個名為「綸」的地方安定下來，這裡也成為他最早的根據地。

儘管有了一塊小小的地盤，少康的實力仍然十分脆弱，打打游擊還可以，要是想全面與寒浞父子對抗那還差得遠。

可是少康並沒有洩氣，他都做了些什麼呢？

他「能布其德，而兆其謀，以收夏眾，撫其官職」。首先他注意修德，自從太康以來，無論是夏王或是竊權者后羿、寒浞等人，沒有一個能以德治天下、以德服人，這是一個政治很敗壞的時代。少康卻重拾祖上大禹遺留下來的家訓，大禹曾經說：「民可近，不可下。民惟邦本，本固邦寧。」這是以德治國的根本。少康繼承了大禹的政治思想並付諸實行。

他很明白，得人心者得天下，以前自己的父親、自己的祖父之所以喪失夏王國的統治權，就是因為不得人心。現在，寒浞以武力威逼天下更是不得人心，這是寒浞的軟肋，只要少康能收服民心，一定有機會翻盤。

這時一個關鍵人物出現了。

這個人就是后羿的大臣伯靡。

說起來伯靡與少康本來不是一路人，少康乃是夏王系的，而伯靡則是竊國者后羿系的，但共同的敵人卻使得兩個人走到一起。

當年寒浞發動政變，殺死后羿，清除后羿的一幫臣僚，伯靡僥倖逃跑了，他前往投奔有鬲氏。伯靡在有鬲氏待了三十多年，成為元老級的人物，擁有很大的權力。可是他仍然無法與寒浞的勢力相抗衡，一來實力不夠；二來他也缺乏號召力。

少康的出現讓伯靡精神一振。

雖然少康還十分弱小，但是他卻有伯靡沒有的身分，他是夏王后相的唯一後人，是夏王國的合法繼承人。伯靡十分敏銳地意識到機會降臨了，只有聯合少康，並且以少康的旗幟為號令，他才可能推倒寒浞。

在這個時候，有力的聯盟是何等的重要。

少康雖然年輕，卻有著政治家非凡的眼光，他沒有把伯靡拒之門外，儘管這個人是竊國者后羿的大臣。

事實證明少康的決斷是明智的，與伯靡的結盟，使他復興夏王國的事業有了起色。伯靡蟄伏了三十多年，雄心不減，正是老驥伏櫪，志在千里。與少康聯合，使他可以打著夏王國的旗幟，收羅被寒氏父子迫害的民眾，加入反寒的隊伍之中。

大家還記得嗎？當年寒浞、寒澆發動政變時，有兩個諸侯是站在夏王一邊的，這兩個諸侯分別是斟灌與斟鄩。儘管斟灌與斟鄩都被寒澆擊破，可是人心並未屈服，只是沒有人挺身而起，帶領民眾反對寒氏的暴政。現在，伯靡充當了反抗寒氏的旗手，一場聲勢浩大的反寒鬥爭也就此拉開序幕。

斟灌、斟鄩兩城率先倒戈，接受伯靡的指揮。這樣，至少有五個諸侯或部落與寒浞政權決裂。這五個部落或諸侯分別是：有仍氏、有虞氏、有鬲氏、斟灌及斟鄩。伯靡以斟灌、斟鄩兩地義軍為主力，發動了討伐寒浞的戰爭。

此時的寒浞一定有些懊悔，他一不留神敵人就已經強大起來了。可是伯靡想要打敗寒浞，那可不是容易的事情，因為寒浞的兒子寒澆幾乎是一個不可戰勝的戰神。伯靡的攻勢被阻止了，戰爭進入拉鋸戰的狀態。從實力上說，寒浞、寒澆父子顯然要比少康、伯靡高出一籌，可是這爺兒倆卻都有一個毛病，生活放縱、貪愛女色，所以也不思進取。

屈原在《離騷》一詩中，曾有過這樣的感慨：「澆身服強圉兮，縱欲而不忍，日康娛而自忘兮……」就是說寒澆身上穿著堅甲，整天縱欲無度，不能節制，只圖享樂而忘乎所以。享樂過度，必定喪失進取心。

倘若寒澆能一鼓作氣乘勝進軍，那麼少康、伯靡是否能抵擋得住，還真不好下斷言。看來要推倒寒氏政權，首先必須除掉寒澆。

可是寒澆之勇，堪比項羽，若要在戰場上殺死他，那簡直是不可能辦到的，怎麼辦呢？少康神機妙算，運用美人計除去寒澆，這可以說是古代間諜史上的經典之作。

完成此艱巨任務的人，乃是中國間諜史上的第一人：女艾。

女艾堪稱中國間諜史上的第一女間諜，可惜的是史料對她的記載很簡單，徒留給後人無盡的想像。

說到女間諜，我們可以想起川島芳子、瑪塔•哈里、南希•韋克等，若論及成就這些人都無法與女艾相比。女艾的作用遠遠勝過一支軍隊，少康的軍隊無法打敗寒澆，但女艾卻憑藉著自己的智慧與膽識，最終剷除了這個大魔頭。

女艾是少康一手培養起來的女諜。少康這個人有很了不起的地方，他有深邃的戰略眼光。從敵我雙方態勢來看，敵人在軍事上遠遠居於優勢，更可怕的是寒浞的勇猛善戰令人聞風喪膽。少康的軍隊以斟灌、斟鄩兩地義軍為主力，但這些士兵對寒浞都有畏懼心理，當年兩城被破時，寒浞才是個十七八歲的年輕人，就有「力拔山兮氣蓋世」的勇武，何況如今他正當盛年，暴虐更勝當年。

要挽回我方士氣，打擊敵人士氣，關鍵就是除掉寒浞。

這件事不能明著來，因為那個「百萬軍中取上將首級」的武聖關雲長還未出世哩。明的不行，就來暗的，這就叫作「兵者，詭道也」。

在少康之前，中國歷史並沒有間諜戰的記載。

作為一位中興君主，少康復國道路之艱難曲折，比起後世的勾踐，有過之無不及。他能以弱勝強的一大關鍵，是建立起了一個高效的諜報機構。在情報戰領域，他遠遠領先於對手。甚至我們可以說，少康是中國情報戰爭的鼻祖。

要接近寒浞，就要洞悉他的種種癖好。寒浞的喜好與一般昏君並無不同，一是女人；二是美酒；三是打獵。這三樣，是梟雄必備，同時也是梟雄喪命的原因所在。后羿因此而喪命，寒浞也將因此而喪命。

要迅速博取寒浞的信任並潛伏在他身邊，這件任務只能由女人來完成。

這個女人，必須同時具備美貌、膽識、智慧、機敏、沉著、果斷等優點於一身，要善於掩藏自己的思想，要能窺破對方的心理，更要能夠把握住轉瞬即逝的機會，或許還需要一身深藏不露的武功。

這是理想中的女諜，可是現實中有這樣的人嗎？

有！

女艾便是。

我們找不到女艾當間諜前的資料，但是我想她一定是受到了嚴格的、特別的訓練。若沒有這種訓練，想要在敵人內部長期潛伏根本是不可能的事情。

那麼女艾究竟是如何潛伏在寒澆身邊呢？

她又是扮演什麼樣的角色呢？

這些問題依然無解。最有可能的情況是，女艾充當寒澆的情人。寒澆好色是天下人都知道的，以女色為手段是最容易親近他的。總之，女艾獲得了寒澆的信任，得以及時掌握他的動向。可是女艾很快發現，要刺殺寒澆絕非易事。寒澆本人一身鋼筋鐵骨、武藝高強，平日身披堅甲，身邊有眾多衛士，想要在宮中刺殺寒澆，那根本是不可能的事情。唯一能下手的機會，是寒澆外出且沒帶衛兵之時。

功夫不負有心人，一個絕佳的機會出現了。

十四、少康中興（下）：復國

英雄難過美人關。

寒澆是英雄，從十幾歲始便勇武絕倫。英雄的弱點是好色，之所以說是弱點，是因為「色」字頭上一把刀，一把無影無形的刀。有弱點，就是給敵人有機可乘。

以寒澆的權勢及地位，他根本用不著到外面去泡女人，自然有美女源源不斷地送上門。然而，對一個英雄來說，如此容易到手的獵物，豈配得上他的蓋世神武呢？難以到手的獵物，才能滿足他征服世界的野心與欲望。

這個獵豔者眼中的獵物，正是自己的嫂嫂女歧。

原來寒澆有一個同父異母的哥哥。哥哥很早就死了，留下一個寡居的嫂嫂，這女子便是女歧。寒澆的品味果然與眾不同，偷情偷得刺激，嫂嫂年輕貌美，風采神韻令英雄為之傾倒。不過，兄嫂畢竟是兄嫂，寒澆即便藐視天下蒼生，也不得不有所顧忌。這事得暗著來，不能明著來。

為了把嫂嫂搞到手，寒澆還是花費了一些心血。首先是得找個理由上嫂嫂家，什麼理由呢？就是上門找嫂嫂幫點小忙。於是某日寒澆動身去了嫂嫂女歧家中，「陽有所求」，有所求就有所求，為什麼加一個「陽」字呢？就是表面上找嫂嫂幫忙，實則醉翁之意不在酒，在乎山水之間也。

女歧看不出寒澆的心思嗎？那不可能。寒澆是什麼樣的人，她當然知道得一清二楚。說實話，女歧對寒澆也有點意思，首先這個男人體格強壯，充滿陽剛之氣，非常有男人味，女人怎能不心動？再者，寡居這麼多年，女歧心裡也渴望得到男人的愛撫，渴望依偎在男人厚實的胸膛上。

兩個人誰也不點破，但彼此心照不宣。

寒澆非但是戰場的勇士，也是情場的高手，他故意不小心地鉤破衣服，只聽得「嘶」的一聲，衣服裂開了。嫂嫂溫柔地說，沒事，你把衣服脫下來，我來給你補。這一縫補，不得了，從白天縫到天黑。既然天黑了還沒縫好，寒澆只能「勉為其難」在這裡留宿一晚了。

一切發展得那麼自然，那麼順利。

既然寒澆沒有回自己的住處，只能留宿嫂嫂家，而很不巧，嫂嫂家只有一張大床。這麼冷的天，也該擠擠，互相擁抱取暖。於是叔嫂二人，在這溫暖的床上，兩個身體漸漸合成一個，纏綿在一起。

窗外風聲呼呼。

寒澆沒有想到，窗外除了風聲，還有一把亮閃閃的刀。這把刀的使命，就是割走寒澆碩大的腦袋。真正的刺客，總能把握住最佳的時機，一擊致命。策劃刺殺的人，正是曠世女諜女艾。寒澆犯下的致命錯誤，在於沒有帶上貼身侍衛。其實完全可以理解，既是去與嫂嫂幽會，誰會帶上一群看客呢？況且寒澆自恃神勇無敵，根本不信有人膽敢來行刺。

夜已深。

微微月光下，一條黑影閃過。來人悄悄推開門，房裡面黑呼呼一片，只依稀看到一張大床，床頭隱約看到一個人的腦袋。來人亮出刀，出手如電，只聽得「嗖」的一聲，那顆腦袋已是落地，哼都沒哼出聲。他用一個袋子迅速把腦袋裝起來，飛一般地離去，身後依然是呼呼的風聲。

這名刀客，就是女艾派出的專業刺客。

然而，他並沒有意識到，自己砍下的並不是寒浞的腦袋，而是一顆女人的腦袋。那個女人，就是寒浞的嫂嫂女歧。

刺殺行動籌劃得天衣無縫，豈料最後一刀竟然砍錯人，女艾不禁要捶胸頓足。

何以會殺錯人，成了歷史之謎。

屈原在著名詩篇《天問》中也提及此事：「女歧縫裳，而館同爰止；何顛易厥首，而親以逢殆？」為什麼殺錯人了呢？是寒浞發現有刺客行刺，故意讓嫂嫂當替罪羊嗎？或者刺客進入屋裡時，寒浞已經離開啦？或者寒浞睡得像死豬，對刺客一無所知，僅僅只是運氣不錯？

這一切謎團，已經沒辦法解開了。

總之，女艾此次的暗殺計畫並沒有成功，寒浞毫髮未傷，還活得好好的。

到手的肥肉就這麼溜了，這種機會可一不可再，往後寒浞再也不會一個人偷偷跑到外面找女人了。無疑，行刺難度將大大增加。女艾並不放棄，她繼續偵察寒浞的弱點。除了女人之外，寒浞最大的樂趣就是狩獵。「螳螂捕蟬，黃雀在後」，狩獵者往往也會淪為獵物。

歷史經驗告訴我們，狩獵場往往是政變與陰謀交織的戰場。太康去打獵，國家被后羿給搶了；后羿去打獵，老巢被寒浞給端了。後世還有許多案例，比如春秋時代的齊襄公在外出打獵時被謀殺；漢初匈奴梟雄冒頓，乘父親打獵時發動政變奪權。寒浞與后羿一樣，酷愛狩獵，莽莽獵原，殺機四布，只要能抓住一次機會，就足以致寒浞於死地。

我們佩服女艾的耐心，也佩服她的智慧，更佩服她的膽量。這個非凡的女人注定要創造奇蹟。

功夫不負有心人，機會果然再度降臨。

寒澆終於不耐寂寞，整天待在城裡，不把他憋壞才怪。只有在獵殺場上，他才能找回生命的激情，於是他出城狩獵了。那個時代有馬車，但騎馬並不普遍，在馬車上打獵受限比較多，寒澆索性跳下馬車，邁開大步，奔跑在曠野之上。當他把其他人遠遠甩在身後時，只剩一個人還緊緊跟著。這個人便是女艾。

女艾有一條獵犬，這不是普通的獵犬，而是經過專門訓練，可以殺人的獵犬。

當行至一個偏僻之處時，女艾環顧四周無人，拍拍獵犬，獵犬心領神會，忽然猛地撲向寒澆。縱然寒澆神武蓋世，也未對一條獵犬有防備之心，一下子被惡犬撲倒在地。寒澆是被當場咬死呢，還是咬成重傷，古書未有明確記錄。就算獵犬沒把他咬死，後面還有一個英姿颯爽的女艾，她的青蔥玉手裡不知何時多了一把鋒利的短刀，一道寒光閃過，一代梟雄寒澆的腦袋與身軀分離，鮮血噴湧如注。

曠世女諜女艾完成了不可能完成的任務，剷除了少康最大的敵人。

不過，還有另一個版本，稱寒澆是死於少康之手。

這個版本與前一個版本有相似之處，就是寒澆確實是在狩獵時被殺的，但並非死於女艾之手，而是死於少康的伏擊。

屈原在《天問》中這樣寫道：「何少康逐犬，而顛隕厥首？」意思就是說，為什麼少康放獵犬捕獵，就可以襲殺寒澆呢？《左傳》中也提道：「少康滅澆於過。」不過《天問》與《左傳》所說都是含糊其辭，女艾作為少康派出的間諜，她殺死寒澆仍然可以歸功於少康，從這個角度來看，兩個版本並無矛盾之處。就算寒澆並非女艾親手所殺，他前去狩獵的消息，也一定是女艾洩露給了少康。因此，寒澆之死，女艾確實是第一功臣。

一代梟雄寒澆，就這樣死於女諜之手。

女艾不愧是中國歷史上的第一個偉大間諜，能長期潛伏於敵人身邊，強顏歡笑，從未暴露身分，可見她功力之深。特別是第一次刺殺失敗後，沒有慌亂、沒有暴露，心理素質之強著實令人佩服。

刺殺寒澆，是少康與寒氏戰爭中所取得的最重大勝利。

寒澆之死，不僅使得寒浞失去愛子與最得力的幹將，且重創敵人的士氣，寒氏不可戰勝的神話就此終結。

由於少康中興的史料很匱乏，只是分散見於諸書，因此我們敘述起來很簡略，基本上沒有一個時間表。事實上，這場戰爭比我們想像的要長得多，我估計相持時間有十餘年之久。因為到了戰爭後期，少康的兒子杼也成了獨當一面的統帥。兒子都長大成人了，可以推斷，此時的少康應該年近四十了，至少也有三十五歲左右。

沒有準確的歷史進程表，我們只得把時間概念拋在一邊，大致說說故事的情節。

寒澆之死，成為少康復位之戰的轉捩點。寒浞篡權數十年，之所以地位牢固，很大程度上是靠著自己的兩個兒子，寒澆據守過邑，寒豷據守戈邑，互為犄角。

值得注意的是，在少康與寒浞的戰爭中，多數諸侯國似乎只是保持觀望的態度，明哲保身，坐山觀虎鬥，既不支持寒浞，也不支持少康，反正誰贏得最後的勝利，他們就歸附誰。

夏、商、周諸朝與後世的皇帝集權制有很大的不同，你是王也好，是帝也罷，其實就是聯邦首領，並不具備皇帝那種無限的權力。王室興盛時，對諸侯控制力度就比較大，王室自身難保時，對諸侯根本就沒有控制力。寒浞雖然篡權數十年，但如今受到少康的攻擊，自顧不暇，根本沒有辦法使用武力手段逼迫諸侯參戰。就算這位陰謀家對諸侯的觀望態度心懷不滿，也只能先打敗少康，然後才能回頭算帳。

寒澆一死，等於把寒浞的一隻臂膀砍斷了。寒澆的封地過邑已是群龍無首，儘管兵力不弱，但已是一盤散沙，無法形成一股強大的凝聚力。少康審時度勢，果斷用兵過邑。現在寒澆的人頭掛在少康軍隊的旗杆之上，過邑的守軍見了無不膽寒，連勇冠天下的寒澆都不免落個身首異處的下場，遑論他人呢？從上至下，過邑軍隊毫無鬥志可言，被少康攻下是順理成章之事。

緊接著，少康派自己的兒子杼發兵攻打寒澆的弟弟寒豷，攻略戈邑。寒豷勇武遠不及哥哥寒澆，而杼則是英雄出少年。杼雖然沒有像父親少康那樣經歷諸多磨難，但是畢竟從小開始，就隨父親躲避寒浞的迫害。他不是溫室中長成的嬌嫩花朵，也算是見識過風風雨雨。環境造人，杼身上有著父親的許多優點，堅強果敢，敢擔大任。此時的杼，應該也是不滿二十歲，與當年的寒澆一樣，都是少年統帥，內心充滿追求榮譽的渴望。在過邑淪陷後，寒豷已是獨木難支，在杼的凌厲攻勢下，戈邑的防禦完全崩潰，寒豷只能緊隨哥哥奔往黃泉之路了。

竊國者寒浞終於無法善終。

此時的寒浞估計已是相當年邁，我們可以來做一個估算。從寒浞殺后羿之後，有三代人陸續長大成人：第一代是寒澆，他是后羿被殺之後出生的，到夏帝后相被殺時，他已是年輕的統帥，這期間有十八年。第二代是少康，他是后相被殺之後出生的，到生下杼時，至少也十七八歲吧。第三代是杼，此時的杼也長大成人，成為戈邑之戰的統帥，至少也十七八歲吧。由此推算，此時距寒浞殺后羿，已經過去了五十餘年，即便當年他取代后羿時只有二十幾歲，如今也七八十歲了。

與寒浞一樣垂垂老矣的，還有伯靡。

說起來后羿也算幸運，在他死了五十年後，還有一個臣子不忘為他報仇雪恨。少康顯然是個非常明智的君主，如今寒浞大勢已去，要對付這麼個老東西，易如反掌。可是他卻把唾手可得大功的機會留給了伯靡。你想想，伯靡蟄伏了五十年，就是為了手刃寒浞，這位老臣在少康崛起的過程中扮演著重要的角色，如今少康要回報他了。

伯靡率領軍隊，完成了最後的掃蕩。

一代奸雄寒浞此時一定為自己的長壽而懊悔不已，倘若他早幾年離世，還能帶著榮耀躺進棺材，可是現在卻死無葬身之地了。寒浞沒能將榮耀維持到最後，他以一個罪犯的身分被處死。當權勢灰飛煙滅之時，才驀然發現，以前他宰割別人，如今風水轉向了，他成為被宰割者。

寒浞是上古時代最大的權謀家，也算是響噹噹的人物，他幾乎令夏朝成為一個短命的王朝。可是少康卻奇蹟般的捲土重來，以弱勝強，反敗為勝。寒浞哪裡想得到，一切的因果始自數十年前的那場王宮大屠殺，他終究沒能對王室子弟斬盡殺絕，遺腹子少康竟然成了他命中的剋星。

夏王朝政權在中斷數十年後，終於在戰爭的烈焰中重生。

少康中興夏室，這在古代是非常著名的故事，也是非常勵志的傳奇。不過今天的讀者對少康這個名字都頗感陌生，更不用說知道他的故事。這主要是因為上古時代的故事十分簡略，史料又多有矛盾之處，故事顯得破碎不堪，提不起今天讀者的興趣。我把各種史料的碎片拼湊成一個比較完整的「少康中興」故事，雖仍不完整，但也算是有助於讀者了解大致的來龍去脈吧。

在內戰中，多數諸侯都是旁觀者。反正自己當不了王，誰當王都一樣，誰有權我就倒向誰。現在寒浞敗亡，少康歸於夏邑，各路諸侯一看，結果出來了，自然個個振臂高呼，支持少康登基，擁他為天子。這種花哨的事情，還得爭先恐後才行，來晚了，分不到一杯羹哩。

少康的故事，總令人聯想到春秋時代越王勾踐的故事。

儘管兩人並非同時代，但性格、經歷上有許多相似點。少康與勾踐都是在國家喪亡後，臥薪嘗膽、勵精圖治，最終成功翻盤，戰勝強大的對手。兩人在手段上又頗有類似之處，少康以女艾為諜刺殺寒澆，勾踐以西施為諜媚惑吳王夫差。美人計、反間計成了弱者對付強者的強有力手段。

相比於勾踐，少康復國更為不易。

春秋時代名將伍子胥曾勸諫吳王夫差殺勾踐，他這樣說過：「今吳不如有過之強，而勾踐大於少康。今不因此而滅之，又將寬之，不亦難乎！」意思就是說，吳國的實力沒有當年的過氏強大（**這裡的過氏就是寒澆，寒澆封於過，故而又稱為過澆**），而勾踐的實力則比當年的少康要強大，若不殺勾踐，對手勢必有翻盤的機會。

勾踐是兵敗亡國，但他至少還有一幫謀臣武將作為家底，也有自己的數萬民眾。而少康最初的全部家底只不過是「有田一成，有眾一旅」，也就是土地只有十平方公里，手下只有五百人，充其量算是一個大戶人家罷了。他就是憑著這一丁點家底起步，以自己堅韌不拔的精神與無所畏懼的勇氣，最終打敗寒浞奪回大權，登上天子寶座。

故而以難易而言，少康復國，可謂是中國歷史上最為艱難的一次翻盤。

不過我們應該看到，即便少康重建夏政權，可是夏王室要恢復大禹、夏啟時代的統治力已經是不可能了。經歷了后羿與寒浞兩位竊國者的破壞，夏帝國中央政府對諸侯的控制力已是大不如前了。

十五、失重的權柄

說到中國的權力制度，大家對秦以來的皇帝制度最為熟知。可以說，皇帝制度是專制制度的最高體現。

人類社會並不是一開始就有專制，專制的升級也是需要時間的。最初所謂的天子，不過就是諸侯首領罷了，權力比其他部落頭頭要大一些，但沒有絕對的權威。到了帝舜時，他大大地擴張了天子（**中央政府**）的權力，明確了中央對諸侯的監督權與管理權。中央的權力在大禹與夏啟時得到強化，大禹曾經召開諸侯會議，防風氏姍姍來遲竟然被處以死刑，可見此時中央政權是很強大的。

不過，中央並非一直是強大的。

夏啟死後，太康的政權便被地方諸侯后羿所竊取，此時的中央政府已是名存實亡。后羿及寒浞儘管憑恃著強大的武力竊取大權，但對諸侯們的控制力，已經不如大禹、夏啟的時代。我估計，后羿及寒浞即便把王冠戴在頭上，恐怕也沒有多少諸侯前去朝見。他們的帝王稱號，似乎並沒有得到諸侯們的認同。

當時真正的情形是這樣的：無論是后羿還是寒浞，都算不上是號令諸侯的中央政權，他們只是霸主，沒有權力對諸侯們發號施令，除非是以武力逼迫。

因此也就不難理解，為什麼在寒浞與少康的戰爭中，多數諸侯國都只是旁觀看熱鬧，不捲入兩派的爭鬥之中。少康是個很了不起的人物，這點是用不著懷疑的，可是以他的深謀遠慮，也無法令王室重整旗鼓，重新控制各諸侯。

鬆弛太久的夏王國，已經失去高屋建瓴的勢能。

從太康失政到少康中興，所跨越的時間將近一百年，一百年裡經歷了四五代人，早期諸侯朝見天子的傳統，早就被拋之腦後了。顯然，少康已經無法去改變這種現狀，他所能做的事情，就是採取種種手段籠絡諸侯，授予他們種種官職，提高他們的名氣與聲望。

動盪了一個世紀的夏王國終於迎來了風平浪靜，在少康及其繼任者杼統治的約四十年的時間裡，沒有發生太多故事，帝國進入一個安定而和平的時期。

這種平靜對於歷史讀者來說，顯得沉悶，不過對於生活在那個時代的人來說，那是一種遠離戰爭的幸福。

大史學家司馬遷對少康以後的漫長歷史，只是採用記流水帳的方式：「帝少康崩，子帝予（杼）立。帝予崩，子帝槐立。帝槐崩，子帝芒立。帝芒崩，子帝泄立。帝泄崩，子帝不降立。帝不降崩，弟帝扃立。帝扃崩，子帝廑立。帝廑崩，立帝不降之子孔甲，是為帝孔甲。」

令人難以理解的是，在少康之後一直到夏帝國覆亡，總共三四百年的時間，其間的歷史幾乎是一片空白。

要知道這時的文字已經普及，為什麼在堯、舜、禹時都能留下許多古文獻，偏偏少康之後的史料卻如鳳毛麟角一般稀缺？對於歷史作家來說，要在凌亂破碎的稀缺資源中整理出較為明確的史跡，確實不易。

夏代中期，對後世影響較大的一件事，便是殷商的崛起。

殷商的始祖是帝嚳的兒子契，契的母親是有娀氏之女簡狄，據說她是吞了一玄鳥蛋後產下契。所以有這麼一句詩，叫「天命玄鳥，降而生商」，後來商人曾把鳥作為氏族的圖騰。對於吞鳥蛋生兒子這種離奇的故事，我們不相信，寧可認為契乃是私生子。契在帝舜時代曾輔助大禹治水，功勞頗盛，故而後來被封於商丘，並擔任司徒。

契的後人成為商部落的首領，不過在很長一段時間裡，商部落沒沒無聞，且多次遷移其住地。大約在少康去世後的半個世紀，商部落開始闖出自己的一片天地。畜牧養殖業的發展，是商部落興盛的原因所在。

到了王亥的時候，史書對商的記錄開始多起來了。

說到王亥這個人，我們不得不對他的名字做一番考察。

他的本名是叫「亥」或「子亥」，在《竹書紀年》裡，有「殷王子亥」的提法。因此「王亥」這個名字，絕不是現在所說的姓「王」名「亥」，而是「國王子亥」的意思。這就不由得令人吃驚了，夏帝國已經有一個國王，怎麼能同時並存另一個王呢？

這種情況值得我們深思。

在少康死後，夏帝國的中央政權實際上是越來越衰弱，以至於諸侯毫無畏懼地把王冠戴在自己的頭上。

由於這個時期的史料非常之少，我們不知道除了王亥之外，還有沒有其他人自稱為王。可是王亥最後卻死得有點莫名其妙，令人懷疑背後到底與夏政權有沒有直接的關聯。

那是夏帝泄上臺後的第十二年。

這一年，王亥前往有易氏部落，大概是為了販賣一批牛羊。有易氏部落的首領喚作綿臣，他熱情地款待王亥。在接待的酒席上，王亥喝了幾杯酒後，心血來潮，站起身來，手持盾牌跳舞。這個舞是屬於「武舞」，就是武夫跳的，手裡持干（就是盾牌），雄赳赳氣昂昂的。估計王亥也是個肌肉型的型男，這舞一跳，把一個女人完全迷住了。

這個女人是誰，古史裡沒記載，但一定是與有易氏首領綿臣有著親密關係的女人，或者是他的妻子，或者是他的愛妾。

於是接下來，有傷風化的事情便發生了。

《竹書紀年》中記：「殷王子亥賓於有易而淫焉。」

中國人有一種很簡單的觀念，只要你是有夫之婦或有婦之夫，管你們是不是真的相愛，一概斥為「淫夫蕩婦」，只要是出軌就可以稱為「淫」。我們也不去管王亥與那個女人是不是真心相愛，反正與「淫」脫離不了干係。

王亥的姦情，被有易氏部落的一個牧羊人給撞見了。

這個牧羊人在打小報告上倒十分積極，立刻就彙報給了大首領綿臣。綿臣一聽，心裡無名火起，他咬牙切齒，欲置王亥於死地。他派人前去殺王亥，當時王亥還躺在床上。忽然幾個凶神惡煞的人撲了進來，有一人手持武器往王亥身上砍，王亥猛地一跳，從床上跳下來，欲奪門而出。可是這裡終究是人家的地盤，如何能逃得掉呢？

王亥最後為自己的異鄉之戀付出了生命的代價，他沒能返回故里，斃命於有易氏。

儘管王亥死於非命，但他仍然被視為商部落興起的關鍵人物，從他名字前冠以「王」號，就可知其人志不在小。後來商王朝取代夏王朝，王亥還被尊為「高祖」，肯定了他對商部落崛起的重大貢獻。

我有點懷疑王亥之死並非表面看上去那麼簡單，這裡面會不會有夏帝勢力的介入呢？王亥顯然已經無視中央（天子）的權威，甚至頗有分庭抗禮的味道。對於王亥之死，夏帝就算沒有參與其事，恐怕也要拍手稱快。

王亥之死，並沒有阻止商部落的繼續強大。

繼任商部落首領的人是王亥的兒子上甲微，上臺伊始，他就矢志為父報仇。然而，商部落的軍事力量仍然弱小，與有易氏部落的戰爭打了四年，也未能打勝。

四年以後（夏帝泄十六年），上甲微與河伯馮夷結盟。在中國古代，「伯」就是一方諸侯之長，有「霸」的意思，比如說「春秋五霸」，有時也稱為「春秋五伯」。河伯馮夷就是一位諸侯霸主，他曾經與另一位霸主洛伯發生衝突，關於這兩位霸主之間的爭鬥，史書上沒有詳細記錄。我估計在這場二霸相鬥中，商部落是堅定站在河伯馮夷一方的。

為了徹底打敗有易氏部落，上甲微向河伯馮夷借兵。在河伯兵團的參戰下，有易氏部落遭到毀滅性的打擊。上甲微大獲全勝，殺死了有易氏部落首領綿臣，為父親報了血海深仇。這也是少康中興之後，中原大地上爆發的一場重要戰事。

據說商部落的興盛與商業貿易緊密相關。

有些學者認為，「商業」、「商品」、「商人」等詞彙的來源，都與商部落有關聯。

為什麼商部落會在貿易上領先於其他部落呢？

這大概與商部落多次遷徙有關。

據說從殷商第一代祖契開始，至第十三代孫湯止，至少有過八次遷居。頻繁的遷居，每換個地方，勢必有許多物品不能自給，必須從其他部落購買，因此職業商人就出現了。

最早「商人」這個詞的意思，指的是商部落的人，因為這個部落幾乎人人都從事貿易。漸漸地，大家就把從事貿易買賣的人都叫作「商人」。「商業」一詞同樣如此，就是商部落所從事的貿易行業；而「商品」則來源於商部落用於貿易交易的物品。

由此可見，商部落最初的興盛，並非是軍事上的興盛，而是商業上的興盛。王亥被殺事件，證明了一件事：光有財富是不行的，還必須有相應的武力。此時商部落的軍事能力低下是毫無疑問的，上甲微興兵為父報仇，還得向河伯借兵。討伐有易氏的成功，是商部落邁向強藩的第一步。

大約又過了四十年，有一個名為皮氏的諸侯國出現內亂。

據一些史料的說法，皮氏政權的問題是：「信不行，義不立，則哲士凌君政，禁而生亂。」君主的權力被架空，整個國家陷於內亂之中。這種事情，本來作為天子的夏帝要出來解決，可事實上夏帝所能掌控的區域，只有帝國首都以及少數幾個諸侯罷了，根本沒有能力解決皮氏的內亂。對商部落來說，這可是良機，既然帝國政府不管，自己正好可以打著「討伐不義」的旗號，拿下皮氏。商的軍隊攻入皮氏，皮氏滅亡。此時的商部落已經擁有不可低估的武力，與四十年前相比，有了顯著的提升。

歷史的列車穿梭於毫無風景的時間隧道，幾個夏帝的影子匆匆而來又匆匆而過，轉眼之間，夏王朝的終點站已隱約可見。

我們先來說說夏帝孔甲，他是夏帝國倒數第四位王。

司馬遷的《史記》給孔甲的評價是相當低、相當負面的：「帝孔甲立，好方鬼神，事淫亂。夏后氏德衰，諸侯畔之。」但是這些評價，基本上都找不到證據支持。唯一與「好方鬼神」說法略為沾邊兒的，是一個關於養龍的故事。

據說在夏帝孔甲時，發現了兩條龍。你想想，這龍本來就是人想像出來的東西，到底什麼樣子，誰知道呢？恰好發現有兩隻跟傳說中的龍有點類似的動物，就以為是真龍了，不知道是不是有兩隻恐龍頑強地生存到了孔甲時代。總之，發現了這兩條龍後，夏帝孔甲很高興。可是緊接著一個問題來了，要怎麼飼養呢？

有一個名叫劉累的人高舉雙手說：「我會養。」他自稱曾經向豢龍氏學習過養龍之術。可是劉累不過是個會吹牛的傢伙罷了，他把一條龍給養死了，這是一條雌龍。這下子怎麼辦，他總不能把龍的屍體扛出去，他得瞞著才行。於是他想了個辦法，把龍肉煮了後，獻給夏帝孔甲吃。

孔甲一嘗，咦，這肉羹的味道十分別致，很喜歡吃。不久後，夏帝孔甲派人來找劉累，想要再品嘗美食。這下子劉累害怕了，心想這事遲早要洩露，三十六計走為上計。於是他腳底一滑，溜了，逃到魯陽去了。夏帝孔甲也沒有追究，劉累一族後來還人丁興旺哩。

就養龍這件事來說，孔甲也算不上有劣行。我懷疑司馬遷的說法比較主觀，因為夏帝孔甲之後才傳三代，夏帝國就滅亡了。這個事實很容易讓人追溯前幾任帝王的責任，並歸咎於他們。在我看來，司馬遷說的「德衰」，實際上正是孔甲想要改變現狀，重新樹立天子的權威。其中一個證據就是孔甲上臺後不久，就廢掉了豕韋氏。

豕韋氏曾經為「伯」，「伯」就是一方諸侯之長，影響力僅次於天子。這件事可視為王室對諸侯發出的挑戰，難怪乎司馬遷說「諸侯畔之」。其實諸侯談不上反叛，因為就不曾真正被王室統治過。

孔甲死後，帝皋繼位，他做的第一件事情，就是讓豕韋氏復國。新一任夏帝顯然認為與諸侯對峙並非明智之舉，還是維持以前的格局最好：夏帝與諸侯名分上說是君與臣，實際上誰也不鳥誰。

帝皋的讓步顯然讓中央與諸侯的矛盾稍稍緩解，但這位短命的天子在位僅僅三年就去世了。繼任者帝發在位的時間也不夠長，大約九年便去世了。末代夏帝粉墨登場，這個人，便是在歷史上臭名遠揚的夏桀。

那麼，夏桀究竟是個什麼樣的人呢？

十六、夏桀幹了什麼壞事

夏桀與商紂都被認為是暴君的代表，同時也是亡國之君。

司馬遷在《史記》的《夏本紀》中是這樣評價他的：「帝桀之時，自孔甲以來而諸侯多畔夏，桀不務德而武傷百姓，百姓弗堪。」在《殷本紀》中還說道：「夏桀為虐政淫荒。」

這仍然是很含糊的說法，因為《史記》中並沒有記錄夏桀做的任何一件壞事。

我們讀史時需極謹慎一點，中國歷史多是成王敗寇之論，只要是失敗者，基本上都可以套上這些萬能法寶：亡德啦、荒淫啦、殘暴啦。其實這套在成功者頭上，多數也是適用的，就比如說夏帝國的開國者夏啟，他豈是以德得天下嗎？他豈不是殘暴之人嗎？豈不是窮兵黷武者嗎？

中國的史學雖然豐富，可是長期以來，史學只是被當作政治工具罷了，令歷史真相完全失真。其實這種現象，古人就多有議論了。

《淮南子》一書曾明確指出：「三代之盛，千歲之積譽也；桀紂之謗，天下之積毀也。」三代就是指堯、舜、禹時代，之所以被認為是難以超越的完美時代，那只不過是後人拼命貼金的結果；同樣，夏桀、商紂之所以遭到惡意攻擊，只是天下人把壞事都加到他們頭上，注意這裡使用「謗」字，意為不符事實的攻擊。

在《列子》一書中也有同樣的表述：「天下之善，歸之堯舜；天下之惡，歸之桀紂。」這是中國人很要命的簡單邏輯，說某人好，就說得偉大光榮正確，一點缺點也沒有；要整黑某人，就把全世界的惡行都套在他身上，讓他百世不得翻身。

我敢說，倘若夏桀戰勝商湯，那麼遭萬古罵名的人必是商湯，而夏桀將成為一代明君。那麼，這裡我們將討論兩件事情：其一，夏桀想做什麼事業呢？其二，夏桀幹了什麼壞事呢？

首先說第一個問題：夏桀想做什麼事業呢？

我在前面說過，整個夏朝，除了開國者夏啟之外，其他夏帝對諸侯的控制力都很弱，這種情況有點類似春秋時代的周王，有天子之名而無天子之權。但是有一位夏帝利圖改變這種局面，這個夏帝就是孔甲。他撤除了豕韋氏的封國，正式向諸侯要回統治的權柄。因此這位帝王後來被冠以「德衰」之名，其實用「德衰」來解釋歷史是很淺薄的方法。真相並不是誰的德行高，這裡所涉及的完全是利益之爭——夏帝想奪取更大的權力，而諸侯們卻不想把權力拱手交出。

夏帝孔甲振興王室的理想固然遠大，現實卻不那麼美好。當他剛剛去世，繼任者就迫不及待地恢復了豕韋氏的權力，中央終於向諸侯妥協了。孔甲之後的兩任帝王任期很短，在位時間加起來只有十二年，真正繼承孔甲事業的人，就是帝桀，或稱為夏桀。

夏桀是與后羿、寒浞之流相類似的人物，他身體強健，果敢而有力。荀子是這樣評說的：「古者桀、紂長巨姣美，天下之傑也，筋力越勁，百人之敵也。」這位儒學宗師認為夏桀乃是「天下之傑」，而且有「百人之敵」之勇武。

後世則說得更加離譜，比如《淮南子》說：「桀之力制骼申鉤，索鐵熗金。」活生生就是鐵打的漢子。在這些誇張的說法背後，確實可以發現夏桀並非是一個庸庸碌碌的人，而是一位像漢武帝那樣精力充沛、志在削藩的君王。

登基十一年後，夏桀召開了一次諸侯大會。

這可以說是一件破天荒的大事。因為上一次的諸侯大會，還要追溯到大約四百年前的夏啟時代。夏桀把會議地點選擇在仍地，就是有仍氏部落的領地，當年的中興明君少康正是出生於此。在這裡召開諸侯會議，隱隱透露出夏桀效法少康以實現王室中興的決心。

這次諸侯大會到底有多少諸侯前來參加呢？史料上並沒有說。我估計並非所有的諸侯都來參加，而是夏王室所能控制的諸侯來了。顯然，夏桀打算利用這次諸侯大會重振王室的威嚴。但是王室的威嚴受到了藐視，有緡氏的國君在會議中途溜走了，很可能他冒犯了夏桀，為了躲避責罰逃回自己的地盤內。對夏桀來說，這是一次殺雞嚇猴的機會。他果斷地訴諸武力討伐有緡氏，並將這個諸侯國徹底摧毀。

消滅有緡氏無疑令夏桀的威力震動天下，輕視王室的諸侯們不得不重新評估年輕帝王的能力與雄心。夏桀十四年，他又發動了一場戰爭，派一位名為扁的大臣討伐岷山。岷山君主打不贏，獻上兩名如花似玉的女兒，以求得夏桀的寬恕。這兩個女人，一個名為琬，一個名為琰，姐妹兩人都有沉魚落雁、閉月羞花之美貌。

夏桀得到這兩個女人後，寵愛得不得了。

當時他有一塊價值連城的美玉，名為苕華之玉，他就把姐妹兩人的名字——琬和琰——刻在美玉上面，並說「苕」就是琬，「華」就是琰。後來人們也用「苕華」二字來形容美麗的女子。

這兩戰確實令王室聲威大振，連實力派諸侯商部落也遷都到了亳，以避夏桀的鋒芒。此時商的君主就是湯，商湯在夏桀伐岷山之後，派大臣伊尹前去朝見天子，以示歸服。從這裡我們可以看出，夏桀並非是一個只知喝酒享樂的昏君，而是渴望實現中興偉業的君主，只是他後來失敗了，敗給了比他更出色的商湯。

關於夏桀與商湯的較量，留待下章再說。

這裡要先回答前面提出來的第二個問題：夏桀都做了什麼壞事呢？

古代一說到暴君、昏君，總會拿來與桀紂相比。桀就是夏桀，紂就是商紂，此二君在歷史上可謂是臭名昭著。商紂我們後文再說，這裡單說夏桀，夏桀究竟幹過什麼壞事，以至於遺臭萬年呢？

我們且來看看比較原始的資料。

在《尚書》的《湯誓》中，商湯要討伐夏桀，先宣布夏桀的罪狀，大家注意看：「夏王率遏眾力，率割夏邑。」意思是說：夏桀耗費民力，為害夏邑。這條罪狀十分含糊，耗費民力應該就是大興土木、建造宮殿。為害夏邑，表明末代夏帝真正能指使的地盤就是自己的城邑，對其他諸侯的領地，他是很難染指的。因此，即便夏桀是個很壞的帝王，他的惡行也遠遠沒到「為害天下」的地步。

在另一篇《仲虺之誥》中，是這樣說的：「夏王有罪，矯誣上天，以布命於下。」就是說：夏桀的罪過，是假託上天的旨意，發布命令欺騙百姓。這種說法更不靠譜，夏桀本來就是天子，還用得著「矯誣上天」嗎？我們換個思路想，之所以指責夏桀「矯誣上天，布命於下」，正說明當時夏王室早就失去了對諸侯的控制，夏桀竟然真把自己當天子，難怪乎會成為天下公敵。

再來看看《尚書》的《湯誥》篇，這是商湯滅掉夏朝後的一篇重要講話，其中有一句：「夏王滅德作威，以敷虐於爾萬方百姓。」讓我們感到十分奇怪的是，對夏桀罪行的揭露仍然十分籠統，用了「滅德作威」、「敷虐萬方百姓」這樣的說法。《尚書》固然保留著許多古代史料，但這本文獻集不是歷史書，而是政治書，政治書就存在各式各樣的目的。商政權取代夏政權，勢必要給天下人一個說得過去的理由，把責任統統推給夏桀，是簡單有效的方法。

再來看看《竹書紀年》的說法：「夏桀作傾宮、瑤台，殫百姓之財。」從這個記錄裡，夏桀幹的壞事是大興土木，只管自己享樂，耗費百姓之財。這是不是壞事呢？當然是壞事。不過，這種大建宮殿的壞事，古代帝王至少有一半人幹過。單憑這點，要把夏桀說成暴君的典型，顯然有些牽強。

古老文獻對夏桀的罪行都是語焉不詳，那麼夏桀有殘暴的例子嗎？有一個例子，他殺了忠臣關龍逢。關龍逢，又稱為豢龍逢，也有寫成關龍逢，他因為時不時地進諫夏桀，最後招來殺身之禍。夏桀固然不是個好帝王，但也絕不是最壞的帝王，他之所以演變成為中國歷史上最著名的暴君形象，是後世一代又一代人添枝加葉抹黑的結果！

陳登原先生在《國史舊聞》中有一篇《桀紂事蹟類比》，指出各種資料，夏桀與商紂的事蹟有三十四件是雷同的。這說明什麼呢？多是後人把各種惡行加諸兩人身上的。事實上，這並非現代學者的新發現，古代學者已多有指出，譬如東漢應劭在《風俗通》就說：「世之毀譽，莫得其實。審形者多，隨實者少，或至以有為無。故曰：堯舜不勝其美，桀紂不勝其惡。」就是說桀、紂的許多傳聞根本就是不實的，只是後人牽強附會罷了。

從原始的資料來看，夏桀的惡行，除了大興土木這一點比較明確之外，其他都說得含混不清。勝利者對失敗者統統可以冠以「矯誣上天」或「滅德作威」這種沒有實際內容的指責。宋代著名史學家羅泌寫有一篇《桀紂事多失實論》，其中說道：「凡事出於千百年之上，不幸而不知其詳，則宜疑以傳疑，不得妄為之說。大抵書傳所記，桀紂之事，多出仿模。」其實就算說夏桀喜好女色、大興土木，這又是哪個帝王沒有的呢？整部帝王史，除了漢文帝等屈指可數的幾個君主沒有大興土木之外，哪個帝王沒有建幾座宮殿呢？

夏桀的驕淫殘暴，不會超過秦始皇與漢武帝。只是因為前者失敗了，其缺點惡行就被無限放大；而後者成功了，他們的殘暴獨裁或許還被視為成功的基石呢。

這就是成王敗寇的傳統史觀。

夏桀的失敗，與其歸因於他的暴行，不如歸因於對手的聰明與強大。

他最大的敵人就是商湯。商湯，又稱為成湯或成唐，在甲骨文中稱為大乙。據《史記》的譜系，他是商部落的第十四位首領。商部落在王亥時開始興起，先後滅了有易氏與皮氏，成為一個頗有影響力的部落。不過，關於商部落的歷史同樣破碎不堪，從滅掉皮氏到商湯遷居於亳，大約隔了七十年時間。在這段時間裡，商部落經歷了怎樣的興衰浮沉呢，這就沒法考證了。

到了商湯時，商部落想必面臨著嚴峻的局面。此時夏桀雄心勃勃，企圖以武力手段控制諸侯，恢復天子至高無上的權威。我們可以料想到，商的興起已經引起夏桀的注意，商湯甚至可能上了他的黑名單。對於商湯來說，他還沒有足夠的力量與夏桀的中央政權對抗，因此夾起尾巴做人，表面上對夏帝恭恭敬敬，做出一副臣服的低調模樣。他做了兩件事：第一，把部落遷移到亳，大約是為了避開夏桀的軍事威脅；第二，派心腹伊尹朝見夏桀，以示臣服。

沒有伊尹，就沒有商湯的事業。

伊尹到底是個什麼樣的角色呢？

十七、權謀大師伊尹

伊尹又叫伊摯，「尹」是官職名，相當於宰相。

關於伊尹的傳說，也是五花八門。

先來看看孟子是怎麼說的。孟子說：伊尹是個農夫，「耕於有莘之野」，有莘就是有莘氏，是當時一個部落的名稱。他雖是農夫，卻是堯、舜的忠實信徒，「道義」二字常記心頭。如果要他做不合道義的事情，就算許予高官厚祿，他看都不看一眼；就算送他一千輛馬車，他同樣視若無睹。總之，在孟子眼中，伊尹天然就是個聖人，是與堯、舜一樣的聖人，視金錢名利如糞土。後來商湯聽說他很賢能，派人攜重金請他出山。以清高自命的伊尹當然不肯為錢財而出山，他把來人給轟走了。商湯鍥而不捨，像後世劉皇叔三顧茅廬請諸葛亮一樣，他也三次登門拜訪，推心置腹，終於以誠心打動了伊尹。

不過對孟子講的故事，我們一定要小心。

他是「性善論」的鼓吹者，喜歡把古代聖人塑造為「性善」的完美化身，一點瑕疵也沒有，這恐怕只是他想像中的歷史人物，充滿理想的色彩，卻遠非真實的歷史人物。

與孟子相比，《呂氏春秋》的說法比較靠譜。

《呂氏春秋》記：伊尹本來是個棄兒，剛出生時被丟到一片桑樹林中，這個小生命就算不被野獸吃掉，也會活活餓死。算他命大，正好有一位採桑女路過，聽到嬰兒的哭泣聲，便把他帶回了自己部落，交給部落首領。首領見這個小嬰孩頗為可愛，遂把他交給一個廚師撫養。在許多史料中，都提到伊尹的廚藝是相當棒的，從小跟著廚師混，沒幾手絕活哪行哦。

依《呂氏春秋》的說法，伊尹的身分不可能是孟子說的農夫，他的養父是部落大首領的廚師，他應該算是大首領的家臣或家僕。這個說法得到《墨子》一書的印證，《墨子》有這樣的記載：「伊尹為莘氏女師僕。」莘氏就是有莘氏，是部落的名字；「莘氏女」就是有莘氏大首領的女兒，相當於公主；「師僕」是伊尹的身分，既是公主的老師，也是家僕，因為他是廚師收養的，地位低。一個地位低的家僕，居然可以成為公主的老師，可見伊尹非常勤奮好學。作為剛出生就被親生父母拋棄的棄兒，伊尹沒有自暴自棄，沒有向命運低頭，而是以自己的努力改變命運。對於一個低賤的人，能成為公主的老師已是極大的成功。然而，伊尹的志向絕不只限於此，商湯的到來，徹底改變了他的人生道路。

商湯與伊尹是如何相識的呢？

仍然有不同的說法。

先來看看《呂氏春秋》的說法：伊尹長大後很賢能，聲名遠揚，傳到商湯耳中，商湯正圖謀大計，遂親自找上門來。伊尹自己也希望能為商湯效力，豈料有莘氏部落卻不肯放人。為了得到伊尹，商湯索性與有莘氏部落締結政治聯姻，娶了有莘氏公主。伊尹則作為公主陪嫁品送給商湯，這算是買一贈一了，伊尹就屬於「贈品」。

不過這種說法仍有溢美之嫌。大家想想，伊尹當時只是一名家僕，怎麼可能會引起商湯的注意呢？我猜測商湯與有莘氏聯姻，純粹只是為增強自己的實力罷了，根本不是伊尹的緣故。至於得到伊尹這個「陪嫁品」，只不過是偶然罷了。

再來看看《韓非子》中的一段話：「上古有湯，至聖也；伊尹，至智也。夫至智說至聖，然則七十說而不受，身執鼎俎為庖宰，昵近習親，而湯乃僅知其賢而用之。」這段寫的與《呂氏春秋》截然不同，意思是說：上古時代，商湯是個大聖人，而伊尹是個大智者。然而以伊尹的智慧，遊說商湯七十次，商湯一次也沒接受他。後來伊尹利用自己善於烹調的優點，煮好吃好喝的給商湯，用這個辦法來親近他，慢慢地混熟了，商湯才漸漸發現伊尹的才能。

韓非子的說法顯然比較接近事實。伊尹確實有才華，然而他只不過是「陪嫁品」，商湯看不起他是很正常的，畢竟兩人身分、地位差異巨大。伊尹之所以能脫穎而出，完全是自己努力爭取的結果，而且是用盡心機。孟子版的「三顧茅廬」的故事，美則美矣，實則意淫成分太大。以我們的觀察分析判斷，伊尹的所作所為，並非孟子所認為的堯舜之道，也不是以道德的力量取勝，而是以權謀智術取勝，而這點恰恰是商湯所看重的。

孟子對古代充滿「情懷」，容易產生「厚古薄今」的思想；相比之下，韓非子則趨於現實主義，不會故意為古人臉上貼金，因而更接近於事實。

伊尹成為商湯的左膀右臂後，都做了些什麼事呢？

首先，商湯派他去朝見夏桀，這是一項外交使命。這次出使應該是很成功的，具體內容我們並不清楚，但伊尹應該是消除了夏桀對商部落的敵視，他可能竭盡全力地表明商部落是完全服從夏帝的中央政權。如果不是取得成功，後來伊尹也不可能有四次前往帝都執行外交任務的機會。

從一個事例中，我們就可以知道伊尹絕非孟子口中所說的道德家。伊尹前後五次代表商湯出使夏都，之所以大獲成功，與一個人的幫助密不可分，這個人就是夏桀的妃子妹喜。妹喜既然是夏桀的妃子，又怎麼會與伊尹扯上關係呢？

探討上古史，遇到的一個大麻煩，就是各種史料相互矛盾到了極點。

我們先來看看《國語・晉語》中所說：「昔夏桀伐有施，有施人以妹喜女焉；妹喜有寵，於是乎與伊尹比而亡夏。」夏桀討伐有施部落，這件事大概是發生在征岷山之前。有施部落首領打了敗仗，獻上了一個名為妹喜（又叫末喜）的美女給夏桀。英雄難過美人關，夏桀與之前的寒澆一樣，在女人問題上栽了個大跟頭。

妹喜顯然不是一般的女子，她所扮演的角色，與女艾、西施一樣，是潛伏在夏桀身邊的間諜。有施氏首領把妹喜獻給夏桀，顯然是安插一個耳目。不過光靠有施氏的力量，不足以推翻夏桀的統治，他可能暗中聯絡了商湯，讓妹喜暗中助伊尹一臂之力。妹喜受到夏桀的寵幸，地位非同尋常，說話有分量，能幫伊尹說好話。伊尹五次出使夏都，不辱使命，妹喜功不可沒。

不過在《竹書紀年》中，有一個完全不同的說法。

我們前面講過，夏桀在討伐岷山時，收穫了兩個美女：琬與琰。因此他移情別戀，把妹喜給冷落了。《竹書紀年》是這樣記的：「末喜氏以與伊尹交，遂以間夏。」依這種說法，妹喜之所以與伊尹站在同一條戰線上，乃是為了報復夏桀的絕情。

不管哪種說法屬實，都可以證明伊尹充分地利用妹喜這個後宮資源，收集夏廷的情報，大施反間計，放煙幕彈，令夏桀失去敏銳的洞察力。從這個角度來看，伊尹根本就不是孟子所鼓吹的純粹道德主義者，而是一個深諳權謀的智者。

伊尹為商湯爭取到了什麼呢？

首先是確保了商湯的安全。

從商湯遷都以及五次派伊尹朝見夏桀來看，當時夏桀很可能是準備對商湯下手的。據說當時商湯擁有的地盤，只有方圓七十里，不過就是彈丸之地。倘若夏桀召集更多的諸侯以圍剿商湯，商湯難逃一劫。對商湯來說，必須以時間換空間，他不惜對夏桀俯首稱臣以消弭戰爭。

其次，伊尹可能為商湯爭取到了征伐大權。

我們從現有的史料分析，在商湯向夏桀表示臣服之前，夏桀至少發動了三場針對諸侯的戰爭：討伐有施氏之戰、滅有緡氏之戰以及討伐岷山之戰。之後就再沒有看到夏桀發動新的戰爭，反而頻頻看到商湯的四處征伐。值得注意的是，商湯的頻頻征伐，基本上沒有遭到夏桀的懲罰或指責，只有一次是例外的，後面會說到。

這似乎可以證明，商湯的征伐是得到了夏桀的授權，否則很難相信一個志在中興夏室的帝王會放任商湯如此胡作非為。如果這個推論成立的話，那麼夏桀之所以會掉入商湯設下的陷阱，完全是伊尹一手策劃的，他通過妹喜等人為內應，給夏桀製造這樣的印象：商湯是完全忠誠於夏王室，而且願意為夏王室的復興衝鋒陷陣，打擊那些陽奉陰違的諸侯們。

夏桀顯然被伊尹忽悠了，商湯願意為他充當打手，他又何樂而不為呢？

可是夏桀完全錯了。

商湯固然志在征伐，但不是要當好人，不是要為夏帝分憂解愁，而只是為了擴充自己的實力與地盤。那麼要找誰下手呢？

這裡面就有大學問了。

要打著替天子征伐的旗幟，就得講究師出有名，所征伐的諸侯，必須是所謂「不義之國」。商湯不僅要打武力牌，還要打政治牌，這樣才能使自己立於不敗之地，這是他的明智之處。此時的商湯力量仍然不夠強大，他只有小小的一塊地盤，因此他不能完全憑恃武力，更需要依賴謀略。

在伊尹的精心籌劃下，商湯把第一個打擊目標選定為鄰近的葛部落。葛部落的首領稱為葛伯，當時一個部落就像一個大家族，首領最重要的事情之一就是祭祀先祖，這是中國人原始的信仰。葛伯是一個荒於政事的人，他懶得搞祭祀活動，這就給了商湯出兵的理由。

商湯便派人前去責備葛伯說：「為什麼不祭祀呢？」

請大家注意，商湯不過是個諸侯，哪來的權力去責備另一個諸侯呢？可見他確實是打著天子的招牌。葛伯看不起商湯，而且這裡本來是他的地盤，商湯不久前才遷來當鄰居，有什麼資格來居高臨下質問他呢？

因此葛伯沒好氣地答說：「我沒有供祭祀用的牛、羊等犧牲。」

商湯回覆說：「好吧，既然你沒有，我商部落其他東西沒有，就是長於放牧，牛羊多的是，我給你提供。」

一批牛羊送到葛部落，葛伯可不喜歡這個鄰居指手畫腳，故意跟商湯對著幹，把他送來的牛羊宰了吃掉，偏偏不祭祀，看你奈我何。

過了段時間，商湯又派人前來問道：「為什麼還不祭祀？」

葛伯又沒好氣地答道：「沒有祭祀用的穀物。」

商湯回答說：「好吧，既然你沒有穀物，我就讓自己的部眾去幫你耕種。」於是商湯命令亳地的民眾前去葛地種田，不能種田的老弱之人負責在亳與葛之間運送食物。

這下子葛伯發怒了，這可是我的地盤，怎麼輪到你們商人前來撒野呢？於是他率一幫人，手持武器，氣勢洶洶地前來把商部落的民眾給趕跑了，搶了他們的食物與酒，要是誰不把食物留下，格殺勿論。葛伯哪裡曉得，他這麼一折騰，正好掉入商湯所設的陷阱，給了商湯出兵的理由。

後來清代著名的思想家龔自珍在評論這段歷史時，直言不諱這是商湯的「陰謀」。龔自珍說：「亳眾者何？往餉者也，策為內應者也。老弱饋食者何？往來為間諜者也。」就是說，亳地的民眾到葛地去種田，其實是前去刺探的，是去當內應的；老弱之人前去送食物，乃是充當間諜。那麼你說葛伯會有什麼反應呢？「強鄰堅敵，旦夕虎視，發眾千百人，入於其國，屯於其野，其能以無懼乎？」突然來了千把人，闖進他的國家，他能不害怕嗎？所以葛伯「率其民以爭之」，「乃殺其間諜者耳」。

在龔自珍看來，葛伯的做法並沒有錯。你商湯派一大堆人來當間諜，我把這些間諜殺了或者趕跑，保家衛國，怎麼算錯呢？

可是陰謀家的厲害之處，就在於我既要撈得實利，又得裝作一身凜然正氣的樣子。商湯早就布下迷局，裝出一副樂於助人的樣子，以道義為掩護，我幫你種田，你非但不領情，還殺我民眾，我非得代天懲罰不可。

既有武力作為後盾，又有道義作為擋箭牌，商湯一舉出兵消滅葛氏部落，邁出擴張的第一步。

十八、夏台之囚

滅掉葛氏部落後，商湯以「道義」為號召，討伐「不義之國」，不斷擴張自己的實力。

第二個被商湯吞併的諸侯是有洛氏。

有洛氏滅亡的原因，是其君主貪圖享樂，覺得自己的住所不夠氣派，便大興土木，修築一座豪華的宮殿，這座宮殿擁有寬闊的池子、奢華的園林。為了趕工，有洛氏的百姓被迫一批又一批地派往建築工地，以至於到了農忙時節，沒有足夠的人手收割莊稼，導致國家陷入饑荒之中，百姓叫苦連天。商湯便扛著「討伐不義」的旗幟，發動了對有洛氏的戰爭，有洛氏的民眾誰也不願意為國君賣命，這個諸侯國很快便被商湯吞併。

商湯十分明白，他不僅要擴充實力，更要樹立「仁義之師」的威名。

滅了有洛氏後，商湯廢除其苛政，讓百姓有了休養生息的機會，這令他聲名鵲起。那些深受國君暴政的諸侯國，其百姓都恨不得商湯的軍隊趕快來幫助他們消滅暴君。可以說，政治與軍事的雙管齊下，為商湯打開了一片嶄新的天地。

收服荊部落是商湯政治攻勢的一例。

荊部落首領為荊伯，這可能是一個南方蠻族部落，商湯曾經要求荊伯歸順，遭到荊伯的拒絕。在滅了葛與有洛氏後，商湯的武裝力量更強大，他大兵壓境，對荊部落實施武力威懾。據《越絕書》的記載，商湯並沒有採取強攻手段，而是施予懷柔手段，他派人送給荊伯一頭祭祀用的牛。這是什麼用意呢？據我猜測，這是向荊伯發出一個信號，表明他無意滅掉其國。因為一旦訴諸武力，徹底摧毀了荊部落，那麼荊伯就永遠失去了祭祀的權力。荊伯收到這頭牛後，愧然曰：「失事聖人禮。」他估計自己不是商湯鐵血兵團的對手，現在人家給了他一個臺階下，投降歸順才是硬道理。

儘管那個時代戰爭的規模很小，軍隊最多估計也就是幾千人，但商湯的兵團戰鬥力十分強，他平生共有過十一次征戰，從無敗績。

就在這個時候，出現了一個意想不到的事情，差點令商湯前功盡棄。

在降服荊部落後的第二年，即夏桀二十二年，商湯入夏邑朝拜天子夏桀，險遭不測。商湯為什麼到夏都去呢？史料上沒有提到，我估計是夏桀對商湯產生了懷疑。

在數次征伐後，商湯聲名鵲起，許多部落前來歸附於他。這顯然引起了夏桀的警惕與不安，到底商湯是不是真的忠誠於夏王室呢？我想商湯前去朝見夏桀，應該不是出於自願，而是夏桀命令他進京。

此時商湯雖然有了很大起色，但仍然沒有足夠的力量對抗夏桀，在這種情況下，他還不敢公然反抗夏桀的命令。

商湯一入夏邑，夏桀立即把他逮捕，囚禁於夏台。

一個堂堂實力派諸侯，竟然一夜之間淪為階下囚，著實令人震驚。很顯然，夏桀對商湯已經不再信任，而且還把他當作最大的潛在敵人。

不過，商湯僥倖地逃過一劫。一年後，他被釋放了。

夏桀為什麼把商湯放了，史料同樣沒有給出解釋。我能想到的理由，就是伊尹動用了種種關係解救商湯，估計妹喜又幫了大忙。商湯與少康一樣，能夠以彈丸之地創造奇蹟，必不可少地而且是熟練地使用間諜。妹喜究竟是不是一個間諜並不重要，重要的是伊尹充分利用她的關係，使得商湯一次次地化險為夷。

當然，我相信伊尹在夏桀身邊安插的耳目，絕不僅僅妹喜一人，這位聖人的另一面，是商部落中情局的首領，是KGB的頭兒。後來兵學巨擘孫子著兵法時，寫到《用間篇》時，只羅列了兩位間諜戰大師，一位是伊尹，另一位是姜子牙。

《孫子兵法》還寫道：「昔殷之興也，伊摯在夏。」伊摯就是伊尹，殷商的興起，與伊尹在夏都的間諜活動是分不開的，兵聖孫武目光如炬，一針見血。

經歷「夏台之囚」後，商湯比以往更加低調，征伐少了，但並不意味著他全面退縮了。其實被囚一事，對他來說還不一定是壞事，因為他得到了眾諸侯的同情。

夏桀一直想要加強中央的話語權，作為帝王這一點本來無可厚非，問題是他的方法與手段過於僵硬。

這位夏朝末代帝王的想法很單純，誰敢違抗我，我就打擊誰。可是你想想，夏朝中央政權已經有三百多年無法控制諸侯了，要這些諸侯一夜之間交出權力，這有可能嗎？就算諸侯不敢公然與中央政權對抗，內心也有深深的抵觸心理。

同樣是征伐，夏桀的征伐令諸侯恐懼，而商湯的征伐卻令諸侯歸心，這裡面有什麼奧秘呢？我們不能不佩服商湯，他的政治策略遠遠比夏桀要靈活、明智。

商湯沒有把自己塑造成一個唯武力論者，而是把自己塑造成為仁義的化身。每次征伐都講究一個師出有名，儘管他有個人算盤，可是表面看過去總是大義凜然。你這個君主不祭祀、荒廢政事，我就去討伐；你這個君主驕奢淫逸、蓋大宮殿、勞民傷財，我就去討伐。

看到沒有，商湯高舉道義的旗幟，這足以收買人心，足以收買諸侯之心。

商湯這麼富有道義感，卻被夏桀投入監獄，這件事無疑令夏桀又背上了惡名。

在商湯被釋放後不久，居然有不少諸侯前來歸附他，這就叫作因禍得福。我們必須承認，在伊尹的協助下，即使沒有了征伐，商湯的政治影響力仍然在擴大。商湯懂得製造故事，把自己神話化。

關於他的一個故事開始傳開了。

據說有一次商湯出門，看到捕獵者從四面張開大羅網，口中念念有詞說：「但願四面八方的鳥獸都落入我的羅網裡。」

商湯聽到這裡，歎道：「這樣做太絕情了。」

於是他下令把羅網撤去三面，只留下一面羅網，並禱告說：「鳥獸啊鳥獸，要是想向左逃命，就往左去，要是想向右逃命，就往右去，不聽我的話就自投羅網了。」

這件事，當然說明商湯有些同情心，但也就僅此而已，對小動物的同情心，很多人都會有。這麼一件不起眼的小事，經過包裝大師（*莫非是伊尹？*）的包裝，不得了，把商湯的境界拔高到了九霄雲端。

怎麼說呢？

「諸侯聞之曰：湯德至矣，及禽獸。」湯的道德水準真是沒得說，到了極致，都惠及鳥獸了。

對這樣的記錄，別太當真，政治宣傳罷了。

對於商湯來說，他的對手並不只有夏桀，還包括諸侯中的霸主昆吾氏。與商部落相比，昆吾氏的勢力可謂是根深葉茂。

關於昆吾氏，史書上有一些說法，我們來看看。《史記・楚世家》說：「昆吾氏，夏之時嘗為侯伯。」侯伯就是諸侯之長，就是霸主的意思。夏代多數時間裡，中央政權軟弱無力，這有點類似於春秋時代，故而霸主也由此而興起。在《白虎通義》一書裡，甚至把昆吾氏與春秋的齊桓公、晉文公等並列為古代的「五霸」。

我一直在想一個問題，夏王室積弱已久，何以夏桀能突然崛起，以至於以商湯之雄才，仍不免遭到囚禁的命運呢？想必夏桀背後有一股強大的支持力量，這股力量應該就是作為侯伯的昆吾氏。

昆吾氏是顓頊大帝後代的一個分支，以「己」為姓，「己姓」部落共有五個，分別是昆吾氏、蘇氏、顧氏、溫氏、董氏，其中又以昆吾最強。如果夏桀沒有得到昆吾氏的支持，很難想像他有能力壓制其他諸侯。

因此，商湯最大的對手，與其說是夏桀，還不如說是昆吾氏。只要消滅了昆吾氏，就斬斷了夏桀的左膀右臂。

自從被夏桀釋放後，商湯一直利用自己「仁義」的招牌，招攬眾諸侯，一個反對夏桀與昆吾的聯盟組成了。顯然多數諸侯國的君主認為，與其被夏桀與昆吾氏統治，還不如擁立商湯，商湯出色的政治才華與軍事才能是得到公認的。雖然夏桀這個人並不如後世所說的那麼殘暴，可是與商湯相比，他的能力還是差了一大截。

除了昆吾氏之外，夏桀手中還有另一張王牌：九夷之師。

儘管夏王室自從太康之後，對諸侯的控制力很脆弱，但對諸夷，也就是華夏族之外的少數民族，控制力則較強。比如夏桀的父親帝發繼位時，「諸夷賓於王門」，「諸夷入舞」。在夏王室所控制的諸夷中，最重要的是九夷，即東方的九個少數民族部落，分別是畎夷、於夷、方夷、黃夷、白夷、赤夷、玄夷、風夷、陽夷。儘管諸夷並非很強大，但每個部落派幾百人，九個部落也能拼湊起幾千人的大軍。

我想商湯不一定從一開始就有推翻夏桀的想法，最初他很可能只想自保罷了，保持部落的獨立性。可是經歷「夏台之囚」後，他顯然意識到如果他不推翻夏桀，最終可能落得個身敗名裂的下場。商湯一方面暗中聯絡諸侯，擴充自己的實力；另一方面也在不斷評估夏桀所能掌控的力量。

在商湯被釋放後的第二年，諜戰大師伊尹精心策劃了一個局以探測夏桀的實力。

伊尹對商湯說：「您先暫停對夏桀的進貢，觀察一下他的動靜。」

商湯依伊尹之計，故意不按期繳納貢品給朝廷。夏桀果然暴怒了，徵召九夷之師欲征討商湯。

伊尹分析說：「現在夏桀還能夠徵召九夷之師，我們尚不能與之爭鋒，還是先服軟吧。」

於是商湯派人上朝謝罪，並奉上貢品，這才打消了夏桀征討的念頭。

要削弱夏桀的力量，首先就要對九夷部落分化瓦解。商湯與伊尹暗地裡破壞九夷與夏朝廷的關係，對於諜戰大師伊尹來說，搞反間計最為內行，散布小道消息，拉攏九夷，令九夷部落對夏桀失去信任。

過了一年後，又到繳納貢品的時間。商湯又依伊尹之計，還是不肯繳納。這下子可把夏桀給氣壞了，他又一次徵召九夷之師。可是他哪裡知道，經過伊尹的破壞，九夷已經不願意聽從朝廷的指令了。這一回，九夷之師並沒有奉旨前來。夏桀所憑恃的兩大力量已失其一，伊尹對商湯說：「可以討伐夏桀了。」

經過三年的精心準備，商湯已經擁有了眾多的盟友，他已是羽翼豐滿，完全可以與夏桀及昆吾氏一決高低。商湯在戰略上非常有遠見，他並沒有一開始就把矛頭指向夏桀，而是對準了昆吾氏。他完全可以打出「清君側」的口號，這將使他不至於在政治上陷入被動，畢竟夏桀仍然是名義上的天子，仍然擁有至尊的地位。

十九、十一征而無敵於天下

據《今本竹書紀年》的說法，商湯是在夏桀二十六年，發動了討伐針對昆吾氏的戰爭。他的指導思想很明確：先打弱敵，消滅昆吾氏控制的小嘍囉。商湯的第一個目標，是溫氏部落。溫氏部落與昆吾氏一樣，同屬「己姓」諸侯，實力稍弱。作為霸主，昆吾氏所能控制的諸侯（部落），除了溫氏之外，還有顧氏、韋氏等。

商湯的軍事才能是不容質疑的，他以迅雷不及掩耳之勢，一舉消滅了溫氏部落。此役標誌著商與夏的戰爭拉開序幕，中原逐鹿的好戲開場了。溫氏部落被滅，令霸主昆吾氏大怒，老虎的屁股是輕易摸得的嗎？昆吾之君立即給予商湯強硬的反擊。

夏桀二十八年，昆吾帶著一幫嘍囉發動討伐商湯的戰爭，夏末的諸侯戰爭迅速升級為全面內戰。這時的夏桀應該會黯然神傷地發現，商湯的勢力遠遠出乎他的想像。面對昆吾氏的挑釁，商湯毫不退讓，他在景亳召開了諸侯會議。

我們在前面說過，整個夏朝漫長的歷史，在歷史記錄裡，只有開國者夏啟與亡國者夏桀曾經召開過諸侯會議，其他帝王包括中興之主少康、一代霸主后羿、寒浞等都不曾召集天下諸侯，至少史書上沒寫。此時商湯仍然只是諸侯，卻能憑藉自己的政治影響力，召開諸侯會議，可見他已經爭取到多數諸侯的支持。

昆吾氏發動的這場伐商之戰，結果怎麼樣呢？

史料中沒有提到。但不外乎只有兩種結果：其一是昆吾氏被打敗了；其二是昆吾氏主動撤退了。商湯肯定不是失敗的一方，因為他馬上反擊了，先是攻取韋氏部落，之後又消滅顧氏部落。昆吾氏討伐商湯無功，自己陣營的小嘍囉一個接一個被清洗，勝利的天平完全倒向商湯一方。

到這個時候，很多人意識到天下要巨變了。想憑藉武力號令諸侯的夏桀，在昆吾氏集團連戰連敗的情況下，已是風雨飄搖、草木皆兵。

大量的叛逃事件開始出現。

夏帝國的太史令終古從夏都出逃，投奔商湯。緊接著，原本歸附於夏桀的費伯昌，率領自己的整個部落向商湯投誠。

決戰的時刻到了。

如果只是商部落單打獨鬥，未必能打贏昆吾或夏桀，可是商湯顯然十分懂得利用資源，此時的他不僅僅是商部落的首領，也是盟軍的領袖。《史記・殷本紀》有明確的說法：「湯乃興師率諸侯，伊尹從湯，湯自把鉞以伐昆吾，遂伐桀。」

《史記》的記錄，有兩點需要注意。其一，商湯之所以敢挑戰夏桀、昆吾，乃是因為他統率的是一支諸侯聯軍；其二，商湯親自持著鉞上戰場。鉞是什麼東西呢？是一種類似大斧頭的武器，在古代是權力的象徵。也就是說，商湯扛著一把鉞並不是要衝鋒陷陣，而是代表他有節制諸侯的權力。從這一點看，商湯已經做好取代夏桀的準備，而諸侯們業已默認他的領袖地位。

以《今本竹書紀年》的說法，商湯先率諸侯討伐昆吾氏。在諸侯聯軍的強大威力下，昆吾伯沒有信心贏得勝利，於是向夏都方向退卻，打算與夏桀會師，共同防禦商湯的凶猛攻勢。商湯得勢不饒人，他立即揮師，向夏都進軍。

在征討夏桀之前，商湯發表了一番動員演說，這篇演說又稱為《湯誓》，大意如下：

「你們大家都仔細聽好了：不是我小子膽敢犯上作亂，只是夏帝犯下罪行，懲罰他乃是上天的旨意。你們可能會說：『我們的首領也太不體恤我們了，為什麼讓我們荒廢農活去討伐夏室呢？』我已經聽到你們的話，但我告訴你們，夏帝確實有罪，我敬畏上帝，不敢不去懲罰他。現在你們會問：『夏帝犯了什麼罪呢？』他耗盡民力，在都城為非作歹，民眾都倦怠了，不想擁護他。他們都這樣說：『這個太陽什麼時候滅亡呢？我寧願與你一起滅亡。』這就是夏帝的德行，所以我決心要征伐。我希望大家幫助我，實施上帝對夏的懲罰，我將重重地獎賞你們。你們不要懷疑，我絕不會食言的。但如果你們不聽從我的命令，我就要懲罰你們，還要把你們孩子一起懲罰，或淪為奴隸，或處以死刑，絕不寬恕。」

這篇戰前演說，怎麼讓人有似曾相識的感覺呢？

對了，想起來了，夏啟當年征討有扈氏時，也發表過類似的演說，就是《甘誓》。這兩篇演講詞結構十分相似，甚至我可以說，商湯有明顯抄襲的痕跡，有侵犯版權的嫌疑。

第一部分都是講出師的理由。要打仗，總要讓將士們明白為何而戰，這就叫政治動員。商湯說，這個夏桀太壞了，他虐待百姓，我們是革命軍，要去解放勞苦大眾。這個目標多正義、多高尚。所以後來叫「湯武革命」，商湯要推翻壓迫人民的夏桀政權，也就成了中國第一個革命家。

第二部分是講獎懲。你們好好幹，獎賞大大的，我說到做到。要是革命意志不堅定，那對不起，我要懲罰你，還要株連你的後代，讓你永遠戴著反革命的帽子。當然從這點看，商湯雖然是革命家，但到底不是代表人民的無產階級革命家。

數百年前夏王朝的開國者夏啟說的那一番話，被商湯剽竊過來攻擊他的後代夏桀，以彼之矛，攻彼之盾，這真是歷史的嘲諷。倘若夏啟地下有知，不知當做何感想。

據《史記》所載，商湯作完講演後，當即宣布自立為王，顯然他絲毫不懷疑自己將擊敗夏桀與昆吾氏，取而代之。他說了這麼一句話——「吾甚武」，我相當的威武，著實有幾分英武豪邁之氣，於是自稱為「武王」。

在正義熱情的驅使下，商湯的士兵發揚一不怕苦、二不怕死的精神，在戰場上以一當十、以十當百，夏桀的反動派軍隊如何能抵擋呢？

首戰爆發於有娀氏部落的地盤，此役夏軍大敗，估計昆吾伯也在此次戰鬥中身亡，因為後面的幾次戰役再沒出現他的名字。

末代帝王夏桀落荒而逃，逃到鳴條之野，好不容易收羅些殘兵敗將。他剛喘一口大氣，商湯的軍隊就追上來了，夏桀孤注一擲，做垂死之搏。在鳴條之野的大戰鬥，是中國歷史上重要的一戰，是第一次王朝更替之戰。此役打得非常激烈，戰鬥是在雨天進行，天上雷電交加，天昏地暗，日月無光，地上兵戈交錯，血水與雨水融成一片，澆灌大地。彷彿不僅僅是人類在廝殺，天神也捲進來，以雷神之錘吶喊助威。

在那個大雷雨之日，夏桀輸掉了戰爭。

鳴條之戰後，夏桀如驚弓之鳥，逃往三朡。

據說他的兒子淳維逃往北方的大漠地帶，他的殘兵敗將與當地人融合，後來演變形成了匈奴民族。商湯不願去理會淳維的北逃，他把眼光死死盯住夏桀，發揚「追窮寇」的精神，克服連續作戰所帶來的疲憊，又率諸侯聯軍進逼三朡。夏桀再嚐失敗的苦果，他從宮中攜帶出來的各種寶貝，也成為商湯的戰利品。

不過，夏桀又一次逃脫了。

他從三朡逃到一個名為郕的地方，可就算他有金蟬脫殼的本領，也逃不過覆滅的命運。在沒有贏得最後的勝利之前，商湯是絕不會止步的。郕之戰成為商、夏之間最後一次戰鬥，夏軍的殘餘力量全部覆滅，夏桀也在戰鬥中被擒獲，淪為階下囚。

這場夏亡商興的戰爭，到此以商湯的勝利宣告結束。

要如何處置夏桀呢？

商湯並沒有把夏桀殺死，而是流放到南巢。為什麼商湯不殺夏桀呢？我估計他是怕背上「弒君」的惡名。

商湯之所以能由弱轉強，一個非常重要的原因就是他擅長政治宣傳，把自己裝扮成為一個正義的代言人。這麼一個正義的人，要是被說成「弒君」，恐怕會造成惡劣的政治影響。反正夏桀已經是廢人一個了，活著與死了也沒什麼區別，不如顯示一下自己的寬容與大度。

不過也有一種說法，稱商湯把夏桀放逐到南巢後，把他給餓死了。

中國歷史上的第一個王朝就這樣覆滅了，商王朝取而代之。

應該說，商湯是一位比夏桀要好得多的天子，也更有才幹。不過我們也要意識到一點，夏桀倒臺的原因，絕不是因為他多麼作惡多端，而是因為他企圖強化中央的權力，結果事與願違，逼使地方諸侯聯合起來打倒他。

商湯是一位英雄級的人物，起初他僅有七十里的彈丸之地，並不具備雄厚的資本，可是他的勇氣、膽略、智謀彌補了物質上的不足。伊尹不僅扮演了智囊的角色，也是首屈一指的情報戰大師，他與商湯兩人組成最佳搭檔，相輔相成，缺一不可。商湯對自己的武力一直沾沾自喜，還說了「吾甚武」這樣的牛話，可見他本質上與夏啟一樣，是一個崇尚武力的人。

孟子曾說他「十一征而無敵於天下」，總共有十一次的征戰，《竹書紀年》則記為「九征」。我收羅一下，商湯指揮的十一次戰役如下：

（1）滅葛之戰；（2）滅有洛氏之戰；（3）征荊之役；（4）滅溫之戰；（5）伐韋之戰；（6）伐顧之戰；（7）征昆吾之戰；（8）有娀氏之戰；（9）鳴條之戰；（10）三朡之戰；（11）郕之戰。

由上可見，孟子說「十一征」是有道理的。這十一次戰役可分為三個階段：第一階段是商湯討伐諸侯、擴張勢力的戰爭，包括滅葛、滅有洛氏、征荊三次戰役；第二個階段是討伐昆吾氏及其小嘍囉，包括滅溫、伐韋、伐顧、征昆吾四役；第三個階段是討伐夏桀，包括四次戰役。

那麼《竹書紀年》為什麼記為「九征」呢？這是把有娀氏之戰與鳴條之戰合併為一次，兩次戰役其實是一個整體，可稱為「伐桀之戰」；同樣，三朡之戰與郕之戰也可以合併為一個戰例，可稱為「擒桀之戰」。

這些戰役都是商湯親自指揮的，且每戰必勝，我們若是仔細研究這些戰例，就可以發現他在

《孫子兵法》出現之前一千年，就洞悉了戰爭的秘密。他能在戰場上締造不敗的神話，原因是他從來不打無把握之戰，只要出擊就必定有十足的把握，用後世孫子的話說，就是「先為不可勝，以待敵之可勝」。在與夏桀實力懸殊時，他選擇隱忍，並密集使用外交戰及間諜戰，在削弱對手的同時增強自己的實力。在實力相當時，他仍然沒有輕舉妄動，而是以計謀測探對手可動員兵力的多寡，當他發現夏桀還可以動員九夷之師時，明智地放棄對抗，繼續臣服。不戰則已，戰必克之，這就是商湯的兵法謀略。

流放夏桀後，有大約一千八百個諸侯或部落前來朝見，並且強烈要求商湯繼承「天子」之號。商湯當然擺出謙虛的模樣，辭讓了三次，在諸侯、諸部的堅決擁護下，他勉強接受了天子的稱號。這樣，一個新的帝國產生了，這個帝國便是「商」。

二十、賢相還是叛臣？

商湯以武力推翻夏桀，成為新帝國的天子，可是在他內心深處，卻有著某種不安。為什麼不安呢？馬上能得天下，馬下未必能治天下。

以前商湯能打敗夏桀，是因為夏桀得罪諸侯，所以諸侯們願意站在商湯這一邊，對抗天子。如今夏桀已經倒臺，共同的敵人已經不存在了，商湯成了天子，他與諸侯的軍事聯盟關係也發生了微妙的變化。

在這種情況下，他要如何維持與諸侯的關係呢？

我們來看看一篇商湯的重要講話。

這篇重要講話名為《湯誥》，可是史料又跟我們開了個大玩笑，竟然出現了兩個完全不同的版本，這足以讓我們相信所謂的史料是何等的不可靠。但我們無能為力，如果我們拋開史料，那歷史就成為一張白紙了。因此，明知史料不可靠，我們還是要勉強參考，並從中找出更合乎真相的一面。

《湯誥》是商湯征夏成功後，回到亳都所發表的一篇誥文。

我們先來看看《史記》中是怎麼寫的：

「三月，王親自到了東郊，向各諸侯國君宣布：『你們不能不為民眾謀立功業，要勤於政事，否則，我要對你們嚴厲懲罰，你們可不要怪罪我。以前大禹、皋陶長期奔勞在外，為民眾建功立業，民眾才得以安居樂業。那時他們治理了長江、濟水、黃河、淮河的水患，百姓才有了安居的場所。后稷教導大家播種五穀，民眾得以種植各種莊稼。這三位偉人都有功於人民，所以他們的後代都能立國。與此相反，蚩尤和他的大臣們擾亂百姓，上帝也不賜福予他們。你們得用先王的教導來勉勵自己。倘若誰違背了道義，就不允許回國繼續當諸侯，到時你們可不要埋怨我。』」

在這篇誥文中，商湯的語氣是嚴厲的，天子是有無上權威的。可是其真實性卻頗令人懷疑，商湯的中央政府真的那麼有權柄嗎？

這點很難想像，不要忘了他之所以能打敗夏桀，靠的就是諸侯的力量，剛剛班師回朝，他就擺出一副高高在上的樣子嗎？

那我們再來看看另一個版本，《尚書》中的《湯誥》，這裡我只節錄一部分，大意如下：

「上天護佑民眾，罪人夏桀終於被放逐。天命是不會有差錯的，它讓人類像草木一樣得以繁衍，又讓我得以安邦定國。只是我實在不知道有沒有得罪天地神靈的地方，我誠惶誠恐，如臨深淵。凡是在我帝國統治的範圍內，不能沒有法度，不可傲慢放縱，你們要各自遵守你們的典章律法，這樣才能接受上天的恩賜。你們要是做了善事，我不敢掩蓋隱瞞；要是我犯了過錯，我也不敢寬赦自己。這一切上帝都會看得清清楚楚的。要是諸侯們犯了過錯，那就是我一人的過錯；要是我一個人犯了過錯，絕不會推卸責任給各諸侯。嗚呼！如果能做到至誠，大概可以善始善終吧。」

注意對比一下這兩個版本，會發現存在重大的不同。

在第一個版本裡，商湯威風凜凜，很有天子氣派。他警告諸侯，你們要不好好幹活，我就要懲罰你們。可是在第二個版本裡，就完全不同了，雖然商湯對諸侯們提出一些要求，但沒有一個字說到懲罰，反倒是非常客氣，你們有過錯算我的，我有過錯不推給你們。

那麼哪個版本更符合真實情況呢？

我認為是第二個版本。

商湯雖然成為新帝國的天子，可是他對諸侯仍然沒有真正的控制力，這與後世的皇帝是不同的。這是現實造成的。商湯是一個軍事天才，生平十一征全無敗績。不過我們也要看清一個事實：商湯所打擊的對象，除了夏桀之外，只有寥寥幾個諸侯。而當時天下有多少諸侯（或部落）呢？估計有數千個之多。

沒有用武力征服這些諸侯國，就談不上擁有真正的無上權威。從這裡我們也可以拿後世的例子來對比，自從秦始皇統一中國後，一個強有力的中央政府才開始出現。之後的各個朝代，無不是通過武力征服全中國，也唯有如此，才有皇帝的無上權威。在夏、商、周諸代，帝王根本不可能真正統治所有諸侯，這是讀史者所應注意的一點。

《尚書》的記錄顯然比《史記》更為可信，商湯既然是在諸侯的支持下推翻夏桀，那麼他理所當然要做出回報，要給諸侯們更多的權力，而不是從他們手中收回權力，否則他只能得到夏桀那樣的下場，這也是商湯的明智之處。

在講到商代後面的故事時，我們還會一再地發現，天子的權力是很有限的。

我們講到商湯的偉大事業，不能忘掉他背後的智囊與靈魂人物：伊尹。沒有伊尹，就沒有商湯的事業。

在古代，伊尹是一位聖人級的人物，被認為是名臣的典範。可是我們必須說，對伊尹這個人，其真實的面目仍然撲朔迷離。在《孫子兵法》的《用間篇》中，伊尹是間諜戰的大師；在《說苑》的《權謀篇》中，伊尹是權謀術的大師。一個深諳諜戰與權謀的人，其內心世界勢必難以被外人所窺。簡單地給他貼上「聖人」的標籤，未免把複雜的歷史人物道德化了。

商湯成為天子後，伊尹實際上成為了帝國的第二號人物，位高權重。

在伊尹的輔佐下，商帝國很快走向繁榮穩定，與各諸侯國的關係也比較融洽，帝國並沒有陷入新一輪的戰亂中。可以說，伊尹與商湯都屬於出類拔萃的人物。伊尹的身分，既是商湯的首席大臣也是帝王之師，遠非其他臣僚所能相比。正因為如此，在商湯去世後，伊尹便成為輔佐下任帝王的顧命大臣。

商湯在位的時間，有的書說是十三年，有的書則說是二十九年。商湯死後，其子外丙繼承王位，但僅僅三年便去世了。帝國的第三任帝王是外丙的弟弟中壬，中壬在位時間同樣很短，四年後也去世了。七年之內死了三任帝王，這對一個新興的帝國來說，可不是什麼好消息，覬覦王位的大有人在。以伊尹的才幹及深謀遠慮，其他人自然難以窺視帝王的寶座，可是他自己有沒有這個野心呢？

第四任帝王太甲是前太子太丁的兒子，據說剛登基時，他並不是一個稱職的帝王。孟子是這樣說的：「太甲顛覆湯之典刑。」司馬遷在《史記》中則寫道：「（太甲）不明，暴虐，不遵湯法，亂德。」這時伊尹做出了一個大膽的決定：他把商王太甲給流放了。

伊尹的做法，很容易讓我們聯想到夏代的后羿。

這兩件事有一些類似的地方：

其一，都是發生在新王朝的初期。被后羿所逐的太康是夏朝第二任帝王，太甲則是商朝的第四代帝王，而他與第一代帝王商湯也僅僅只隔了七年時間。這說明無論是夏朝還是商朝，帝王的權力從一開始就不是固若金湯的。

其二，太康與太甲都被認為是「失德」的，不是一個很好的君王。可是伊尹與后羿又有不同之處：后羿本身是諸侯，有自己的軍隊與地盤；伊尹只是商王室朝廷的重臣，他並不是諸侯。

可以說，伊尹流放太甲，風險比后羿還要大。后羿就算失敗，也可以逃回自己的地盤，繼續充當軍閥，而伊尹卻沒有退路。那麼伊尹是如何政變成功的呢？有沒有軍隊的支持呢？諸侯國的態度又是怎麼樣呢？這些史書上隻字不提。但我們可以料想，伊尹在商王的地盤內，勢力是無人可及的。他歷經商湯、外丙、中壬、太甲四朝，既是第一重臣同時也是帝王之師，他地位的得來並非靠資歷，而是靠真才實學，這就決定了他對朝廷有極強的控制力。

問題是，伊尹流放太甲，究竟要幹什麼呢？他有什麼目的呢？

《史記》的說法是，他要對太甲進行思想改造，讓他反思，改惡從善。他把太甲流放到桐地，在這段時間裡，朝廷政事，自然由伊尹自己打點了。這個流放期長達三年，太甲狠狠地反思過錯，「悔過自責」，最後洗心革面，重新做人。伊尹十分欣慰，便親自到桐地迎回太甲，又恭恭敬敬地把他抬上帝王寶座。

太甲見到伊尹後，叩頭謝罪道：「我小子不懂得道德，品行不夠端正，因貪欲而敗壞法度，因放縱而敗壞禮節，結果給自己招來了罪過。天作孽，猶可違，自作孽，不可逭（逃避）。以前我沒聽老師您的教導，沒有做到克己復禮。今後還要仰賴老師您匡扶救助，雖然我沒能善始，希望能做到善終。」

伊尹跪拜還禮道：「修身克己，以誠信之心同臣下齊心協力，這才是明智的帝王。先王成湯施惠於窮苦百姓，因而民眾都願意聽從他，沒有不樂意的。征伐不義之國時，鄰國的人都這樣說：『我們都願意成湯來啊，他來了我們就不會受罪了。』所以大王您應該要勸勉德行，向祖先們看齊，切忌安逸懈怠。遵守先王之道，對臣下有恭謙之心。能看到遠處才叫目明，能聽從善言才叫耳聰。要是做到這些，老臣將永遠追隨你的美德。」

就這樣，太甲從一位昏君變成一位明君，「帝太甲修德，諸侯咸歸殷，百姓以寧」。這樁政變，最後以皆大歡喜的結局收場。

這樁故事，流傳了千百年。

可是隨著一堆古墓書卷的出土，原本清晰的故事陡然間變得模糊了。這冊書卷，就是我前面多次提及的《竹書紀年》。

《竹書紀年》自從出土後，就給中國史學界帶來了前所未有的震動。我們來看看《竹書紀年》中是如何寫伊尹與太甲的故事的：

「仲壬崩，伊尹放大甲（即太甲）於桐，乃自立也。伊尹即位，放大甲七年，大甲潛出自桐，殺伊尹，乃立其子伊陟、伊奮，命復其父之田宅而中分之。」

這與孟子、司馬遷的說法截然不同。《竹書紀年》明確寫道，伊尹流放太甲，乃是自立，乃是篡位奪權。更令人驚駭的是，太甲不僅不是伊尹迎回的，而是自己潛逃出來，返回帝都復辟，殺死伊尹。這段歷史突然間變得撲朔迷離，讓人難辨真假。

在這兩種迥然不同的說法背後，我們隱約可以看到伊尹兩張不同的面孔：一張面孔是聖人、道德家；另一張面孔是權謀家、諜戰專家。本來這是一體兩面，但後來的儒家學者們顯然不願意讓聖人的形象與權謀沾邊，於是一個伊尹被剖開成兩個人。但是種種史料顯示，伊尹確實是精於權謀，而恰恰是這一點，讓《竹書紀年》中的說法有了合理的依據。

儘管《竹書紀年》的說法曾經轟動一時，可是由於只是孤證，在其他史料中找不到類似的觀點，故而相信這種說法的人是非常少的。即便如此，我仍然認為對《竹書紀年》的說法要重視，因為它的資料較其他更古老也更可靠。

現在所見伊尹之史料，多為春秋戰國以後，這個年代距離伊尹已經有一千多年，如同我們今天看唐、宋史事，不一定十分清晰可靠，以訛傳訛的可能性是存在的。值得注意的是，《竹書紀年》中所保存的商代史料，可靠性要超過《史記》，這一點從出土的甲骨文中得到證實。如果該書中商代絕大多數史料的準確性得到確證，卻獨獨在這一重大事件（**應該是商代最重要的事件之一**）不可信，這未免顯得奇怪。當然，我不是要下結論說《竹書紀年》一定是對的，只是想分析一下，伊尹篡權這種說法，究竟可不可能，有沒有證據呢？

說實話，伊尹流放太甲的做法，有一點確實令人不解。

按照傳統史學的觀點，伊尹是賢相，他流放太甲是為了讓他面壁思過。可是這裡我們產生一個問題：伊尹既然認為太甲是昏君，何不乾脆換一個君主呢？

應該說，伊尹有足夠大的選擇空間。

我們知道，商湯的兒子中，外丙與中壬都當過帝王，也就是說，外丙的兒子與中壬的兒子，完全有資格成為帝王。如果伊尹覺得太甲沒有德行，完全可以從外丙或中壬的兒子中選取一人，立為新帝。以伊尹的權力，這樣做根本沒有任何技術難度，他為什麼不做呢？太甲被流放在外，整個國家三年沒有君主，這在古代是不可思議的一件事。

既然沒有君主，此時的伊尹已經是帝國的真正統治者。

退一步說，倘若伊尹真的想要改造太甲，太甲要是一直不悔改呢，他該怎麼辦？按照孟子、司馬遷的說法，太甲是三年後悔過自新的。假設太甲十年、二十年都不悔改，那麼伊尹豈不是要一直攝政下去嗎？如果伊尹真的那麼相信道德的力量，相信可以改造一個人的思想，當初他為什麼要擁護商湯稱王呢？他為什麼不在夏桀被流放的時候，等待這個帝王悔過自新呢？

按照這個思路分析，《竹書紀年》裡關於伊尹篡權的說法，有其合理之所在。

後人否定《竹書紀年》的說法，大抵有兩個理由：

其一，與其他史料不符。

但正如我上面所說，除非這些史料比《竹書紀年》更古老，否則即便《竹書紀年》只是孤證，仍然可能是真實的。有的朋友可能要問，那麼《竹書紀年》裡面所載的太甲殺伊尹的說法，為什麼在春秋戰國時代沒有被學者們所引述呢？我們知道，《竹書紀年》本是魏國史書，由於魏國是從晉國分裂而來，故而繼承晉國史書。春秋戰國的文化重心一直是在東方，無論是先前的晉國還是後來的魏國，都沒出現過大學者，有的只是縱橫家與法家，他們關注的都是現實的事情，或者是變法，或者是連橫合縱的外交，並不熱心去整理、普及、傳播古代的文獻。因此，魏國史書雖有對古史的完整記錄，卻不為人所知。

其二，根據《竹書紀年》的說法，伊尹篡權後，太甲從流放地逃回來，發動政變，殺死伊尹後，又讓他的兩個兒子繼承其家業。這個說法，令後世學者覺得很荒唐。比如唐朝學者孔穎達這樣說：「必若伊尹放君自立，太甲起而殺之。則伊尹死有餘罪，義當汙官滅族。太甲何所感德，而復立其子，還其田宅乎？」倘若伊尹是個篡權者，死有餘辜，怎麼太甲在殺了他之後，還會讓他的兒子繼承其業呢？

可是我卻以為孔穎達的這種說法並不嚴密。

為什麼這樣說呢？

首先，殺其父而重用其子，這是有先例的。我們前面說帝舜殺了鯀，卻重用其兒子大禹，這便是一例。後世的例子也很多，比如周武王推翻商紂後，仍然把紂王的兒子封為諸侯。這種現象在西周、春秋、戰國時代是屢見不鮮的，一點也不奇怪。這是當時的傳統，與後世有很大不同。

其次，由於《竹書紀年》的記錄過於簡略，或許有其他內情不為我們所知。我大膽地作一個假設，有沒有可能是這種情況呢？太甲之所以能夠逃出囚禁地，正是伊尹的兩個兒子相助。有的讀者可能會跳起來，這怎麼可能呢？難道兒子還害老爹不成？可是我們不要忘了一個史實，王莽的兒子還真的幹過這樣的事情，只是他沒有成功，後來被老爹給殺了。

最後，還有一些當代學者，從甲骨文的卜辭入手，表明伊尹死後還成了祭祀的對象。卜辭文字難懂，我是看不明白的，不過伊尹受到宗廟配享，這個是有很多資料可以佐證的。比如屈原的《天問》裡就有：「初湯臣摯，後茲承輔，何卒官湯，尊食宗緒。」既然伊尹死後還得到那麼高的待遇，那麼他能是個篡權者嗎？能是叛國者嗎？

但我認為這種見解只是尋常人家的見解罷了，非政治家的見解。伊尹乃是商湯立國的第一功臣，其功績無人出其右，就算他晚年真的有篡權之企圖甚至有篡權之實，都改變不了開國功臣這個角色。在伊尹死後隆重祭祀他，正可以彰顯君主不忘恩負義的美德呢。其實這種伎倆在後世常被使用。譬如清朝便有多例，張蒼水一生抗清，被殺害之後，乾隆皇帝還給他修墓立碑，加謚「忠烈」，牌位入「忠義祠」，得享定期供祭。同樣，鄭成功也是一例，他是清朝的勁敵，死後清政府也給他加了個「忠節」的謚號，「享俎豆於舜日堯天」。生前是敵人，死後就不一定還是敵人，政治家有自己的目的，這一點值得注意。

我並非認定《竹書紀年》的記錄一定真實可信，對於如此久遠年代的史事，實在是很難弄清真相了。然而，古代的歷史一直只是被當作一種政治工具，越古老的歷史，越容易被人隨心所欲地改造。中國人迷信先人更甚於神祇，把古代的賢人拿來一包裝，於是乎聖人一個個冒出來，完美無瑕。儒家講「君君臣臣」，君得有個君樣，臣得有個臣樣，那是什麼樣子的呢？於是榜樣就出來了，君就是堯、舜、禹、湯這樣，臣就是臯陶、伊尹、周公這樣。

古代聖人是儒家政治理論的一塊大基石，可是正如楊衒之所說的：「人皆貴遠賤近，以為當然。」為什麼會「貴遠賤近」呢？隨著文字的普及，歷史記錄的日益詳細，人的不完美就體現出來了，不再是憑空想像了。想像總比現實完美，因而寧可相信在很久很久以前，人是可以完美無缺的。這就是為什麼中國的聖人多生活在上古時代，秦以後能稱為聖人的，就少而又少了。

除非我們可以穿越時光隧道，回到三千多年前去窺探真相，否則伊尹之謎，可能永遠也難以解開了。

二十一、大遷徙：盤庚遷都

伊尹之後，商朝的歷史進入一個平淡無味的時期。史書裡又是沉悶地記錄歷代商王的流水帳，並沒有很多故事，我在這裡簡明扼要提一下。

太甲在位時間共計十二年，他應該是個不錯的君主，因此被尊為「太宗」。商代不像後世那麼注意虛名，並不是每個帝王都有尊號或諡號，只有特別傑出的帝王才有，因此能被稱為「宗」的人是很少的。太甲之後一直到盤庚，其間的帝王分別是沃丁、太庚（《竹書紀年》稱為小庚）、小甲、太戊、雍己、中丁、外壬、河亶甲、祖乙、祖辛、沃甲（《竹書紀年》稱為開甲）、祖丁、南庚、陽甲，共計十四位帝王。我們看商代帝王的名字很有意思，都包含有十天干的一個字，而且是最後一個字。這種命名法，在夏代就出現了，比如夏帝中有胤甲、孔甲等，但並不普遍，不是每個人都這樣命名。

有一種觀點，認為商代帝王以「天干」為名字，其實對應的是他的生日。古代以天干地支紀年紀日，生日這天對應的天干是什麼，就拿來當名字的最後一個字。這樣還不夠，遇到同樣「甲」日出生的，如何區別呢？因此前面還要加一字來區分。譬如都是「甲」日出生的，有太甲、小甲、河亶甲、沃甲、陽甲等，儘管我們讀起來很乏味，但畢竟有些許差別了。

從太甲到陽甲，商帝國並非一帆風順，有幾個比較重要的事件。

第一，商帝國曾經幾度中衰。

據《史記》載，到了商帝國第九任帝王太戊時，商帝國對諸侯的控制力已經大不如前，諸侯開始不來朝見。然而第十任帝王雍己重振雄風，恢復了帝國的威嚴。到了第十三位帝王河亶甲時，商帝國又一次衰弱，一直到第十四位帝王祖乙，又扭轉局面，實現中興。然而到了陽甲時，商帝國又一次衰敗。

儘管史料含糊其辭，但我們大致對商帝國的歷史有了個籠統的印象：幾起幾落，兩度中興。兩位中興之君分別是太戊與祖乙，他們也是商帝國歷史上比較重要的兩位帝王。我在前面說過，商代諡法制度剛剛興起，但並不是每個帝王都有諡號，只有少數極其出色的帝王才有諡號。除了被尊為「太宗」的太甲之外，還有一位帝王被尊為「中宗」。中宗究竟是誰呢？

依《史記》的說法，中宗是第九任商王太戊，而後來出土的《竹書紀年》則明確地記錄了第十四任商王祖乙才是中宗。究竟哪種說法才是正確的呢？在很長一段時間裡，誰也沒法證明誰是誰非，直到殷墟甲骨文的出土，才徹底解開謎團。在一片刻有文字的龜甲上，寫有「中宗祖乙牛吉」六字，在商代古文物前，真相浮出水面，祖乙才是真正的中宗！司馬遷《史記》的記載是錯的，《竹書紀年》的記載是正確的。這也可以從一個側面看出《竹書紀年》在古史研究中具有其他書籍所不可企及的價值。

儘管在太戊與祖乙時有過兩次短暫的中興，但商帝國總體上在走下坡路，其中的原因在於內部爭權逐利加劇。商帝國在繼承人制度上，沒有定法，經常弟弟繼承哥哥的帝位，哥哥的兒子與弟弟的兒子又為爭奪權力而大打出手，造成政治上的頻頻動盪。

第二，商帝國頻繁遷都。

據《史記》所述，商最初的都城是亳，中丁時遷到隞，河亶甲時遷到相，祖乙時遷到邢。《竹書紀年》的說法與《史記》有不同之處，稱中丁時遷到囂，河亶甲時遷到相，祖乙時遷到庇，南庚時遷到奄。

依《史記》，商帝國遷都三次；依《竹書紀年》，遷都四次。後來盤庚把首都遷到殷，在《尚書》中的《盤庚上》中，曾提到「不常厥邑，於今五邦」，就是說，盤庚之前，商帝國已經建過五個都城了，初都亳，後來遷都四次，總計是五都。由是對比，又足以印證《竹書紀年》的記錄較《史記》更為精確。

如此頻繁的遷都，在中國歷史上諸王朝中並不多見，一方面這可能跟政局多變有關；另一方面可能跟自然災害的威脅有關。

盤庚是商帝國的第二十位王，也是商代非常重要的一位君主。他的貢獻主要有三個方面：第一，他把商都城遷到殷，這是商帝國最後一次遷都，一直到商滅亡為止，共計二百七十三年，結束了商代頻繁遷都的歷史。第二，他實現了商帝國又一次復興。第三，他留下一份重要的歷史文獻，也就是《尚書》中的《盤庚》三篇（有的版本合併為一篇），這是研究商代歷史的重要資料。據《史記》述，這份文獻是盤庚去世後，大家為紀念他遷都之功而追記的，可視為盤庚的思想記錄。

在盤庚之前，商帝國已經遷都四次，遷都是一個浩大的工程，要耗費大量的人力物力，令民眾苦不堪言。當盤庚決心第五次遷都時，可以想像會招到多大的反對，那麼他為什麼執意要遷都呢？

這是一個很難回答的問題，因為缺乏足夠的資料去分析。不過我們仍然可以從極少數的資料裡去尋找蛛絲馬跡。

首先我們看看盤庚登基時的歷史背景。

《史記》中寫道：「自中丁以來，廢適而更立諸弟子，弟子或爭相代立，比九世亂，於是諸侯莫朝。」從中丁開始，商帝國便頻頻陷入權力鬥爭，儘管其間祖乙曾有過短暫的中興，但總體上內部政治混亂，派系鬥爭激烈，也失去了諸侯國的支持。盤庚正是在這樣的歷史背景下登上帝位，可以說，擺在他面前的，是先王留下的一個爛攤子。

我們可以推測，剛剛上臺的盤庚，地位並非安如泰山，一則要面對國內野心家的挑戰，二則諸侯離心離德，這些諸侯曾是帝國的屏藩，保護中央政權免遭蠻族入侵。當諸侯拒絕效忠朝廷時，商王室不得不親自組織軍隊抵禦蠻族，中央政權表面上是天下至尊，實則孱弱。

還是回到原始文獻《盤庚》三篇，看看盤庚本人是怎麼回答遷都的問題的。

《盤庚》第一篇說到遷都的理由是：「重我民，無盡劉。」意思就是說，為了重視民眾的生命，免得遭遇滅頂之災。在第二篇中又說道：「殷降大虐。」就是說商帝國遭遇到巨大的災難。

到底是什麼災難呢？史料沒有明確的說法。有人認為是水災，畢竟黃河一直以來水患頻頻，首都遭到洪水的威脅，這種可能性是存在的。這裡也有一個問題，如果是水災，那麼對於都城奄的百姓來說，應該是司空見慣，不可能到盤庚時才有水災啊。那會是某種極厲害的傳染病嗎？顯然不可能，如果有這種傳染病存在，不用盤庚下命令，大家早就逃得遠遠的了。最可能出現的災難是什麼呢？我想應該是蠻族的威脅，特別是來自西部蠻族的威脅。

我們來看一則史料。

《今本竹書紀年》裡記載：「(陽甲)三年，西征丹山戎。」《古本竹書紀年》則記為：「和甲西征，得一丹山。」和甲就是陽甲，他是盤庚的哥哥，也是前一任商王。我們對照《史記》中的記載：「帝陽甲之時，殷衰。」也就是說，商帝國在衰敗之時，陽甲仍然發動了一場西征，討伐丹山戎，這說明什麼呢？說明西部的戎人勢力正在不斷地增強，對商帝國的威脅越來越大。

明白了這點，我們就可以看出盤庚所面臨的困境：西部蠻族的勢力正迅猛擴張；原本拱衛中央的諸侯不再聽從調遣；國內政局混亂，已經「比九世亂」(《史記》語)。我想這時盤庚實際能控制的，可能只有帝國首都及其附近的一小塊地盤而已。我們不知道盤庚執政初期，西部蠻族有沒有發動大舉進攻，但是商帝國已經陷入空前的危機之中，卻是事實。

此時盤庚的最佳選擇，當然是把帝國首都遷移到東部，以避開西部蠻族的兵鋒。但是倘若盤庚遷都僅僅只是退避，又談何偉大呢？他的策略只是以退為進，先建立起一個穩固而牢靠的大後方，然後才能重振商帝國的雄風。我們從《盤庚》第一篇中可以看到這位新帝王的志向：「紹復先王之大業，厎(平定)綏四方。」

盤庚遷都的背後，是懷抱著偉大的理想，這個理想就是復興先王的偉大事業，安定四方。所謂安定四方，就是消除帝國內部的紛爭，重新得到諸侯的支持，降伏蠻族部落，這是三位一體的事業。

然而盤庚始料不及的是，遷都計畫遭到民眾的廣泛抵制。

這是可以理解的，盤庚遷都之前，商帝國的都城奄使用年限是很短的。據《今本竹書紀年》記載，南庚三年，商朝都城由庇遷到奄，三年後，南庚去世。接下來的帝王陽甲在位時間僅僅四年便去世，盤庚繼位，盤庚十四年遷都於殷。如此算下來，奄城作為首都的時間只有二十一年，年限很短。

大家想想，當年從庇遷都到奄時，耗費了大量的人力物力，民眾付出了沉重的代價。當初修建奄都的那些人，多數應該尚在人世，又要面臨新一輪的遷都，新一輪的築城，這不是折騰人嗎？此時民眾的沮喪心情，是可想而知的。

這對盤庚可是一個艱難的挑戰。

不錯，作為帝王，他有權發布命令，強迫民眾遷都，然而這是有政治風險的。商帝國權力鬥爭的傳統由來已久，覬覦王位者大有人在，若是他失卻民心，可能會誘發政變的嚴重後果。怎麼辦呢？盤庚既要堅定不移地推進遷都計畫，又得說服民眾，這是非常艱難的事情。

可是盤庚不愧是一名偉大的領袖，他以堅韌不拔的意志力完成了幾乎是不可能的任務。

那他是怎麼做的呢？

當時可沒有電視廣播這些東西，就算貼上布告，大家也未必看得懂，那個時代識字的人恐怕是稀有動物。他用了一個土辦法，把王室親戚、貴族們叫來，要他們上街向民眾宣傳遷都的必要性。可問題是，這些皇親國戚中也有很多人不願意遷都，叫他們出去宣傳，他們會不會陽奉陰違呢？

盤庚對他們強調說：「你們不能把我規勸民眾的話隱匿不講。」

確實有一部分官員不僅沒有向民眾傳達政府的政策，反而煽風點火，企圖以民眾的不滿來阻止盤庚遷都。對此，盤庚憤怒了，他嚴厲地警告說：

「要是不把我的善言傳達給百姓，那你們是自種禍根，幹出禍害奸宄之事，是自取滅亡。若是誘導百姓做惡事，就得承擔後果，到時你們追悔也來不及了。你們看看小民，他們還知道聽從規勸的話，唯恐禍從口出，何況我還掌握著你們的生殺大權。你們為什麼不向我報告，而擅自用無稽之談蠱惑民眾？如果爆發了動亂，就會像大火燎原一樣，連靠近都不行，怎麼撲得滅呢？倘若如此，是你們咎由自取，不是我的過錯。」

最後，盤庚告誡道：「你們要把我說的話相互傳達，自今往後，做好本職工作，盡到自己的職責，不要信口雌黃。否則的話，懲罰就會降落到你們頭上，後悔也沒用了。」

從這些話裡面，可以看出反對遷都力量的強大，更可看出盤庚堅定不移的信念與鐵的手腕。在盤庚的嚴厲警告下，原本陽奉陰違的官員不敢不認真執行命令，不然說不定哪天腦袋就搬家了。

他們向民眾宣傳什麼內容呢？

主要有以下這麼幾點：第一，遷都是為了保護民眾的利益，免受巨大災難的威脅。第二，占卜的結果顯示舊都不適合居住，得遷新都。這裡之所以要強調占卜的結果，是因為商代乃是最為迷信的時代，什麼事都得占卜。第三，援引商代遷都的歷史，說明這是順應天命。第四，只有遷都才能重振先王的偉大事業，才能安定四方。

在政府執著不懈的耐心勸導之下，多數民眾最後還是服從盤庚的命令，陸續渡過黃河遷往新都殷城。

仍然有頑固者，拒絕遷徙。

看來還得盤庚親自出馬才行，他把反對者邀請到王宮。這些百姓平常估計也難得見帝王一面，進到王宮之內，大家都畢恭畢敬。盤庚以極其誠懇而又不失嚴厲的語氣對他們說：

「如今殷商面臨深重的危機，先王遇到這樣的事情，也不會安心住在他們所建造的宮室裡，而是只考慮百姓的福利，遷徙到更合適的地方。我現在所做的，正是先王們當年做的事。我是要保護你們，讓你們生活更加安定，而不是因為你們做錯了什麼要懲罰你們。我呼籲你們都搬遷到新的都城裡，這是為了你們，只要努力一定能過上更好的生活。

「如今我要求你們遷徙，是為了安邦定國。但你們卻不能體恤我的苦心，不願意把內心的想法說出來。你們為什麼不說出來，看能不能打動我的心呢？你們是自尋苦惱，這就好比乘船，你們把東西都搬上船了，卻遲遲不渡河，豈不是要讓這些東西發臭發爛嗎？同樣的道理，如果你們上了船，卻不願聚精會神，那麼船就會被打翻而沉沒。你們這樣拖拖拉拉、延誤時日，只知悶聲生氣，這樣又有什麼用呢？你們沒有長遠的打算，也不想去面對即將來臨的災難，人無遠慮，必有近憂。你們只顧現在，根本不考慮將來，這樣還能指望上天救助你們嗎？」

最後，盤庚說道：「今天，我已經把自己不可動搖的決心告訴你們，你們要體恤我的良苦用心，君臣之間不要因疏遠而產生隔閡。你們應該同心同德跟隨我，不要受流言蜚語的干擾，在內心要有不偏不倚的公正立場。至於那些為非作歹、放肆無禮、奸邪狡詐之人，我要視他們罪行的大小，施予劓刑乃至死刑，讓他們斷子絕孫，不讓他們的後代在新的都城繁衍生長。到新的都城去吧，到那裡開始新的生活。我現在就要帶著你們遷徙，在那裡將建立永久的家園。」

盤庚的這些話，先禮後刑、先恩後威。你想想，這些小民們進了王宮，原本就被帝王家的氣勢壓矮了半截，現在盤庚大帝又這番苦口婆心外加大棒，大家還能說「不」嗎？得了，看來不搬也得搬了。

在一片反對聲中，遷都工作終於勉強完成了。對盤庚政府來說，這是一次大考驗，倘若沒有廣泛的動員工作，遷都有可能釀成一起巨大的災難。只要商朝的都城出現動盪，各種政治力量就會捲入這場漩渦之中，搞不好可能造成帝國的垮臺。但是盤庚像一個老舵手一樣，以巧妙而高超的手腕，化解了危機，讓帝國之舟得以平穩靠岸。

盤庚遷都，並不是整個新都城全部建好才遷居，而是邊遷邊建，這顯然與人手不夠有關係。從這點來看，證實了我的猜測，盤庚時代，帝王的權力僅限於都城一帶，否則盤庚完全可以動員全國力量先築好城、修好宮殿後再搬遷。事實上，盤庚遷到殷地時，這裡的基礎設施仍很薄弱。據《今本竹書紀年》的說法，早在夏朝帝芒時代，商部落就曾遷居於此，因此在這裡有一定的基礎。不過作為新的都城，殷都需要建造更多的房子以供居住，這是很大的工程，也十分艱巨。

可以料想，許多人內心還是滿懷怨恨的，這不是沒事找事嗎？盤庚不敢鬆懈，他還要繼續宣傳鼓動，因此他把民眾召集在一起，又發表了一番重要講話：

「你們不要懈怠，要全力以赴完成偉大的使命。現在，我敞開心胸，把自己的志向告訴你們，我的百姓。我不會懲罰你們當中的任何一人，當然，你們也不要怒氣沖沖地聯合起來誹謗我。

我的先王為了開拓事業，曾經遷徙到山上，以消除災難，振興國家。如今我的百姓流離失所，沒有一個永久的居住地。你們也許會責備我說，為什麼要擾動萬千民眾來遷都呢？我必須明確地回答你們，這是因為上帝要重振我高祖的事業，恢復我家族的榮光。我抱著篤敬之心，順天承命，要把這個新的都城建成永久的居住地。我年輕，經驗也不足，並不是我不聽眾人的意見，遷都這件事，是經過占卜的，我不敢違背占卜的結果，這是天命，我們理應將其發揚光大。

各位方伯、大臣、百官執事，你們可能還有若干不滿藏在心裡，但你們要以恭敬之心為百姓著想，在這件事情上我要考察你們。對於那些貪財之人，我絕不會任用；對那些能為生民謀利、為民眾謀求安居樂業的人，將贏得我的尊敬與提拔。今天我已經把心裡話都告知你們了，希望你們不要置若罔聞。不要總想著發財致富，利民厚生才是偉大的功業，對民眾要施行德政，這一點要永遠銘記在心。」

從盤庚的講話中，我們可以感受到他的雄心壯志。遷都對他來說，是重振商帝國雄風的第一步。他曾多次強調，這次遷都乃是一勞永逸，這裡將成為永久的居住地。事實也是如此，一直到殷商滅亡，帝國之都再也沒有變更過。這說明盤庚的眼光遠大，擇都的選址確實非常理想，以此終結了商帝國頻繁遷都的歷史。這也使得政府有了更大的精力放在治理國家上，解決各種危機與隱患。

根據《史記》的說法，盤庚遷都後，「行湯之政，然後百姓由寧，殷道復興。諸侯來朝，以其遵成湯之德也」。繼太戊與祖丁之後，盤庚實現了商帝國的第三次中興，其標誌性事件就是各路諸侯又紛紛來朝。

盤庚在遷都之後，究竟做了哪些事，史料殘缺。然而，商都東遷到殷，確實是商代的一大重要事件。正是因為政治中心穩固下來了，才有了商代後期燦爛的文明。

殷都位於河南安陽市的小屯村，中國歷史上有眾多都城，殷都是考古發現中確認證實的最古老的一座都城。殷墟的發現，是二十世紀中國乃至世界最偉大的考古發現之一，殷商的器物文明也浮出水面。在此之前，甚至有學者懷疑商朝是否真實存在過。殷墟的發現，揭開了歷史神秘的面紗，在這裡發現了商代大規模宮殿宗廟遺址，出土了大量的甲骨片，上面所刻的文字有四千多個，現今能辨認的只有三分之一左右。

出土的殷墟青銅器可謂是商代器物文明之代表作，包括世界上最大的青銅器「司母戊鼎」（後來稱為「后母戊鼎」），重八百多公斤，幾近一噸，形制雄偉，氣勢宏大，紋勢華麗，工藝高超。梁漱溟先生稱中國之文明乃是早熟之文明，豈虛言哉？當世界多數地區的人還在茹毛飲血之時，殷商就已經步入高度文明的階段。儘管殷墟出土的文物並不出自盤庚時代，但若沒有盤庚一勞永逸之遷都，創造穩固之政治基地，豈能有商後期之燦爛文化？故而盤庚實有再造殷商之豐功偉績。

二十二、武丁大帝（上）：三年不語

我在前文中判斷，盤庚遷都的主要原因是受到異族侵犯之威脅，他把都城東遷乃是以退為進的策略。這一判斷，似乎能從武丁大帝開拓四方的史實中得到印證。

盤庚在位二十八年後去世，把王位傳給弟弟小辛。小辛並不是一個很出色的帝王，在他統治期間，殷商中央政權的影響力有所下降。在古代各王朝，君主的能力與國勢的強弱有著密切的聯繫。小辛去世後，又傳位給弟弟小乙，武丁就是小乙的兒子。

在商代眾多帝王中，武丁是非常特別的一人。他出身於高貴的帝王之家，卻不願成為一朵溫室裡的花朵。從年輕時代始，他就放棄了宮室裡奢華的生活，長期生活在民間。據說這是父親小乙有意安排的，顯然是想讓武丁多了解社會實情，為未來的接班做好準備。

武丁曾經在老師甘盤那裡學習歷代先王的統治術，後來他做過一次漫長的旅行，遁跡於荒野，「舊勞於外，爰暨小人」，就是說長期勞苦於外，認識了許多底層民眾，了解民間疾苦。他的行程十分遠，從荒野到黃河，又遊歷舊都亳城。後來他回顧這次旅行時，認為自己沒能取得預期的進步，這裡他所說的進步，可能是思想上的突飛猛進。但我們必須說，正是有了這段經歷，才開拓了武丁的眼界，並讓他有寬廣的胸懷，而這正是偉大人物所不可或缺的。

小乙去世後，武丁繼位，成為商帝國歷史上的第二十三位帝王。居九五之尊，並沒有讓武丁開心，相反，他卻陷入深深的憂慮之中。這種憂慮源於他內心深處所懷抱的雄心壯志，他想幹出一番轟轟烈烈的事業，可是千頭萬緒，卻不知從哪裡入手。儘管盤庚遷都為商帝國的崛起打下了堅實的基礎，然而這只是開端罷了。雖然諸侯又陸續來朝，卻並不見得真心擁護。前面說過，商湯開國是憑藉諸侯的力量，因此中央政權對諸侯的統治，只是名義上罷了，只要哪個帝王暗弱，諸侯就不願意來朝見。更大的問題是，周邊蠻族的威脅在不斷加劇，武丁必須好好思考國家的未來。

武丁以守喪為由，閉門謝客，在三年守喪期間，多數時間是一人獨處，一句話也沒說過，把國家政事都交給塚宰（宰相）處理，這就是「武丁三年不語」的故事。

我們不能不承認，武丁是一個很有個性的人，三年時間像啞巴一樣，一聲不吭，這絕非常人所能做到。好不容易等到三年喪期滿了，武丁仍不開口說話，這下子把大臣們急壞了，便紛紛勸諫道：「天子統治天下萬邦，百官遵守法令。天子所說的話就是法令，您要是不吭聲，臣下就無以從命了。」

武丁很有意思，他還是不開口，只是用文字的方式回覆說：「我想做天下四方的表率，可是唯恐德行與地位不相配，所以不說話。我懷著恭敬之心，默默地思考治理國家的方法。我做了個夢，夢到上帝派遣一位良臣來輔佐我，他將代替我發言。」

有意思的是，武丁還畫了一幅人像，畫的就是夢裡見到的那個賢臣，讓臣子們去把這個人找出來。大臣們一聽，都覺得不可思議，是不是幾年不說話，把武丁的腦殼給憋壞了呢？夢就是夢，哪能當回事呢？找尋夢中人，豈不比海底撈針還難嗎？大家面面相覷，私下裡都認為武丁昏了頭。可是既然是王的命令，理解要執行，不理解也要執行，還是好好找找吧。於是他們遍尋全國，您還別說，皇天不負有心人，終於找到一個跟畫像頗相似的人，把他帶回了王宮。

話說尋來的夢中人，名喚傳說（ㄩㄝˋ），職業是一名泥水工，當時正在傅岩之野修築城牆。有人會說，用做夢這種方式選拔人才，豈非奇葩嗎？武丁乃是商朝漫長歷史中最出色的一位君王，他的地位相當於漢朝的漢武帝，是一位非常有作為的大帝，難道他竟是個糊塗蛋嗎？或是他在冥冥之中獲得了某種神啟的智慧呢？

是否真有神啟，我們當然不知道，所以寧可不討論這一點。結合武丁早年遊歷四方的經歷，或許可以認為，武丁從茫茫人海中把泥水匠傳說選拔上來，並非是真的夢到什麼神人，而是他早年遊學時，就可能認識傳說，至少曾聽過他的賢名。我們發現武丁大帝喜歡玩深沉，先是三年不語，再是夢中求賢，真是把各位大臣搞得雲裡霧裡，誰也看不清帝王心裡究竟在想什麼。

別人看不透，武丁追求的就是這個效果。作為一個帝王，為什麼要讓別人看穿看破呢？只有搞些深沉的玩意兒，才能令人神秘莫測。不要忘了，武丁年輕時就跟專業老師學過帝王之術，帝王之術是什麼玩意兒，我們從後世申不害、商鞅、韓非子等人的著作中可領略一二。譬如申不害曾這樣說：「君設其本，臣操其末；君治其要，臣行其權；君操其柄，臣事其常。」一位君王，應該要「設本」、「治要」、「操柄」，操柄就是操生殺之權柄。史學家錢穆把申不害理論歸納為：「所以教其上者，則在使其下無以窺我之所喜悅，以為深而不可測。夫而後使群下得以各竭所誠，而在上者乃因材而器使，見功而定賞焉。」這就是駕馭群臣之術。其實說到帝王術，申、商、韓都只是武丁大帝的學生，最厲害的人不是把理論說出來的人，而是默不作聲實踐的人。

後世孟子曾說過一句話：「武丁朝諸侯，有天下，猶運掌也。」這位儒門聖哲一生推崇道德的力量，然而對武丁「運掌天下」的本領，他還是由衷地佩服。什麼叫運掌天下，就是把天下捏在自己的掌心，隨自己搓弄。

一個如此有心機的帝王，做什麼事都有自己不可告人的目的。表面看過去，這個人很另類，試想想有誰能「三年不語」，當啞巴達三年之久呢？別人做不到，但武丁做到了，這就是他堅韌意志力的體現。我們寧可認為，武丁以一種極不同尋常的方式砥礪自己，忍人之所不能忍，為人之所不敢為。他為什麼要三年不說話呢？我想乃是藉這個機會，細細觀察大臣們的表現，但他發現身旁這些人多數沒有真才實學，才決定從民間選拔人才。

泥水匠傅說成了時代的幸運兒。

孟子曾經寫過：「傅說舉於版築之間。」版築是泥水匠的兩樣工具，版就是牆版，築就是杵。古代築土牆，先用兩片版相夾，往裡面填泥，再用杵搗實，傅說就是幹這活兒的，屬於社會底層平民。孟子對武丁從民間提拔賢人有著高度的評價，他肯定不相信這位雄才大略的帝王僅僅是因為一個夢而破格任用傅說。

當傅說被帶到王宮大殿之上，所有人對武丁的做法都大吃一驚：商王居然讓這名泥水匠擔任相國！

三年不吭聲的武丁終於開金口說話了，他對傅說道：「您要早晚向我進言，幫助我推行德政。若是要打造青銅，您就是磨石；若是要渡河，您就是舟楫；若是逢大旱，您就是甘霖。開啟您的心扉吧，用智慧灌溉我的心田。良藥總有副作用，不然就治不好病；赤腳走路要是不留心看地板，就容易受傷。您和您的同僚，要同心協力匡正我的過失，讓我遵循先王的教導，追隨高祖成湯的道路，以安定天下萬千百姓。」

你想想，傳說從一名泥水匠突然成為國家重臣，他能不盡心竭力嗎？他不能辜負武丁大帝的重託，於是以堅定的語氣答道：「木材用墨繩拉過就可以取正，君王能從諫如流就是聖明。君王聖明，臣下不必等君王下命令就會自告奮勇進諫，若是君王的命令是正確的，誰敢不聽呢？」

武丁的用人之術，果然不拘一格。

看上去很荒謬，實則不然。

說實話，我不相信傳說的走運是因為武丁一個不可思議的夢。歷史上確實有過一些人莫名其妙地福從天降，比如王莽篡漢時，為了迎合所謂的預言，從民間提拔過兩個平民百姓，可是這兩人沒有才幹的匹配，最後也只能沒沒無聞了。一個人偉大與否，並不在於他身居什麼地位，而在於他擁有一顆怎樣的心靈。武丁應該早就知道傳說這個人，而且能把傳說的人像畫出來，應該是見過的，或許頗有交情。他之所以故意編了個夢的謊言，既是為了順利提拔傳說，同時也是故意搞些小動作，增加自己的神秘感。殷人迷信慣了，用這種小伎倆更能夠讓臣民們瞠目結舌，這對統治是有利的。

這裡我們要思考一個問題：朝廷的官員那麼多，何以武丁要煞費苦心從民間找來一個毫無背景的傳說為相呢？

這就必須說到商代朝廷的政治鬥爭。

以現存史料分析，商代王權鬥爭是非常激烈的，其中一個原因，是沒有穩固的王位繼承人制度。與後世長子繼承制不同，商代很多帝王是兄死弟承，這大約是考慮到年長者政治經驗比較豐富。以武丁之前的幾個帝王為例，盤庚傳位給弟弟小辛，小辛傳位給弟弟小乙，小乙沒傳位給弟弟，或許他沒弟弟了，就把王位傳給了兒子武丁。問題來了：盤庚的兒子、小辛的兒子肯定對這種結果十分不滿，同樣是王的兒子，憑什麼只有你武丁當王呢？武丁繼承王位，朝廷之中的反對勢力肯定暗流湧動。在這種情形下，他顯然更希望由一個沒有派系背景的人來作為自己的左右手，而泥水匠傅說正好符合這個條件。

《史記》中說，傅說的到來，令「殷國大治」，可見傅說確實是一代名相，雖出身低微，人格與事業卻是偉大的。

《尚書》中有三篇《說命》，記錄了武丁與傅說的對話，我們可以看到有許多廣為流傳的名言是出自傅說之口。他曾說過：「惟事事，乃其有備，有備無患。」這就是現在廣為人知的成語「有備無患」的出處，到今天這仍然是一句真理。他還說過：「非知之艱，行之惟艱。」這是非常有名的，中國哲學史上有過「知易行難」、「知行合一」、「知難行易」等關於知與行的思想主張，推其源頭，也是始於傅說。另外，傅說對古代「德政」的思想也貢獻頗多，顯而易見，他並不是一個普通的泥水匠，而是一個有思想、有情懷的泥水匠。一個平頭百姓怎麼會對政治有深刻的理解呢？我懷疑傅說可能也在武丁的老師甘盤那裡學習過政治學，倘若如此，他與武丁非但相識，還算得上是同學。

武丁曾心懷感激地對傅說說：「您教導我立志。就好比製酒，您就是發酵用的酒麴；就好比味道鮮美的湯，您就是調味的鹽醋。您教導我，不拋棄我，我定要遵您的教導去做。」

傅說回答道：「大王，人之所以要博學廣聞，乃是為了建功立業。學習古人的經驗教訓就會有收穫，倘若做事情不重視古代的經驗而能長治久安，這是我所沒聽說過的。只有不斷學習，人才會謙虛，不斷努力，人才會變得聰明，完美的人格就是這樣來的。牢記這些東西，就可以不斷地積累自己的道行。」

大家讀《尚書》，看武丁與傅說的對話，會發現武丁真的很了不起。他不想說話時，可以「三年不語」，然而他一開口說話，文字措辭是很優美的，用的比喻是十分形象的，顯然有很深的文學修養。

二十三、武丁大帝（下）：運掌天下

在商代歷史上，武丁是最偉大的帝王之一。他的偉大功績就是全面發動了對蠻夷的反擊戰，捍衛了偉大的商代文明。武丁去世後，被尊為「高宗」。在商代五百多年的歷史裡，能獲得如此尊號的只有四個人，開國之君成湯尊為「高祖」、太甲尊為「太宗」、祖乙尊為「中宗」、武丁尊為「高宗」。五百年就只有四個人，可以稱得上是百年一遇的名君。

關於武丁的歷史資料，仍是少得可憐。河南殷墟大量甲骨片的出土，給我們認識武丁時代的歷史提供了更多的有力證據。在武丁之時，殷商不斷地受到外族的襲擾，而且主要集中在西面。從這裡我們更加意識到盤庚東遷殷都的重要意義，要是沒有盤庚的東遷，商帝國的處境將更加艱難。在商帝國的外患中，最重要的有兩個：鬼方與土方，其中鬼方是最強勁的對手。

征伐鬼方是武丁最重要的一個事業。

鬼方是何方神聖呢？

鬼方是商代中期崛起的一個游牧部族，為什麼叫鬼方呢？「方」就是「方國」，相當於部落或國家，「鬼」就是這個方國的名字。古代歷史文獻中，關於鬼方的記錄含混不清，所以也搞不清這個部族究竟分布在哪裡。即便是兩千年前的漢代，對商周時代的鬼方也毫無概念。《漢書》之《嚴助傳》有這麼一句：「鬼方，小蠻夷也。」實際上鬼方絕對不是小蠻夷，而是大蠻夷。

這個方國或者蠻夷部落的名字為什麼叫「鬼」呢？古代「鬼」就是「歸」的意思，《說文解字》說：「人所歸為鬼。」就是人死了，靈魂去的那個地方。靈魂去了哪裡？誰知道哦，天國也好，地獄也罷，就是很遠的地方。因此，一些學者認為，鬼方就是指很遠的蠻族部落。很遠是多遠呢？鬼方在哪兒呢？

有的說在北方，寫有《搜神記》的東晉文人干寶說：「鬼方，北方國也。」

有的說在西方，三國時代學者宋衷認為，鬼方就是漢代西部先零羌的前身。

有的說在南方，即荊楚之地，明代大儒王夫之別出心裁地認為，楚人尚鬼，故叫鬼方。

有的說在西南，明代學者楊慎說法比王夫之還不靠譜，他認為鬼方在貴州，因為當地夷人把貴州叫成「鬼州」。

各種說法互為矛盾，令人越看越糊塗。

殷墟考古大發現讓我們對鬼方的有了進一步的認識。從出土的甲骨文記錄中，可以明確肯定一點，鬼方絕不是遙遠的國度，其距離殷商不遠，頻頻擾邊，甚至攻打過帝國的城邑，是商帝國之一大勁敵。另外還可以肯定一點，鬼方是位於殷商的西部。在《後漢書・西羌傳》中，記有「至於武丁，征西戎鬼方」，在同一篇裡，又有「西落鬼戎」的稱法，因此我判斷，鬼方乃是屬於西戎的一個部落。

近代學者王國維寫有一篇《鬼方考》，他結合史料與出土器物，認為：「鬼方之地，當在汧隴之間，或更在西，自無疑義。」汧就是汧水，隴就是隴山。同時，他認為鬼方並不是《漢書》中說的「小蠻夷」，而是一個「強國」，是西北之一大勢力。

武丁大帝是雄才大略之君王，也是小心謹慎之人。他上臺後並沒有急於發動對鬼方的戰爭，而是把精力放在鞏固權力、治理國政上。在傅說的協助下，商帝國重振雄風，「殷國大治」。不過，傅說仍然告誡武丁大帝，不可輕啟戰事。

在《尚書・說命》中，傅說對武丁如是說：「惟甲冑起戎……惟干戈省厥躬，王惟戒茲。」就是告訴武丁，不要輕易興甲兵、動干戈、發動戰爭。這是因為國家的政治還沒有理順，攘外要先安內，否則一旦開戰，必有後顧之憂。鬼方與殷商的對峙，頗為類似後來匈奴與西漢的對峙，最初蠻族一方是佔有優勢的，但最後仍以華夏的勝利而告終。

當年盤庚遷都，很可能就是受到鬼方勢力的逼迫，不得不向東遷移以避其鋒芒。在之後數十年裡，鬼方的勢力在武丁時代達到鼎盛。為了徹底打垮鬼方，武丁還在隱忍。這位能夠三年不語的君王，也能夠三十年臥薪嘗膽。隱忍是必要的，因為商帝國看上去仍然不夠強大。盤庚剛剛把國家弄得有點起色，他的弟弟小辛又搞砸了。武丁以三十年的努力勵精圖治，終於扭轉小辛以來商帝國的頹勢，國家穩定了，武力更強大了。

武丁大帝磨刀霍霍，拔劍四顧，心中豪氣沖天。他要以鋒利無比的刀鋒，證明自己乃是天下第一等勇士，他要在史冊上留下自己不朽的名字與勳業。

據《今本竹書紀年》的說法，征伐鬼方之役始於武丁三十二年，終於三十四年，前後三年之久。這一說法得到《周易》的印證，《既濟》爻辭這樣寫：「高宗伐鬼方，三年克之。」《未濟》爻辭：「震用伐鬼方，三年有賞於大國。」現代學者通過對甲骨文卜辭的研究，認為討伐鬼方的時間是在武丁二十九年至三十二年。儘管與《竹書紀年》略有不同，有一點是明確的：武丁伐鬼方在執政大約三十年後，戰爭大約持續三年。

以今天的眼光看歷史，三年的戰爭確實算不上什麼，光是日本侵華戰爭就打了八年。但我們不要忘了，這是三千多年前的戰爭，當時的人力、物力、武器、補給等難以維持一場曠日持久的戰爭，即便到了春秋時代，戰爭仍以短平快為主，絕少有一年以上的持久戰。因此，武丁討伐鬼方的戰爭，絕對是一場艱苦卓絕的戰爭。

我們很難還原這場戰爭的具體經過，不過從保留下來的卜辭裡，可以看出這場戰爭的重要性以及激烈程度。卜辭中提到「伐鬼方」、「征鬼方」、「圍鬼方」等字眼總計將近兩百次，以三年戰爭為期，一年三百六十五天，三年大約一千多天，平均五天就有一次跟伐鬼方有關的卜辭，這個頻率可以說是非常高的。

那麼武丁大帝動員了多少兵力呢？卜辭中有「登人三千」、「登人五千」的記錄，所謂的「登人」，就是召集軍隊。在討伐鬼方時，召集軍隊最多的一次是五千人，一般情況下是三千人，總計召集兩萬三千人次。當然，這個數字未必是完整的。在殷商時代，戰爭的規模比起後世要小得多，一方面是人口數量少；另一方面軍隊越多，後勤負擔也越重。在當時的生產力水準下，不可能一次動員數萬或十幾萬人。武丁大帝徵召軍隊的極限並不僅僅是五千人，事實上，他還曾經「登旅一萬」，就是召集一萬軍隊，不過那並不是征伐鬼方，而是討伐羌方。

對於武丁大帝討伐鬼方，後世有過一些評論。

由於對這件事的詳細情況，史料甚少，故而古代以來對此戰爭的理解有頗多錯誤。《漢書》中稱鬼方是小蠻夷，這是錯的，實際上鬼方是蠻夷中的佼佼者，勢力極強。唐朝的孔穎達曾說：「高宗德實文明，而勢甚衰憊，不能即勝，三年乃克。」話中的含義，武丁大帝雖然文治不錯，但武功其實平平，對付鬼方這種小蠻夷，居然也花了三年的時間。這種說法有點想當然，主要是因為商代的史料裡，對蠻族的興起並沒有詳細的記錄，給人造成一種商帝國本來就應該雄視天下的假象。實際上商帝國真正能控制的土地，並非很遼闊，而且在數百年間多次上演衰敗——復興——再衰敗——再復興的故事。如果沒有武丁大帝的中興武功，商帝國可能無法延續五百多年之久。

經過三年的血戰，武丁大帝終於打敗了鬼方，在之後一段較長的時間裡，鬼方元氣大傷，無力挑戰殷商帝國。不過這個游牧部落甚為堅強，到了殷商晚期，再度崛起，成為帝國的一大外患。

除了討伐鬼方之外，武丁大帝也對其他一些外族部落發動進攻，其中比較大的部落有土方與羌方。在這些戰事中，冒出一個非凡的女人，這個女人就是武丁的妻子婦好。正所謂巾幗不讓鬚眉，這位英姿颯爽的女子多次出現在戰場上，指揮大軍作戰。在殷墟發現婦好的墓室，其中還有兩件鑄有「婦好」銘文的大銅鉞，這在古代是武力與權力的象徵。一個女人死後，居然用大銅鉞來陪葬，可想她生前是何等的了得、何等的威武。

鬼方潰敗後，西部的氐、羌部落紛紛歸附殷商，此後，帝國的西部總算擺脫了戰爭的威脅。

武丁大帝的武功還不止於此。

《詩經》裡有一首詩這樣歌頌武丁：「撻彼殷武，奮伐荊楚。」殷武就是武丁大帝，他曾向南討伐荊楚。到了武丁晚年時，他還滅掉了兩個不服從的諸侯，一個是大彭氏，一個是豕韋氏。豕韋氏被認為是古代霸主之一，與夏代的昆吾氏一樣，是頗有實力的諸侯。在解決了蠻族的外患後，武丁大帝把刀鋒對準諸侯，這是理所當然的。我前面說過，商帝國實際上對諸侯的控制力度是很弱的，我懷疑武丁討伐鬼方時，並沒有得到多少諸侯國的支持。他的想法實際上與當年的夏桀如出一轍，就是要強化中央帝國對諸侯的領導。

後來孟子有一句評價：「武丁朝諸侯，有天下，猶運掌也。」這句話說得特別好，形容得很貼切。天下對於武丁來說，就像握在掌中一樣。他完成了三個十分艱巨的任務：第一，振興商帝國中央政權，就我們所知而言，他讓帝國得以安定繁榮，在政治上也不殘暴，推行仁政；第二，打敗了最危險的敵人鬼方，確保國家的安全；第三，剷除了最強大的諸侯，對其他諸侯起到震懾的作用。

武丁在位時間五十九年，在商代諸中興君主中，他的功業應該排在第一位。也可以說，殷商在武丁時代達到最強盛，這也是武丁被尊為「高宗」的原因所在，至少在殷人看來，他的地位已經直逼開國君主成湯了。

武丁去世後，他的兒子祖庚繼位。

祖庚尚能繼承武丁的遺志，據說他還寫過一篇《高宗之訓》，不敢忘記父親武丁的教導，不過這篇文章已經失傳。祖庚去世後，弟弟祖甲繼位。祖甲早年生活與父親武丁頗為相似，他並不是生活在宮中，而是到基層，與普通百姓生活在一起，體驗民間疾苦。我估計這是武丁有意安排的，顯然武丁大帝認為這種鍛鍊是必要的，要是對底層民眾的需求都不了解，如何治理國家呢？武丁大帝在位期間能施行仁政，跟早年遊歷四方的經歷有很大的關係。

對於一個帝王來說，當權力沒有外在力量節制時，只能依靠自己的道德水準與自制力。祖甲上臺伊始，尚能克制自己，用《尚書》裡的說法，「知小人之依，能保惠庶民，不敢侮鰥寡」。他知道小民們的需求，能保護百姓的利益，幫助鰥寡老幼。可是隨著時間的推移，祖甲漸漸脫離群眾，越來越貪於享受，政治也從開明變得殘暴。到他統治的晚期，各式各樣的刑罰名目繁多，百姓怨聲載道。

可以說，祖甲是殷商帝國由盛轉衰的關鍵人物，他在位共計三十三年。《史記》稱：「帝甲淫亂，殷復衰。」《國語》則說：「帝甲亂之，七世而隕。」把後來殷商滅亡的源頭追溯到了祖甲身上。

祖甲之後的兩個帝王平淡無奇，分別是廩辛與康丁，在位時間都不長，不超過十年。到武乙稱帝時，殷商的光榮與夢想已是漸行漸遠了。而在這個時候，卻有一個部落蒸蒸日上、嶄露頭角，這就是周部落。

二十四、岐周的興起

據說周部落的先祖乃是五帝之一帝嚳的兒子棄，那是夏代以前了，周部落的真正興起，卻是在商代後期。在周的歷史上，古公亶父是一個劃時代的人物。

我們先來說說「古公亶父」這四個字的含義。「古公」相當於「先公」，這是後世周天子對於先人的尊稱，「亶父」應該是他的名字。古公亶父對周的貢獻，如同盤庚對商的貢獻，他把周人遷居到了岐山。周人原先居住在豳地（陝西省旬邑縣），到了康丁、武乙統治時，這裡遭到戎、狄等外族勢力的巨大威脅。這種情況的出現，正是商帝國衰敗的體現。在武丁大帝時，與鬼方血戰三年，解決了西部之外患，然而後來幾代帝王的無所作為，又使得蠻族勢力得以捲土重來。

當時的豳地在古公亶父的治理之下，興盛發達，成為一方樂土。對戎、狄等蠻族來說，這無異於一塊大肥肉。蠻族戰士時不時到豳地騷擾，勒索財物。古公亶父是一個和平主義者，不喜歡戰爭，所以每次蠻族人一來，就給他們一些東西打發走。可是你想想，這種做法在那個恃強凌弱的年代有用嗎？確實沒用，因為蠻族人的胃口越來越大，他們根本不會知足，要求的東西也越來越多。要什麼呢？要土地與人民。

這下子所有人都憤怒了，大家想拿起武器，保家衛國。古公亶父卻不想用武力解決問題，他對大家說：「自古以來，民眾擁立首領，就是為了能替他們謀求福利。現在戎狄想攻打我們，就是為了掠奪土地與人民。你們屬於我或是屬於他們，並沒有多大的區別。但如果要你們為我而戰鬥，讓父親與兒子橫屍沙場，我能心安理得地當首領嗎？我不忍心這麼做。」

我覺得古公亶父這個人，頗有點耶穌的精神，你要，我就給你，我不跟你動粗動武，我搬家還不行嗎？他決定搬家了。當然也可能是另一種情況，那就是古公亶父發現自己的部落根本不是戎狄的對手，就算拼了老命也是白搭。惹不起我還躲不起嗎？我閃人，我躲遠遠的，這樣總行吧？

當時的情況不同今天，以前地廣人稀，找個沒人的地方安個家是很容易的事情，既不用掏銀子買地，也不用繳這個稅那個稅的，所以遷徙是很普遍的。古公亶父打點行裝要走了，帶著自己的親族，至於民眾嘛，他讓他們自由選擇去留。因為古公亶父這個人很公正、很善良，民眾們都願意跟著他走，誰也不願意被戎、狄這些整天喊打喊殺的蠻人所統治。就這樣，大家拖兒帶女，背著鍋碗瓢盆，扛著包裹行囊，餐風露宿，踏上征途。他們把死寂一般的豳邑留給了戎狄。一路上他們跋山涉水，渡過漆、沮兩條河流，越過梁山，最終來到了岐山腳下的周原，後來便稱為岐周。這裡是一塊風水寶地，北靠岐山，南臨渭水，氣候宜人，土壤肥沃。也正是遷居於岐周，這才有了「周」這個稱謂。

被迫遷徙，可看出周人部落在這個時候並不強大，只是個很小、很不起眼的部落罷了。古公亶父並不是一個揮舞刀鋒的武士，他沒有赫赫武功，但他有自己的本事。在他的領導下，其族人在岐周站穩腳跟，安居樂業，呈現出一派生機勃勃的景象。附近地區的民眾也仰慕他的為人，紛紛前來歸附，該部落的人口增多了，影響力也大了。

先前周人由於受到戎狄部落的影響，在生活上有頗多蠻族的習俗，顯得文明程度不高，故而頗受華夏族其他部眾的輕視。為了融入先進的中原文化，古公亶父決定做一番改革，把戎狄那一套生活風俗習慣扔掉，向殷商文明看齊。其中一項重大改革就是行政上的改革，古公亶父設立行政機構，置官分職，改變了以前酋長式的粗放管理，同時劃分若干邑落，營建城郭。這麼一來，周部落開始有了國家的雛形。

儘管新家園的建設開展得如火如荼，古公亶父卻總是愁眉緊鎖，究竟有什麼事讓這個可敬的老人家心煩意亂呢？

這時古公亶父已一天天地衰老，這份家業以後要傳給誰呢？他有三個兒子：長子太伯，次子虞仲，幼子季歷。說實話，這三個兒子各有長處，能力與品德都不錯。可是古公亶父更器重幼子季歷，有兩個原因：第一，季歷這個人比較勇武，有軍事才幹。古公亶父當年被戎狄逼得遷徙，心裡明白倘若他的部族不能建立起強大的武裝力量，勢必難以生存。季歷天生是一位優秀的軍事統帥，這點很合老爹的胃口，雖然古公亶父是一位和平主義者。第二，季歷的兒子姬昌，深得爺爺的歡心。古公亶父曾經這樣說：「我世當有興者，其在昌乎？」就是說，我們這一族將有王者興起，這大概就是姬昌吧。姬昌就是後來的周文王，古公亶父可能懂點預測術或相人術，但更可能的是他對這個孫子十分偏愛。

古公亶父想立季歷為接班人，問題是長子太伯與次子虞仲也是賢才，讓老大與老二屈居老三之下，當父親的有點過意不去。時間長了，太伯與虞仲兩人看出父親的心思，這哥倆一商量，怎麼辦呢？既然老爹下不了決心，當兒子的絕不能為難父親。哥倆打定主意，那咱們走吧，遠走高飛，躲得遠遠的，這樣老父親就不必憂慮了，可以放心地把大權交給三弟季歷。

於是太伯與虞仲兩人不辭而別，為了不讓父親找到，他們沒有去文明程度很高的殷商，而是南下荊楚，跟一群未開化的蠻人生活在一起。太伯、虞仲兩人也很有本事，到了荊蠻地區後，他們把中原文明帶到這裡，使當地蠻人對哥倆十分仰慕，紛紛前來歸附，總計有一千多家。太伯便把這個地方命名為「句吳」，這就是春秋時代產生過吳王闔閭、名將伍子胥、兵聖孫武等名人的吳國，太伯也被認為是吳國的創始人。

太伯、虞仲的出走，令老人家頗為傷心，同時也使季歷接班不再成為問題。據《今本竹書紀年》的說法，在武乙二十一年，古公亶父去世，季歷正式成為周部落的首領。從季歷開始，周部落進入了一個全新的發展階段。

季歷與父親不同，他認為武力是必要的，不僅要反擊敵人的侵略，也要先發制人。隨著岐周的興起，周圍的一些諸侯及蠻族對這個地方政權虎視眈眈。季歷可不想像父親那樣，人家一打來就送財物打發或者乾脆搬遷，就算你搬一千次，也總會有人要上門打劫，那你怎麼辦？因此從一上臺始，季歷就開始大力發展岐周的武裝力量，並密切關注周邊各部落的動向。

當時有一個部落，稱為程氏，因盤踞於畢地，故而又稱為畢程氏。畢程氏的首領是個昏君，他為了中飽私囊，盤剝底下官員的俸祿，賣官鬻爵。這些官員只好向下盤剝百姓，致使民不聊生。在季歷看來，這可是下手的大好時機，當年的成湯不就是靠「討伐不義」來擴張自己的實力嗎？季歷出動武裝人員，牛刀小試，滅了畢程氏。這是岐周興起後的第一次對外用兵。

數年後，又一個機會降臨了，義渠部落爆發內亂。

義渠是西戎的一支，西戎一直是華夏諸國的勁敵。當時義渠部落酋長十分寵愛兩名女子，這兩個女子都給他生了一個兒子，要立誰為接班人呢？義渠酋長也沒主意，只得拖延時日。殊不料有一天酋長突然病倒，病況日益惡化。這時部落的權力鬥爭開始白熱化，分為兩派，每派各支持酋長的一個兒子，鬧得不可開交。對季歷來說，這真是好消息。想當年，自己的父親古公亶父被戎人、狄人逼得遷移，如今戎人內亂，正好是報仇雪恨的良機。機不可失，季歷當機立斷，出兵討伐義渠，大獲成功，義渠酋長因病重來不及逃跑，成為周人的階下囚。

經此一役，周人揚眉吐氣。此役的勝利，令岐周在諸侯、諸部中的聲望大大提高，甚至引起了殷帝武乙的注意。

武乙三十四年，季歷前往殷都，朝見殷帝。自從祖甲後期殷商衰弱後，前來朝見的諸侯越來越少，作為後起之秀的季歷卻在這個時候前來效忠，武乙當然十分高興。為了表彰季歷的忠心以及打敗義渠的戰果，殷帝賞賜給季歷三十里土地、十匹良馬以及若干玉器。看來季歷的朝見是明智的，不僅提高了自己的政治地位，同時也撈到實惠。

從殷都返回後，季歷又開始著手一次新的遠征。

這次遠征的對象不是其他，正是武丁大帝曾與之血戰三年的鬼方。屈指一算，此時距武丁時代已過半個世紀，曾經落荒而逃的鬼方陰魂不散，曾經被磨平的爪子又長出來了。只是鬼方著實倒楣，去了一個武丁，來了一個季歷，仍然不是對手。半個多世紀苦練出來的內功，又被季歷的鐵砂掌給廢了。是役毀滅了鬼方復興的夢想，光是被俘虜的狄王就有二十人之多。

看來古公亶父果然見識卓絕，把權力交給季歷是沒錯的。季歷的侵略性顯然要勝過父親許多，誰也別想來打家劫舍，我的地盤我作主，我是周人我作主。正當季歷得意洋洋地班師回到岐周時，一個大消息傳來：殷帝武乙被雷劈死了！

中國歷史上，君王死法豐富多彩，一般死法就不說了，單說一些比較獨特的死法。春秋時代霸主晉景公是蹲茅坑時掉到坑裡給淹死的，這算是最窩囊的死法。戰國時代秦武王，跟人家比賽扛大鼎，脛骨折斷而死，這算是悲壯的死法。殷帝武乙的死法，估計也是絕無僅有，他是被雷劈死的。被雷劈死絕不是好事。遭雷劈帶有詛咒的味道，因為我們時常聽到這種詛咒：你這個傢伙如此缺德，會遭雷劈的！站在唯物主義的立場，當然應當批駁這種唯心論的觀點，但倘若拿來解釋殷帝武乙，恐怕大家會很信服地點頭，因為他就是屬於缺德鬼。

武乙爸爸的爺爺，或者說爺爺的爸爸，就是武丁大帝。從兩位殷帝的名字來看，武乙似乎更有氣勢一些，甲乙丙丁，乙字還排在丁字之前。武丁伐鬼方、征大彭、滅豕韋，何其威風。可是在武乙看來，這些都算不上偉大的事業，只是小兒科，只不過是人中之王罷了，何足道哉！

我們不禁要驚訝了，人中之王，難道還不夠氣派嗎？

是的。

只有戰勝天神，那才是真正的豪傑，真正的英雄。

就衝著這份膽量與勇氣，我們也得給武乙一點掌聲，但同時有一個疑問產生了：要怎麼戰勝天神呢？是像唐吉訶德那樣持一把長矛勇猛地攻擊風車嗎？還是像后羿那樣射落天上的九個太陽？武乙自然有辦法，唐吉訶德、后羿何足道哉，不過是赳赳武夫罷了，也配談英雄嗎？野蠻人罷了，文明人恥之。既然是文明人，就得與天神比智慧。

事到如今，真的越發玄妙了。

諸位看客，你們能想得出怎麼個比法嗎？怕是誰也想不出來，所以我們還是得佩服武乙大帝，人家是有智慧的。來分享一下君王的智慧吧。他先是立了一個偶像，這可是一個了不起的創新，因為當時絕少偶像崇拜，不比現在大廟小廟裡這個神那個佛的。武乙立了偶像，這尊木偶便是天神了。可是還頗令人狐疑，既是木偶一尊，何來比試智慧呢？這當然難不倒這位大帝，他指定一個下人，代替天神跟他玩下棋。原來天神是可以冒充的，冒牌天神的智力顯然有點問題，很快就被勇猛的武乙大帝殺得推枰認輸。

願賭服輸，既然天神輸了，那就得罰。

且看看人間之王如何懲罰天上之王。不是有一尊神像嗎？在神像的脖子上繫一個盛滿鮮血的皮囊，武乙大帝在十幾步或幾十步之外，引弓便射，這叫啥呢？叫「射天」。一箭射破皮囊，天神渾身血淋淋，豈能不對人間之王俯首稱臣？武乙春風得意，那一刻他真的感到無比的幸福，因為他打敗了天神！

「出來混的，遲早要還的。」這話是言糙理不糙。在季歷掄起拳頭猛揍鬼方的時候，武乙大帝氣定神閒地驅著車，扛著弓打獵去了，獵於河渭之間。天神都被他射得鮮血淋漓，小野兔小山雞當然更不用說了。當他興致勃勃地追逐著獵物時，天地變色，烏雲遍野，雷聲隆隆。忽然一聲巨響，一道閃電劈開烏雲，在炸雷的助威聲中疾馳而下，彷彿長了眼睛似的，猛撲向武乙大帝。巨響過後，其他人都沒事，可是大家驚愕地發現那位戰勝天神的宇宙統治者，竟然被雷電給活活劈死了。

不久後，街頭巷尾的人們交頭接耳，用低低的聲音說：「缺德，活該。」

二十五、山雨欲來風滿樓

武乙大帝被雷劈死了，不過臣民們盡可放心，這個國家裡，什麼都可以缺，唯獨大王是不會缺的。武乙的兒子太丁粉墨登場，說實話，商代的大王們在名字上也著實缺點創造力，甲乙丙丁戊己庚辛壬癸，十天干都被用光了，就不能換個名嗎？不過我對太丁毫無興致，他缺少武乙的娛樂精神，故事就顯得沉悶，所以寧可繼續說說季歷討伐戎狄的故事。

說實話，季歷的手風一直很順的，可是最近卻有點背了，莫非這是受到武乙霉運的影響嗎？打敗鬼方之後，他的自信心越發高漲，鬥志昂揚，報仇也報上癮了。只要看到是戎人、狄人，管他三七二十一，統統是我族之敵人。趁著大刀還鋒利，還是再猛砍幾刀吧。

這一回，季歷的大刀劈向了燕京之戎，不過這一刀粗粗看過去，就可以看出有幾分凶險。岐周到燕京，這可不是一小段距離，跋涉那麼遠去與戎人交鋒，不能不說是一次軍事大冒險。雖說季歷運氣總是不錯，可這回幸運女神打瞌睡了，並不垂青於他，他第一次被打敗了，垂頭喪氣、狼狽不堪地逃回岐周。

但是沒關係，知恥近乎勇。

留得青山在，不怕沒柴燒。

兩年後，季歷又重整旗鼓。這次他的刀砍向余無之戎，看來季歷就是非和戎人鬥到底不可。這回幸運女神沒睡著，周人大獲全勝。剛上臺不久的殷帝太丁也很高興，攘夷有功，得給季歷封賞一下，於是他金口一開，授予季歷「牧師」之職。乍一看，我們還有點納悶，牧師不是基督教的玩意兒嗎？難不成太丁跟季歷都趕時髦入了教？當然不是，耶穌還要過一千年才出世呢。牧師其實就是牧正，當年少康就曾幹過這個，管放牧的。不過這只是榮譽稱號，掛個名不用去上班，只是表示朝廷的嘉獎罷了。

我有點懷疑季歷打仗打上癮了，不然的話，就是敵人太多，怎麼殺也殺不完。太丁七年，季歷又去與一支戎人拼命。這支戎人稱為「始呼之戎」，在周人的圍剿之下，終於潰敗而去。精力充沛的季歷毫不手軟，四年後（太丁十一年），他的矛頭刺向翳徒之戎，活擒三名長老級的敵酋，威震四方。

周人已不再是一頭軟弱可欺的綿羊，而是一頭凶狠的獵犬。然而世事終究難料，季歷一生南征北戰，沒有死在戎狄之手，卻死於殷帝太丁之手。太丁為何痛下殺手以及如何下手，這乃是歷史之謎，因為史料不書。以常理推之，季歷之崛起已威脅到殷商的統治基礎。《史記》中說得明白，諸侯多歸附於周，這正是季歷被殺的真正原因。諸侯不去歸附殷商，而反歸附岐周，對太丁來說這不是一個極度危險的信號嗎？殷商中央政權為之膽寒，季歷的事業猶如武丁事業的翻版，在攘夷事業上兩人並駕齊驅，加上諸侯歸心，儼然已是第二個中央政權，倘若不加以抑制，豈非殷商之勁敵嗎？

我懷疑殷帝太丁殺季歷乃是謀殺，最可能的情況，是太丁趁季歷朝見時，誘而殺之。否則以周之實力，殷商要摧毀其武裝並非易事。這裡還有一個證明，幾年之後，周人居然出兵討伐殷商，顯然是為季歷復仇，這也證明周之武力並沒有遭到太丁的打擊。

周人伐商，記錄於《竹書紀年》，時間是帝乙二年。此時太丁已死，姬昌也接替父親的位置成了岐周的首領。這是周與商的第一次衝突，但孰勝孰負史料上也沒有提。我估計此時周的勢力，尚難與殷商全面抗衡。殷商政權雖然衰弱，但憑著武丁大帝留下的老本，仍然有不可小覷的威力。不過很快殷商帝國又出現新的危機，帝乙三年，西部的昆夷成為帝國的一大外患，帝乙派遣大臣南仲築城以抵禦昆夷的進犯。

這一時段殷商與岐周的關係，乃是一個謎。

由於史料含糊，我只能在此作胡思亂想。我猜測岐周與殷商的關係並沒有繼續惡化，姬昌應該是選擇了與帝乙和解，重新歸附殷帝國。因為一個意外事件，幾乎毀滅了岐周。這是發生在帝乙三年夏季的一次大地震，震央正是位於姬昌所在的岐周地區。即便到了今天，地震仍是人類生存最大的威脅之一，其破壞力較其他自然災害要大。那麼這起發生在三千年前的地震，一定讓周人付出了巨大的代價，於情於理姬昌也應該與殷商和解，以便致力於災後重建。

對於殷帝帝乙，他肯定不願意與岐周陷入長期戰爭之中，因為他還要面對昆夷的進犯。在這種情況下，雙方選擇和解應該是理所當然之事。再說了，周乃是戎狄的剋星，能利用姬昌的力量來阻擋西方的蠻族，對於衰落中的殷帝國來說，不啻為一個好消息。

大家知道，姬昌有一個「西伯」的頭銜，這個頭銜是什麼時候得來的史書沒說。我估計是帝乙封給他的，因為大約在這個時候，他就被稱為「西伯昌」。西伯便是西方之侯伯，即西部諸侯之長。用土一點的話說，就是西方霸主。

「西伯」這個名頭是有用的，至少殷帝國默認了姬昌在西部的霸主地位。成為真正的霸主，並不完全憑恃武力，姬昌懂得統治的藝術。打從小時候起，他就是個聰明絕頂的人，也正因為如此才深得祖父古公亶父的喜愛。事實上，他身上兼有祖父與父親的優點，既有寬厚深沉的一面，亦有勇武無畏的一面。與成湯的子孫相比，姬昌更能深得商朝開國大帝的衣缽真傳。得人心者才能得天下，儘管我們還很難斷定這時的他有奪取天下的雄心。古公亶父與季歷留給姬昌豐厚的政治資本，古公亶父以仁德安民，季歷以攘夷保境，這正是諸多部落歸附周的原因所在。

《史記》中用一個頗為有趣的話：「西伯陰行善。」行善便是行善，還加上一個「陰」字，看上去不那麼光明正大，反倒像是偷偷摸摸。這「行善」背後果有陰謀嗎？可以回答：是的。誰喜歡生活在暴政之中呢？誰不嚮往有一個公正、公平的政治環境呢？夏商時代，仍不是一個完全獨裁的時代，天子充其量不過是諸多諸侯中最大的一個國家罷了，天子要是不「行善」，民眾就投奔「行善」的諸侯，這就是人心所向。

西伯姬昌的聲譽日隆，無論是真誠行善也好，是政治作秀也罷，他在別人眼中都是一個高尚的人。敬老慈幼、禮賢下士、勤於政事、不貪不逸，他打開大門迎接天下的賢人志士。當時的社會名流如伯夷、叔齊、太顛、閎夭、散宜生、鬻子、辛甲等人都紛紛慕名而來，西伯的名聲，幾乎要蓋過殷帝了。

再來看看殷商的情形吧。

自武丁大帝之後，殷商天子可謂是一代不如一代。帝乙上臺後，殷商居然遭到姬昌的進攻，天子被諸侯圍攻，這是很沒面子的事情。《史記》乾脆就只寫一句話：「帝乙立，殷益衰。」本來就很衰了，現在更加衰。

帝乙沒有能力重整旗鼓，只能寄希望在自己兒子身上。他的長子啟是一個不錯的人，宅心仁厚，是個理想的接班人，可是啟並不是正室所生，只能算是庶子。在古代，嫡子與庶子身分有別，一般來說，只有嫡子才有繼承權。帝乙雖然器重啟，卻不敢把帝位傳給他，而是傳給了嫡子受。受稱帝後，稱為受辛，後來天下人稱他為「紂」。如此一想，「紂」字顯然不是好字眼，據說中國博大精深的釋義裡，「紂」意指「殘忍捐義」，另外還有幾種說法，比如「殘義損善曰紂」。不過我認為這些意思，應該是在紂王以後才賦予的。

對中國人來說，紂幾乎與暴君是同義詞了，「助紂為虐」已成為被廣為使用的成語，而紂王也早就被釘在歷史的恥辱柱上了。正如夏桀一樣，作為亡國之君，商紂也因為政治原因被大大醜化。關於商紂的種種傳聞，許多根本就是子虛烏有。不過商紂比夏桀要殘暴，這應該是事實。

儒家巨擘荀子曾稱商紂「天下之傑也」，這位末代帝王並非庸庸之輩，實為有魄力之君主。他天資聰穎、辯才無礙、思維敏捷、行動果斷，這是智慧方面；至於武力方面，他勇敢非凡、武藝高強、膂力驚人，竟然可以赤手空拳與猛獸格鬥。這些優秀的品質不是筆者胡編亂造，而是出自《史記》的記載。

然而，正是這些優點，反倒成了他的缺點，這麼說乍聽起來自相矛盾，其實不然。他才智出眾，故而目空一切，對他人的進諫充耳不聞，自以為老子天下第一；他辯才無礙、口若懸河，故而可以把白的說成黑的，把群臣駁得啞口無言；他的功夫天下第一，就算混在江湖也坐得了第一把交椅。所以他對誰也看不起，是典型的自戀狂。

在商紂看來，天下盡在他的掌中，就像老祖宗武丁那樣，「有天下，猶運掌也」。可是我們明明分析過，殷商的運勢不斷衰減，特別是商紂老爹時「益衰」，那麼商紂哪來的自信心與底氣呢？他憑藉的正是自己的智慧與勇氣。

後來臭名昭著的紂王真的有智慧嗎？真的有。

他與夏桀一樣，做著同樣的夢，便是要把諸侯全部捏在手中，建立帝國史上無上的功業。但兩人做法不同，夏桀是試圖以武力使諸侯屈服，商紂則顯得更有智慧一些。

在商紂看來，對殷商威脅最大的人，當然是西伯姬昌。姬昌的「陰行善」被視為拉幫結夥，不僅直接削弱殷商的統治力，也引起一些實力派諸侯的眼紅。崇侯虎便是一位實力派諸侯，崇是其國名，虎是人名，因為被封為侯，故而稱為崇侯虎。他跑去對紂王說：「西伯暗地裡行善，諸侯們都心向著他，這對大王十分不利。」

紂王當然心知肚明，但是要怎麼辦呢？

出兵討伐當然是下策，一則要打敗西伯並不容易，二則出師也沒有正當的理由。他果然是有幾分聰明，「將欲取之，必先予之」。要逮住西伯這條猛犬，我得先拋出幾個肉包子。他把肉包子扔出去了，提拔周侯、九侯、鄂侯為三公，周侯就是西伯姬昌。

所謂三公，就是朝廷三大重臣，從地位上來說，僅次於帝王。三公在不同歷史時期有不同的含義，有時候指的是太師、太傅、太保，有時候指的是司馬、司空、司徒。至於商紂時期的三公是什麼，史書不載，我們也不必妄測。為什麼要把西伯提拔為三公呢？這就是紂王的智慧了。夏、商、周諸代，經常從諸侯中選拔三公到朝廷任職，這本來是一種恩寵，但對紂王來說則是一個陰謀。只要把西伯姬昌調離自家地盤，不就是虎脫離山、龍脫離水了嗎？還能有什麼威風呢？

西伯姬昌當然曉得紂王的真實想法，可是他很難推掉三公頭銜。不接受意味著對抗，而面對勇武過人、精明能幹的紂王，對抗並不是聰明的辦法。凡事都有利弊兩面：從壞處上說，調往朝廷，就如同身陷虎穴，稍有不慎可能丟了小命；從好處上說，要是去了，紂王就自以為可以擺平天下諸侯，以他那種目空一切的性格，必然會對諸侯報以輕視之心，這樣的話他的精力就會耗費在醇酒美人上，這豈非是削弱殷商的大好時機嗎？

權衡利弊，西伯姬昌決心接受紂王旨令，入京當三公。高高在上的紂王臉上不禁露出得意的微笑，寡人略施小計，難以馴服的西伯便入轂中，天下事盡在我掌握中了。

二十六、酒池肉林：暴君與「藝術家」

商紂以威脅手段，迫使實力派諸侯周侯、九侯、鄂侯等人入京，這一手段著實高明。在他看來，只要把這幾個人質握在手心，天下可太平矣。一向自戀的他為自己的聰明才智而陶醉，他可以無憂無慮地享受美酒與女人，釋放一個帝王無盡的欲望之火。

紂王的理念與西伯姬昌完全不同，他認為要別人屈服，靠的就是拳頭、就是武力、就是血腥手段。於是他推出一項酷刑，這便是十分有名的炮烙之刑。

炮烙之刑是一種酷刑，又稱炮格，其行刑過程如下：「膏銅柱，下加之炭，令有罪者行焉，輒墮炭中。」就是先在一根大銅柱上抹油，然後下面置炭火燒熱，讓犯人在銅柱上行走。大家想想，這銅柱本來就是圓的，又抹了油，燒熱後腳放上去，就像在鍋裡煎餅似的，這痛苦哪兒受得了呢，沒走幾步，這腳一疼、一滑，撲通就掉到炭火裡去了，活活燒死。就算有人僥倖能通過銅柱，也成廢人一個了。當然，我們必須說歷史上的酷刑很多，後世的許多酷刑可能比炮烙之刑更殘忍，但從歷史記錄來看，商紂是開了酷刑的先河。

可是，總是一些人不太聽話，比如說東夷。

夷人反反覆覆，時而歸附，時而叛變，這已是見怪不怪了。紂王可不允許有人挑戰他的尊嚴，為了唬住東夷部落，他舉行了一次盛大的閱兵，大秀肌肉，展示自己強大的武裝力量。本來只是心理威懾，不想夷人腦子不靈活，以為商紂即將發動大規模的進攻，索性叛亂。紂王毫不客氣，揮舞鐵拳，搗碎夷人叛亂，讓叛亂者嘗了嘗炮烙的厲害。

鎮壓東夷叛亂後，商紂又懲罰一個不太聽話的諸侯，他出兵討伐有蘇氏。有蘇氏首領哪裡是商紂的對手，很快敗下陣來。有蘇氏首領當然害怕了，要是商紂一怒，他就得嘗嘗炮烙的滋味。他靈機一動，把自己的女兒妲己獻給了紂王。

時值壯年的紂王最喜歡的莫過於美酒與女人，作為帝王他不缺的就是女人，可是妲己真的與其他女人不同，或者說她深諳狐媚之術，懂得心理學，懂得征服男人。很快，英勇蓋世的紂王就被妲己征服了。他把妲己當作女神，對她言聽計從，為了討她的歡心，不惜與天下人為敵。

我們來看看紂王都做了些什麼。

首先是修宮室，妲己到來後，紂王為她蓋了一間瓊室，立了一個玉門。瓊室玉門，若從字面來理解，應該是全部用玉石砌成，這簡直就是黃金屋，甚至比黃金屋還要華麗。其次是搜刮民財。蓋瓊室玉門的錢從哪裡來呢？那還用說嗎，當然是來自民脂民膏了。宮廷的開銷直線增長，除了營建宮室之外，還擴建園林樓臺，從四處收羅狗馬奇物，捕捉大量鳥獸，搞了個宮廷動物園，這些更少不了花銷，只得從百姓那裡榨取。

紂王精力充沛，滿腦袋都是新奇的點子，光有美酒與女人還不夠，還得有歌有舞才行。他讓宮廷樂師創造靡靡之音，編排北里之舞（就是一種粗俗的舞蹈），這樣還不夠，他還有更絕妙的發明。不能不承認，紂王這個人有創新精神，先是發明了炮烙之刑，後又發明了酒池肉林。酒池肉林就是把酒倒在池子裡，把肉掛起來一大片，看上去就是一片肉林。弄這個幹什麼呢？遊戲唄。渴了就把池子裡的酒舀起來喝，餓了就撕一塊懸肉下肚。

「獨樂樂，與人樂樂，孰樂？」紂王的回答是：「與人樂樂。」怎麼能自己獨自享用呢，不夠壯觀嘛。他招集一群男男女女一起來玩，與民同樂。怎麼玩呢？當然要來點刺激的，這樣才有感官享受嘛。一律赤身裸體，男的女的都一樣，光著身子在酒池肉林之間追逐嬉戲，飲酒尋歡，通宵達旦，不知今夕何夕了。

顯然，紂王把自己當作一位藝術家，除了他，誰能構想出如此洶湧澎湃的春宮戲呢？可是在王宮之內，有一個人卻不欣賞他的藝術，不參加他的藝術活動。這個人是九侯的女兒，她的身分是紂王的一個妃子。紂王大怒之下，一刀把九侯的女兒殺了。

九侯可是三公之一，女兒這樣莫名其妙被紂王所殺，自然悲憤難平。紂王一不做、二不休，你既有怨言，怕也留你不得！找了個藉口，把九侯也殺了，剁成肉醬。這不是胡鬧嗎？堂堂三公，竟然說殺就殺。另一位三公鄂侯看不下去，站出來說了幾句公道話，他顯然低估了紂王的殘暴，故而難逃一死，不同的是紂王沒把他剁成肉醬，而是製成了肉乾。

我估計九侯、鄂侯與西伯一樣，都是紂王看不順眼的諸侯，授予三公只不過是調虎離山，把他們軟禁罷了。九侯成了一堆肉醬，鄂侯成了幾片肉乾，西伯姬昌看了能不心驚膽戰嗎？打從入朝以來，精明的姬昌行事低調，言行謹慎，唯恐一不小心被抓住小辮子。九侯被殺，他不敢強出頭；鄂侯被殺，他也不敢吭聲。不敢說話，偷偷歎息幾聲總可以吧。他躲在室內，偷偷歎息了幾聲。誰料到這幾聲歎息，差點要了他的命。

自甘淪為大內密探的崇侯虎一刻也沒有放鬆過。特別是九侯、鄂侯一個個落馬，他更是小人得意，巴不得順手除掉西伯姬昌。姬昌歎息幾聲，豈知隔牆有耳，早有密探把這個「重大消息」報給了崇侯虎。好啊，西伯呀西伯，今天可算你倒了霉運。崇侯虎三步併作兩步走，猴急地入宮向紂王告密：大王誅殺九侯、鄂侯，天下賀之，可是西伯竟躲在室裡歎息哩。

紂王一聽，歎息就是心有怨言，得，抓起來關了。

有人因言而獲罪，西伯卻因為歎息而獲罪，被關起來，囚禁在羑里（地名）。據說這一關就是七年之久，估計紂王都快把這個人給忘了。可是西伯是有勢力的人，他的那些臣僚們可不是吃素的，想盡辦法要解救姬昌。西伯手下有一個名喚閎夭的臣子，頗有智慧，認為要救西伯就得投紂王所好。紂王所好者，聲色犬馬也，他便不斷地獻上美女、寶馬、奇珍異寶。

紂王果然龍顏大悅，那天正好心血來潮，便下令釋放姬昌。起初紂王還認為姬昌是個威脅，現在覺得這個人根本就不是對手，老子隨時可以玩死他。這時姬昌「三公」的頭銜早被罷免了，「西伯」的稱號也沒了，紂王不認為他是潛在的威脅，便把他打發回岐周去了。

姬昌果然是個聰明人，他沒忘了表示「謝主隆恩」，回到岐周後，便把洛西之地拱手獻給了紂王，同時順帶提了一個小要求：廢除炮烙之刑。

諸君想想，姬昌剛剛被釋放回家，怎麼就吃了豹子膽，膽敢提出廢除炮烙之刑的建議呢？以我的猜測，喜歡藝術的紂王估計已經對炮烙之刑失去了興趣，玩久了就不好玩了，沒了新鮮感。大概因為如此，姬昌乘機建議廢除炮烙之刑，既不忤逆紂王，又可以討到好名聲，何樂而不為呢？紂王既撈得一塊洛西之地，心頭高興，也給了姬昌一個大大的面子，果真廢了炮烙之刑。只是天下人，只為姬昌鼓掌，卻無人為紂王喝采。

朝廷之上，敢說話的人死了，不敢說話只敢歎氣的人也被關進大牢，掌柄自然落到小人手中。紂王底下有哼哈二將：一個叫費中，在溜鬚拍馬上有獨到的功力，無人可敵；另一個叫惡來，人如其名，只有惡的來，善的不來，此人在造謠誹謗上有極深的造詣，罕有對手。這哼哈二將興風作浪，翻手為雲，覆手為雨，殷人絕望，諸侯離心。可是沒關係，有紂王撐腰自然是政壇上的不倒翁。

在紂王眼中，百姓算個球？別礙著老子開心就好。至於諸侯，這個就比較麻煩一點，比對付小民要難一點。當然，別看紂王聲色犬馬，他還是英武蓋世的，只是叫他離開奢華的王宮，離開小淫娃妲己，他卻是不捨。要如何擺平諸侯與諸夷呢？費中與惡來這兩個傢伙肯定不頂用，誰來代朕征伐呢？當然啦，當時帝王還是沒有自稱「朕」的。

紂王左思右想，姬昌可以。他被關了七年，連歎氣都不敢了，況且一釋放回家，就知道獻上一塊地來孝敬君王，總算是調教乖了。紂王給了姬昌象徵權力的弓矢斧鉞，並把「西伯」的稱號還給他，把征伐諸侯的權力交給他。說到這裡，不佩服姬昌都不行，他獻了一塊地，撈到的東西遠遠比失去的東西要多。

西方霸主又回來了！

西伯姬昌很能賣乖，得到征伐大權後，他不失時宜地表示效忠，率一大批諸侯入朝進貢。這真的給紂王掙足了面子。

可是有一個人卻十分擔憂。

這個人就是比干。

比干是殷商朝廷中為數不多的正直人士，在惡人當道的朝廷裡，比干怎麼就沒事呢？原來他的身分不一般，他可是紂王的叔叔哩。比干當然也知道帝國一片烏煙瘴氣，但他畢竟是這個圈子裡的人，再怎麼說也要力挽狂瀾，要保住殷商帝國。

他對紂王說，你別被西伯騙了，西伯到處「陰修德行善」。注意這個「陰」字，這是有陰謀的。別看他帶著一大幫諸侯前來進貢，其實那些諸侯早就被西伯收買了。

西伯已經坐大，殷帝已失權重矣！

紂王本來就對這個喜歡嘮叨的叔叔很討厭，在他看來，比干就是自以為聰明的傢伙。要說到聰明，世界上還有誰比得上我紂王嗎？你看殷商衰敗了那麼多代，一到我手裡，中興了，諸侯們都乖乖聽我的了。

當然，這時的紂王，對叔父比干還有一點點尊敬，雖然不願聽他嘮叨，卻也不至於為難他。其他人就比較倒楣了。

比如說，有一個大臣名為商容，算是朝中稀有人物，是個賢臣，深受百姓愛戴，我估計他沒有被迫害死，是有比干罩著他。紂王聽了比干的嘮叨，又要聽商容嘮叨，一怒之下把商容的官帽摘了就地免職。

其實比干說的一點都沒錯。表面上諸侯跟著西伯一起來進貢，像是對朝廷忠心耿耿，其實只是擺擺架勢罷了，實際上都心向著西伯。

這裡有一個例子頗能說明問題，諸侯之間遇到糾紛，根本不去紂王那裡仲裁，反倒都跑到西伯這裡論理。

有一回，虞、芮兩個諸侯國的百姓因為國界線附近的田產歸屬而爭吵起來，公說公有理，婆說婆有理，爭執不下。既然這樣，大家一想，西伯不是很公道嗎？那就讓西伯給評評理吧。於是兩國民眾各派代表入周，各自認為必定會贏得訴訟。進入周境後，他們發現農民們的田地之間留了很大的距離，大家相互謙讓，要把這塊地讓給對方。不僅如此，周人彬彬有禮，特別尊敬長者，大家相處都很和諧。這就是周人的精神文明建設，不是擺花樣，真有點禮儀之邦的模樣。

看到這裡，虞、芮兩國民眾代表臉上露出慚愧的神色，你看看周人相互謙讓，我們卻在為那點蠅頭微利爭吵不休，顯得那麼沒修養。要是把爭吵這事上訴到西伯那裡，豈不是讓天下人恥笑嗎？想到這裡，大家也不好意思去找西伯了，商量說：「我們所爭的，是周人恥於取的。我們去西伯那裡幹嘛呢？自取其辱罷了。」當即決定，對於兩國有爭議的那塊地，雙方都不要了。一件爭論不休的事，就這樣解決了。後來孔老夫子說過一句話：「聽訟，吾猶人也，必也使無訟乎！」想必與此故事有關。

這件事後來便傳開了，這時有人開始散布一種說法：「西伯蓋受命之君。」西伯大概要接受天命成為君王吧。

不過想要成為受命之君，還是任重道遠的，有道義是一回事，還得看實力。西伯固然是個出色的首領，但其武功不及其父季歷。如今他握有征伐之權，得找個懂軍事、知謀略的幫手，就像當年商湯找了伊尹一樣。無論什麼時候，世上總有許多能人異士，關鍵要看你有沒有認真地找尋。一個偉大人物浮出水面，此人正是赫赫有名的姜尚姜子牙。

二十七、我本梟雄：西伯與姜太公

說到姜尚，我便想起今天尚有不少人家門上掛著「姜尚在此」的牌子，可降魔驅邪，消災化難，可見此公之威力何等驚人。

然而作為歷史人物，姜尚充滿神秘感，令人恍如霧裡看花、水中望月。大史學家司馬遷走南闖北，見聞多矣，對姜尚的記錄也多是含混不清，在其傳記中，用了許多「或」字，或是這樣說，或是那樣說，有的這麼說，有的那麼說，他都搞糊塗了，更別說我們。

準確地說，姜尚應該叫「呂尚」，姜是姓，呂是氏。

在春秋戰國之前，姓與氏是分開的，一般名字從氏，而不從姓。只是後來姓與氏漸漸變得沒分別了，才出現兩種叫法，既可稱「姜尚」，又可稱「呂尚」。

既然現在都掛著「姜尚在此」的神牌，我自然也使用姜尚這個稱呼。

此人的家世，我就不詳細追溯了，早期生活比較平淡，曾經幹過殺豬屠牛的行當，擺過地攤（「賣食」），當過賓館服務生（「迎客之舍人」，也可理解為大戶人家的迎賓員），還因為混得不好被老婆趕出家門（「逐夫」）。那麼他是如何發跡的呢？西伯姬昌是如何找他當幫手的呢？光是《史記》裡，就記有三種不同的傳聞，最為人所知的，當然是「姜太公釣魚」的故事。

姜太公釣魚，願者上鉤。為什麼叫姜太公呢？因為他當時已經七老八十了，不僅老，而且窮困潦倒，好在古代人少資源多，填飽肚子還不成問題。太公就到河邊釣魚，釣魚本來不稀奇，稀奇的是《史記》的寫法：「以漁奸周西伯。」諸君讀《史記》時可要萬分留神，西伯是「陰」，太公是「奸」，陰者，陰謀也，奸者，奸計也。一個老人家，釣魚還搞奸計啊？

看來這個老人家著實不夠純樸。

他耍什麼花招呢？人家釣魚用彎鉤，他偏不，用直鉤。直鉤能釣得到魚嗎？說實話，這個我也不知道，不然怎麼叫願者上鉤呢？與眾不同就是一個標籤，至少吸引眼球，有特立獨行的範兒。這個老人家非常聰明，因為西伯姬昌不是號召「尊老」嗎？他不僅老，還與眾不同，只要堅持不懈，他準能被西伯注意到。

果不其然，機會終於來了。

有一天，西伯出門打獵。殷商時代很迷信，做什麼事都得占卜一下，這一占卜，大吉。卜者對西伯說：「這次出門打獵，不是收穫飛禽走獸，而將收穫一個能幫您成就霸王之業的幫手。」西伯當然心裡痛快，邊打獵邊留意有什麼能人異士。這時他可能聽到別人提及姜太公，因為此翁常年在渭水河畔以奇特的方式釣魚。這種新聞無疑令西伯很新奇，他決定前去看看，也算是發揚敬老的傳統美德。

大家想想，要是姜太公不顯得古怪，與常人無異，誰會去關注他呢？

他混了大半生，到晚年明白一個道理：人是需要炒作的。

這一見面，改變了姜尚的人生，這時他已是古稀之年。西伯找到這個古怪的老人，親切交談，姜太公豈能錯過這個機會呢？他把一輩子揣摩出來的真知灼見，一古腦兒地說出來，令西伯大吃一驚。原本以為只是個鄉村鄙夫罷了，豈知人不可貌相，薑還是老的辣。老姜一下子把西伯折服了，因為他不僅會說陽謀，也能道陰謀，誰能想到一個潦倒一生的人，居然是個權謀大師。

此時西伯突然想起爺爺說的一句預言：「當有聖人適周，周以興。」這個姜尚原本是東方人，不遠千里跑來西周，這不正是爺爺說的「聖人」嗎？西伯激動地對姜尚說：「我太公曾經說有個聖人要到岐周來，周將因此興起。看來聖人真的是您啊。我家太公盼望您已經很久了。」原來釣魚的姜尚就是西伯的太公（爺爺）盼望的人，所以後來他又有了一個新的稱呼：太公望。

就這樣，西伯恭敬地把姜太公請上車，一起回都城去了，尊他為師。

不過還有兩個版本，簡單提一下。

第一個版本稱姜尚以前曾在紂王手下辦事，因為紂王無道，他便離開殷商，遊說諸侯。只是眾諸侯都害怕紂王，姜尚碰了一鼻子灰，最後他到了岐周，得到西伯姬昌的重用。這個版本與許多關於姜尚生平的記錄都不同，有美化之嫌，故而不太可信。

第二個版本則稱姜尚原本是隱士，隱居於海濱，與散宜生、閎夭等人是好朋友。後來散宜生、閎夭都投奔西伯，當時西伯又被紂王所囚禁。閎夭等人知道姜尚這個人有謀略，便請他出山，商量如何解救西伯。姜尚也認為西伯是明君，還尊老愛幼，有意要扶助他，便慨然答應。後來閎夭用了姜尚的計謀，獻給紂王美女、寶馬、奇珍異寶以贖回西伯。西伯得救之後，回到岐周，便重用姜尚，拜他為師。

以上三個版本雖然說法各異，但有一點是明確的：姜尚被重用時，已是年邁，而且他是西伯的老師。

年到七十方得志，這大約可視為勵志學的經典案例了。有志不在年高，六十歲還一無所成的朋友不必灰心喪氣，姜尚在此，給我們提供學習的範本。

那麼姜太公果真有翻江倒海的本領嗎？請看《史記》所說：「周西伯昌……與呂尚陰謀修德以傾商政，其事多兵權與奇計，故後世之言兵及周之陰權皆宗太公為本謀。」

又是「陰」字。

「陰謀」、「陰權」，司馬遷著筆也實在凶狠，姜太公權謀家的形象躍然紙上矣。

在殷則有伊尹，在周則有姜尚。其實伊尹與姜太公一樣，都是權謀大師，何以司馬遷把姜太公視為兵家及權謀家之鼻祖呢？因為有一本著名的兵法謀略書是掛在姜太公的名下，這本書便是《六韜》。《六韜》又稱為《太公兵法》，據說是姜太公所傳，全書以姜太公與周文王、周武王的對話方式編成，是中國歷史上最負盛名的兵法書之一。當然，現在一般認為此書乃是後人假託姜太公之名寫成的，但多多少少能體現姜太公的兵學思想。這本書在宋代時被編入《武經七書》之中，成為古代兵學的教科書，地位尊崇。

握有紂王授予的征伐大權，加上一個老謀深算的姜太公，西伯姬昌可以放開手大幹一場了。

西伯把征伐目標首先對準犬戎。

犬戎是戎人的一支，也是華夏族的勁敵。打擊犬戎，首先是保障岐周的安全，岐周與戎人相鄰，不戰鬥無以拓展生存空間，西伯的父親季歷曾經與戎人血戰七次，六勝一負，沉重地打擊了戎人勢力。但是後來西伯被召入朝，又被關了七年，在這段時間裡，戎人再度轉強，不僅威脅到周，同時也威脅到其他諸侯乃至殷商中央帝國，故而伐戎勢在必行。更重要的是，政治風險很小，根本不會引起紂王的懷疑。

西伯姬昌的策略，與當年的商湯基本上是一致的。在伐戎成功後，他把目標鎖定在一些殘暴的諸侯身上，他握有王命，可以討伐這些「不義之國」。

西伯問姜太公：「我想討伐暴君，應該先征服哪個國家呢？」

姜太公答道：「先征服密須。」

為什麼是密須呢？密須是當時一個實力比較強的諸侯，但是國君內則殘暴，外則窮兵黷武，侵略阮國，名聲不好。攻打密須，師出有名，也容易得到密須百姓的支持。

有人站出來反對道：「密須國君很厲害，不一定能打得贏。」

姜太公反駁道：「密須國君虐待民眾，失去百姓的支持，就算再厲害，也不足為懼。」

西伯姬昌對姜太公言聽計從，在攻打犬戎後的第二年，發兵討伐密須。果然不出姜太公所料，周軍出動後，密須百姓非但不支持國君，反倒秘密組織起來，發動暴動。周師尚未抵達，密須政府就被起義軍推翻了，控制首都的起義軍向西伯投降。就這樣，周師兵不血刃，佔領密須，並把都城遷到了程地。

一年後，周師討伐耆國，再次大獲全勝。

連續三年，西伯姬昌在姜太公的幫助下，三戰三捷。這時有人開始對岐周的崛起憂心忡忡，紂王手下一個名為祖伊的大臣，認為西伯乃是藉征伐為名，大肆擴張自己的實力，已是嚴重危及殷商的統治地位。

與費中、惡來等人相比，祖伊算是有責任心的人，他跑去對紂王說：「上天已經終結我殷商的國運了。無論是卜者占卜或是用元龜占卜，都看不到好兆頭。並非先王不肯保佑後人，而是大王您荒淫暴虐，自絕於人民，所以上天拋棄我們，使我們寢食不安。您既不知天命，又不遵從先王法典。如今我國內百姓，都巴不得殷商滅亡，都說『老天爺為什麼不顯示威力？毀滅殷商的天命怎麼還沒到來呢？』大王您究竟想要怎麼辦？」

祖伊的話說得十分重，斥責紂王的荒淫暴虐。說這些話是需要極大的勇氣的，祖伊把性命給豁出去了，冒死進諫。好在他運氣還不壞，他並沒有被殺死，可能當時紂王心情不錯，就放了他一馬。

有人可能會問，這個祖伊是什麼人呢？他為什麼要為垂死的殷商以身犯險、冒死進諫呢？這個人也是有來頭的，他家世世代代都是殷商的重臣，其家族曾有過兩個著名的人物，一位是商湯時代的名臣仲虺，一位是武丁時代的名臣祖己。可以說，這個家族數世沐王恩，祖伊當然不想看著殷商就此垮臺。可是紂王壓根就懶得理他，甚至都懶得爭辯，只是淡淡地答說：「我生不有命在天乎。」我生來就是帝王，這就是天命，這就是上天賜給我的，誰也奪不走。聽到這裡，祖伊扭頭走了，嘴角擠出一句話：「紂王不可諫矣。」

做臣子的，該說的說了，對得起自己的良心就夠了。

祖伊說得沒錯，西伯姬昌大有取代殷商之勢。伐耆戰爭後一年，西伯發動第四次征伐，吞併邘國。一年後的伐崇之戰，可視為西伯與紂王決裂的開始。前面說過，崇侯虎是一個小人，多次向紂王檢舉揭發西伯，並直接導致西伯坐了七年牢。西伯心裡最痛恨的人，恐怕就是崇侯虎。我們從史料中並沒有看到紂王有多器重崇侯虎，因為西伯發動伐崇之戰，紂王似乎並沒有加以干涉。為什麼崇侯虎大拍馬屁沒有得到回報呢？我想以紂王勇武蓋世的梟雄本色，恐怕打心眼兒裡是瞧不起崇侯虎這樣只會溜鬚拍馬的小人。

崇國終於沒能頂得住周人的攻勢，這個諸侯國被無情地從地圖上抹去。

奇怪的是，紂王還是無動於衷。

這時他已經在位三十幾年，歲月的侵蝕、醇酒、女人會一點一滴地消融一個男人的鋒銳之氣，哪怕他曾經是英明神武的。不要忘了，此時的紂王也已經年老，當荒淫且安逸的生活成為一種習慣，要把他再次投入血與火的戰場，他也會陌生得手足無措。人不是永遠都明智，也不是永遠都勇敢無畏。

伐崇之役，西伯的野心已是昭然若揭。倘若紂王能從醉酒中清醒，本可清楚地看到這一點，而且他還是有機會扭轉局勢。上天給了紂王最後一次機會。在伐崇之戰後，突如其來的饑荒席捲了周的領地，西伯被迫把都城由岐下遷往剛剛從崇國佔領來的豐邑。紂王倘若還有一點進取之心，此乃制服西伯的大好時機，但是他錯失了。第二年，眾諸侯前來周的新都豐邑朝見西伯，西伯儼然成為與殷紂分庭抗禮的帝王。

大饑荒過後，西伯派自己的兒子姬發經營鎬邑，並修築一座辟雍。辟雍是什麼東西呢？辟雍相當於現在的大學，但還有特殊含義。《禮記》記載，天子所立的大學才叫「辟雍」，諸侯立的大學只能叫「泮宮」。西伯還未稱為天子，卻修了辟雍，在禮制上是有僭越之嫌。

不僅如此，西伯還修築了一座靈台。靈台就是天象觀測台，這同樣有僭越之嫌，因為古代天象觀測的權力是集中在帝王之手的，其他人可不能隨隨便便搞一個天學機構。古代對天文曆法的重視程度，不是停留在科學層面，而是上升到政治高度。西伯已是做好「制正朔」的準備，換言之，他打算要革命了，革掉殷商的命。

令人深感不解的是，直到這個時候，紂王仍然沒有採取行動。

越來越多的跡象表明，西伯的叛變只是時間問題。這裡有兩個典型的例子：其一，殷商大夫辛甲逃往周地，西伯公然接納他；其二，西伯有一塊美玉，紂王派人前去索取，姬昌斷然拒絕。以上兩例足以證明西伯已經不把殷商朝廷當一回事了，紂王的虎威不在矣。

只是西伯沒有能夠等到革命成功的那天，他已經垂垂老矣。自從他繼承君位，已經過去整整五十年，繼續革命的重任只能交給兒子姬發。後世史家總把西伯姬昌當作周王朝的實際奠基人，故而尊他為「周文王」。

周文王或西伯姬昌是中國歷史上一大重要人物，同時是對中國文化產生重要影響的人物。據說他在被囚禁期間，推演出《周易》。《史記》記：「文王拘而演周易。」周易就是易經，據說他寫了《易經》六十四卦的卦辭與爻辭，內容很簡略。後來經孔子等人的補充、解釋與發揚光大，這部書成為中國文化史上最重要的經典，號稱「群經之首」。

二十八、殷商的滅亡（上）

西伯姬昌去世後，他的兒子姬發繼承君位。

姬發是姬昌的次子，他原本有一個長兄，名為伯邑考。有一種傳聞，說伯邑考是被紂王害死的，並且把他煮成肉羹逼西伯姬昌吃下。看過小說《封神演義》的讀者對此應當印象深刻，不過這種說法只是胡編亂造罷了。《史記》並沒有寫伯邑考的死因，只寫他在姬發即位之前便去世，應該是屬於正常死亡。

孟子曾經說：「生於憂患，死於安樂。」周的興起，便是在憂患之中興起，證明了「多難興邦」的古訓。

從古公亶父始，周邦一直面臨著巨大的外患，曾一度被戎狄逼得遷都，直到季歷七戰戎狄後才獲得較安全的生存空間。然而一患未平一患又起，先是太丁殺季歷，後是殷紂囚西伯，然而挫折不過令周人更堅強勇敢罷了。從古公亶父到季歷，從姬昌到姬發，連續四代明君，此乃憂患所賜。唯有苦其心志，勞其筋骨，才能勇挑重任開拓進取。

姬發繼位後，仍稱為「西伯」。他的早年生活，我們知之甚少，不過可以推斷他年輕時便是岐周政壇上的重量級人物。當年西伯入朝，遭囚禁七年，此時岐周主事者必是姬發。他的性格與其父頗似，寬宏大量，善隱忍且不失真正的勇氣。父親歸來後，顯然對兒子的所作所為頗為讚賞，遂讓他經營鎬邑，獨當一面。

與目空一切、自高自大的商紂王相比，新西伯姬發要謙遜許多。他繼承父親「尊賢」的傳統，尊姜太公為「太師」，並讓才華橫溢的弟弟姬旦作為自己的副手。有姜太公、姬旦為左膀右臂，姬發如虎添翼。

此時天下諸侯約有三分之二歸向周政權，姬發已有實力與殷紂王全面對抗，可是他還是沉住氣了。誰也不能小覷殷商政權，這個王朝已經傳了三十一代，經歷五百多年的風風雨雨、沉沉浮浮後，帝國的大廈還未倒塌，足以證明此乃偉大的王朝。其間有多次衰敗，而後又有多次復興，殷商的生命力是頑強的。

要革命，就要一擊致命，絕對不能拖泥帶水。

倘若陷入持久戰，對周政權是相當不利的。原因有二：第一，政治陷入被動。以諸侯討伐國君，這叫以下犯上，叫造反作亂，在許多人看來是大逆不道之事。戰事拖得越久，則政治上越不利。第二，不要忘了紂王是個有能量的人，是有本事的帝王，如果他幡然悔悟，痛改前非，勵精圖治，則殷商不可圖。

姬發繼位後第九年，他舉行了一次盛大的軍事演習。這次軍事演習以畢邑為起點，以盟津為終點。當時天下有八百諸侯前往盟津參觀演習，以前的諸侯都很小，實際上就是城邦制的小國，一個諸侯國大概就是一座小城及周邊的地盤。

問題是，此時姬發在諸侯中的影響力遠不及父親，怎麼辦呢？他頗有心思，刻了一尊父親的木像，用馬車載著，置於中軍。古代的三軍與現在的三軍不同，現在是陸軍、海軍、空軍，古代則是中軍、左軍、右軍。中軍一般是統帥坐鎮，姬發把父親的神像置於中軍，自己則不以國君自居，而稱「太子發」。

扛出父親的金字招牌，姬發這一手棋下得漂亮。首先是喚起諸侯們對老主的懷念，其次表明自己乃是繼承父親的遺命以征討四方。老爹雖死，但他的英靈永遠召喚後人繼續奮鬥。

軍事演習前，他對臣僚、將士們說：「我本是愚鈍無知的人，只是先祖留給我有德的賢臣，才使我這個小子得以襲承先王的功業。對於這次軍事演習，我們要設立賞罰制度，以便能圓滿完成任務。」

說完之後，姬發下令，軍事演習開始。

演習總指揮是太師姜尚姜太公，他發布命令：「集合你們所有的人員與你們的船隻，最後到的人，斬！」

這是一次水陸軍事演習。

姬發率先上船渡河，當船航行到河中間時，有一條白魚跳到座船之上。姬發立即大做文章，認為這白魚乃是吉兆，遂以之祭祀上天。渡過河後，又發生一件奇怪的事，有一團火焰忽上忽下地飛舞，最後停在姬發下榻處的屋頂上，忽然間變成一隻紅色的鳥飛走了。這叫什麼話呢？分明是誇大其詞，故作神秘。依我看來，那本來就是一隻紅鳥，上下飛舞，歇在屋頂上罷了。姬發故意說成是火焰在飛舞然後變成紅色的鳥，把很平常的東西搞得神秘兮兮的，用這種手段神化自己，這也是政治家常用之手法。

這次軍事演習乃是姬發耀武揚威之舉，可視為對殷商的挑釁。

姬發與姜太公此舉用意深遠：其一是確定周邦在諸侯中的領袖地位；其二是藉以觀察殷商紂王的反應。

八百諸侯前來觀摩軍演，實際上已是承認姬發「西伯」的霸主地位。當時有不少諸侯提議道：「紂可伐矣。」老成持重的姬發認為時機尚未成熟，他說：「還未知天命如何呢？現在尚不是時候。」

為什麼還不是時候呢？

因為殷商尚有賢人在，還有微子、箕子與比干等人。

微子就是紂王的庶兄啟。

作為紂王的長兄，微子曾多次直言進諫，紂王哪裡聽得進去呢？看到殷商沉淪，微子難掩心痛，一度想過要自殺，又沒有這個勇氣，心裡猶豫不定，便找來太師、少師，對他們說：「想我先祖成湯以前做過許多偉大的事業，如今紂王卻只是沉湎於酒色之中，輕信婦人之言，敗德亂政。殷朝自上而下，作奸犯科，卿士百官藐視法律。真正有罪的人，卻沒有得到應有的懲罰。如今民眾與起，相互攻奪。殷商快完蛋了，就像一個人在水中找不到岸一樣危險。殷商就要滅亡了，我該往何處去呢？我的家族能躲過災難嗎？你們告訴我，我應當怎麼辦？」

太師歎氣道：「唉，尊貴的王子（**微子是帝乙的兒子，故稱王子**），老天要滅亡殷國了，紂王既不畏天，又不畏民，我們這幫老臣都不受重用了，殷商的百姓都背棄了神祇。如果現在能把國家治理好，就算死了也無憾。如果拼了老命還於事無補，那不如離開，逃得遠遠的。」

這一番話，終於讓微子下定決心，既然無法改變紂王的暴政，想自殺又沒膽量，唯一可行的便是逃了。他毫不留戀權力與地位，一走了之。

再來說說箕子。

殷商朝廷之上，敢於向紂王勸諫的人，都是王親國戚，其他敢於直言不諱的人，不是死光了就是逃光了，剩下來的人就算有良知，也一聲不吭保命要緊。箕子是紂王的叔叔，有人說他就是太師。有一回，他見到紂王用象牙製筷子，就發了一通牢騷，說：「今天想著象牙筷子，明天就想著玉器杯子，以後就想把遠方的各種稀世珍寶都據為己有。宮廷的各種奢華就從這裡開始了，國家肯定振興不了。」

果然不出箕子的預料，紂王上臺後窮奢極欲，荒淫無度。作為老臣及長輩，箕子也多次進言勸諫，結果可想而知，紂王理都不理他。有人就對箕子說：「您還在這裡幹什麼呢？可以離開了。」箕子答道：「作為人臣，進諫不被採納，就離君主而去，這不明擺著去宣傳君主的惡行嗎？不是自命清高嗎？我可不能這樣做。」大家都知道，作為王親國戚兼國家重臣逃離朝廷，這當然會被視為君主的迫害。箕子不想把惡名留給紂王，畢竟自己是臣子，也是君王的叔叔。那怎麼辦呢？我呀，我就裝瘋好了。某日，箕子不上朝了，一個令人震驚的消息傳遍殷都：他瘋掉了！只見箕子披頭散髮、手舞足蹈、念念有詞，甚至跑到別人家裡當奴僕。後來紂王認為一個堂堂王叔如此瘋瘋癲癲成何體統，便乾脆把他抓起來關了。

別人真以為箕子是瘋了，可是有一個人心裡是明白的，他就是比干。

比干與箕子是兄弟，同樣都是紂王的叔父。他是殷商帝國最有才幹的大臣，也是最令西伯姬昌、姬發畏懼的人。當年西伯姬昌使花招撈得征討諸侯的大權，比干一眼就洞穿了西伯的陰謀，可是紂王對他的意見不理不睬。早年那個智慧過人的紂王，在權力與酒色面前已全然喪失了判斷力與進取精神，殷商帝國之所以還不倒，正是有比干力挽狂瀾。當時比干就是被尊為「聖人」級的人物，也正因為他的存在，百姓尚且對殷商存有一線希望。

箕子假裝發瘋，眾人都信以為真，可是豈能瞞過比干那雙銳利之眼呢？他知道箕子裝瘋乃是無奈之舉，是對帝國完全喪失了信心。外人或許還以為殷商帝國是一頭猛虎，身居顯位的微子、箕子、比干等人心裡再清楚不過，帝國只是一隻病貓罷了。風雨飄搖，微子逃了、箕子瘋了，比干又要做何選擇呢？難道他也一走了之嗎？說實話，眼不見心不煩，逃避是最省心的事情。可是殷商五百多年，難道就毀在這一代人手上嗎？強烈的責任感又迫使比干忍辱負重，他不想眼睜睜地看著先王的基業就這樣毀掉。

可是他能怎麼辦呢？名為王叔卻權力有限，紂王不悔改，就靠他一人絕對無法拯救這個垂危中的國家。明知進諫毫無益處，但除了進諫之外，又有什麼辦法呢？這叫報國無門。明知忠言逆耳，再進逆耳之言，非但起不到作用，反倒只會讓事情更糟。比干未必不知道這一點，但他沒時間等了，他已經垂垂老矣，他只是抱著一點點的僥倖，如果能用自己的一死換來紂王的清醒，這就值了。

事與願違。

紂王對比干越來越厭惡，這個老傢伙每每沖淡他的好心情，這個老東西怎麼還不死呢？可是比干卻如機器人一般，反覆嘮叨著翻來覆去毫無新意的說辭。紂王快瘋了，這事只能有兩種結果：要不然是紂王大呼一聲「我受不了了」，自殺而死；要不然就是比干去死。紂王雖然不再年輕，可是他的青春不曾逝去，他內心陽光明媚，生活對他來說是無盡的享受，他怎麼捨得被嘮叨得去自殺呢？所以死的人只會是比干。要讓這個老傢伙閉嘴，最乾脆的辦法，就是——殺！

崇尚藝術的紂王雖然失去了進取心，可是還有想像力。比干不是被稱為「聖人」嗎？好，那我就看看聖人與凡人有什麼不同。他冷笑中帶著陰險：「我聽說聖人的心有七個竅，是不是真的呢？」這句話，冰冷且殘酷，殺意已決！比干毫無怯意，生對他已無可眷戀，死何嘗不是解脫。就算他如微子那樣隱去，如箕子那樣裝瘋，可是內心的折磨怎會有個盡頭？這樣倒好，他不必眼睜睜地看著殷商覆滅，不必掩起臉到黃泉之下見列祖列宗，因為他盡忠了，問心無愧了。面對紂王舉起的屠刀，他淡然道：「君有過而不以死爭，則百姓何辜！」死到臨頭，還想著百姓，算是忠臣好官，只是死得可惜了。

我小時候讀《封神演義》，總想著比干太傻，何必當一個陪葬品呢？及長，方知一個人的生命價值，原本不能功利化，不能以事功去衡量評判，他做了自己的選擇，踐行了自己的信念，這點對他來說已經夠了，價值不是由別人去定的，而是自己的體驗。

比干死了，紂王果然剖出他的心臟，置於手心仔細端詳，忽然間他臉上露出燦爛的笑容：都說聖人之心有七竅，比干哪裡是聖人，這顆心臟與凡人也沒差別嘛。

箕子被囚，比干剖心，殷商帝國大廈的兩根大柱子倒下了。

姬發與姜太公等的就是這一天。

商紂自毀長城，此時不興兵滅殷，更待何時！

出兵之前，西伯姬發照例以龜甲占卜，大失所望，占卜的結果竟然是不吉。苦苦等了兩年，明明時機已經成熟，可是占卜竟然通不過，怎麼辦？這是考驗一個人意志的時候了，上天似乎為了營造不吉的兆頭，暴風雨突至，雷閃雷鳴，眾人無不驚駭。以姬發之英明神武，亦不免猶豫躊躇。

此時只見一人挺身而出，體現出大無畏的歷史唯物主義精神：殷商腐敗，賢臣盡去，以正義之師伐不義之國，天理昭然，何懼不吉之卜辭乎？

問此人是誰？

姜尚在此！

管你是人間奸邪還是魔界妖孽，我姜尚照打。

龜甲怎麼能左右歷史呢？

在姜尚姜太公的堅持之下，姬發奮起武士之心，毅然下定決心，討伐殷商，為天下除害。姬發把討伐殷商的決定遍告諸侯：「殷有重罪，不可以不伐。」此時周的兵力如下：有戰車三百輛，虎賁之士三千人，甲士四萬五千人。諸侯聞訊，莫不摩拳擦掌，紛紛前來會盟。一支討伐殷商的諸侯聯軍迅速組建起來，聯軍的主力當然是周的軍隊，周的軍隊數十年來南征北戰，已錘鍊為鋼鐵之師矣。

二十九、殷商的滅亡（下）

這一年是姬發上臺的第十一年，由於他後來稱周武王，故而稱為武王十一年。

十一月戊午這天，諸侯聯軍在盟津誓師。大家宣誓的口號是：「孳孳無怠。」就是說，要孜孜不倦，不要懈怠。宣誓完畢後，由姬發發表戰前動員演說，這篇演說詞又稱為《泰誓》。在《史記》中，只記錄一篇，且行文較短。在《古文尚書》中，《泰誓》共有三篇，也就是姬發前後有過三次演說，篇幅較長。

姬發都說了些什麼呢？主要是三個方面：其一是列舉紂王的種種惡行；其二是說明自己造反的理由；其三是鼓勵全體將士奮勇殺敵。

我們來看看他是怎麼說的。

首先是揭露紂王的暴行：

「商王紂對上天不敬，給人民帶來災難，他沉溺酒色，殘忍暴虐，採用滅族的恐怖手段。生活奢侈，大興土木，大造宮室樓榭，以盤剝百姓。以炮烙之刑炙殺忠良，以剖腹之法殘害孕婦。」（《泰誓》上篇）

「如今商王拼命幹壞事，拋棄老成持重的大臣，親近奸佞小人，淫亂酗酒，放縱暴虐，致使朝廷朋黨林立，互相攻伐。而無辜之人卻只能呼天喊地，無處訴冤。」（《泰誓》中篇）

其次是說明自己革命無罪，造反有理：

「上天要護佑萬民，這才有了君主，才有了百官。君主要恭從天命，安撫、愛護四方之民。紂是有罪還是無罪，這由上天來決定，不是我一個人敢自作主張的。紂有億萬臣民，就有億萬條心，不能同心同德；我就算只有三千臣民，也可以上下一心。殷商已是惡貫滿盈，上天已經命令我誅殺之，我若不順承天命，罪惡與紂相同。」（《泰誓》上篇）

在這裡，什麼是天命，姬發說得不清不楚。

他在第二篇演講中，就徹底解決這個問題了，他把「天」與「民」結合起來，說了一句非常有名的話：「天視自我民視，天聽自我民聽。」這是姬發思想的一大突破。我估計他之前第一次演說，未能得到認同，特別是講到天命時，憑什麼說你知道天命呢？你是如何知道的呢？所以這個問題必須要講清楚。他把不可捉摸的天意，與可以理解的民意視為一體，那問題就變得簡單了。上天的意願，就是人民的意願，這是多高明的見解呀，神從天上回歸到人間了。

最後是激勵將士奮勇殺敵：

「我將率領你們諸將士，消滅仇敵。爾等應奮勇向前，以堅毅果敢之精神成就偉大的事業。功多者有厚賞，怯懦不前者殺無赦。」（《泰誓》下篇）

政治動員是必要的，戰鬥力的由來，在於明瞭為何而戰。姬發強調此役乃是懲惡揚善，乃是除暴安良，救民於水火之中。

還有比這個更崇高的事業嗎？

次年二月，諸侯聯軍抵達殷都郊外的牧野，兵力有所增強，據《史記》的說法，此時，聯軍的兵車已經有四千輛之多。那麼紂王的兵力又有多少呢？《史記》給了一個令人瞠目結舌的數字：七十萬人。

以我的看法，這個數字很有水分。

在紂王之前，通過卜辭所查到的資料，在武丁大帝時代，我們看到一次徵集的軍隊最多也就一萬人。在當時，一萬人就算得上是一支相當龐大的軍隊。紂王孤注一擲，把能上戰場的人都征入隊伍，數量可能遠不止一萬人，但也不可能比武丁時代要多出七十倍。再說了，就算臨時徵召七十萬人，哪來那麼多武器配給呢？難不成赤手空拳上陣嗎？因此，我猜想紂王所稱的七十萬人，只是虛張聲勢，能有二十萬人就算很了不起了。

那麼諸侯聯軍的兵力有多少呢？

這個不太好估算。

在聯軍中，周派出的兵力，共計有三百輛車，四萬八千人，平均每車對應一百六十人。按照後來周的定制，每車應該配置七十五名戰士，這說明姬發手中的戰車數量不夠，他必須從諸侯那裡調來更多的戰車。諸侯國提供了三千七百輛戰車，但每車配置多少人，卻是未知數。我想，周軍至少佔聯軍的一半兵力，如果沒佔到這個比例，指揮系統就會出現問題。倘若以此來推算，聯軍的數量，大約在八萬人到九萬人之間。

從數量上來說，諸侯聯軍遠不及紂王的軍隊，但是武器上應該佔有絕對優勢，因為四千輛的戰車，絕對不是小數目。中國戰車發展的巔峰期是春秋時代，晉文公稱霸之時，也只有戰車七百輛。到了春秋晚期，當時最強大的兩個諸侯：晉國與楚國，所擁有的戰車，也不過是四千輛。

在軍事思想上，殷商已是落後周了。

儘管戰車很早之前便出現在戰場，但是把戰車變為一支「裝甲集群」，那可就是破天荒的變革了。這種軍事思想的變革，正是由姜太公來完成的。在《六韜》中，可以看出姜太公對戰車的重視程度：「車者，軍之羽翼也，所以陷堅陣，要強敵，遮北走也。」「十乘敗千人，百乘敗萬人。」在姜太公看來，戰車足以摧毀敵人堅固的陣地，是以少勝多的利器。十輛戰車可以打敗一千名敵人，而百輛戰車可以打敗一萬名敵人。從這裡可以看出，為什麼姬發要徵集那麼多的戰車，因為他必須一擊致命，終結殷商的歷史。

雙方決戰的時間是在二月甲子。

地點：牧野。

決戰是在黎明時打響的。

姬發派太師姜尚帶著一百名勇士，前往殷商兵營前挑戰。古代打仗最簡單的辦法，就是雙方列陣而戰，只消一天打下來，勝敗立判。紂王仗著自己人多接受挑戰，把陣式排開。戰車與步兵交錯分布，大家手裡操著戈戟或弓箭，排列齊整。在空曠的原野上，不時有風襲來，旌旗獵獵。

擅長鼓舞士氣的姬發又一次發表戰前演說，因為是在牧野前線，故而該篇演說又稱為《牧誓》。只見姬發左手持著象徵權力的大黃鉞，右手揮舞著大旗，對眾人說道：「路途多遙遠啊，從西方來的人們！」演說的開篇就不落俗套。

「啊！來自友邦的諸位國君，各位司徒、司馬、司空、亞旅、師氏（都是官名）、千夫長、百夫長，以及庸、蜀、羌、髳、微、盧、彭、濮等諸部，舉起你們的戈，排好你們的盾，豎起你們的矛，我就要宣誓了。

「古人曾這樣說：『母雞不應該在清晨啼叫，如果母雞啼叫了，這個家就要敗落。』如今的殷商，就是母雞在啼叫。商王受（即紂王）只聽婦人之言，拋棄對先祖的祭祀，拋棄同族兄弟，不肯任用。他不用賢人，卻任用那些從四方逃來的罪犯，把他們提拔為大夫、卿士，尊崇他們、信任他們，而他們卻是殘暴地虐待人民。面對這種情況，我姬發只能恭行天罰，替天行道。對於今天即將面臨的戰鬥，我有幾個要求：每前進六七步，就要停下來整理好隊形。進攻的時候，用武器刺擊四五次或六七次後，就應該停下來重新整好隊形。諸位將士，要努力啊，拿出勇敢精神，像虎豹熊羆那樣凶狠，在殷都的郊野與敵人一決死戰。注意不要殺死前來投降的人，這些人以後可以帶回西方服勞役。如果你們不奮勇戰鬥，那麼我告訴你們，將會帶來殺身之禍的。」

這是一篇很有名的演說詞。

周武王姬發的《牧誓》與夏啟的《甘誓》、商湯的《湯誓》都是開國君主在戰場上的講演，《牧誓》有一個明顯不同於另兩篇的特點，該文對行軍布陣時的佇列要求做了明確指示，無論是在前進時還是攻擊時，都必須要保持隊形的完整。為什麼姬發要強調這一點呢？諸侯聯軍的力量是居於劣勢的，要扭轉這種劣勢，就必須以嚴明的紀律約束，戰士不是各自為戰，而是作為一個整體進退。這顯示了諸侯軍隊，特別是周軍的軍事素質是相當高的，這應該與姜太公的訓練有直接的關係。

這一年，紂王上臺已經整整五十二年了。

已經看不到當年那個神勇無敵的紂王的影子，取而代之的是老態龍鍾的形象，比肉體衰老更為可悲的是，他的思想早在靡靡之音中變得萎靡不振了。但他似乎還自我感覺良好，因為他擁有的軍隊更多，不過這些軍隊的戰鬥力很令人懷疑。很明顯，數十萬大軍中的絕大多數只是臨時拼湊而成，既沒有經過嚴格的軍事技能訓練，更談不上有鐵的紀律。

紂王把臨時拼湊的雜牌軍置於前，中央軍則置於後。他的算盤是先讓雜牌軍胡亂抵擋一陣，佔著人多消耗諸侯聯軍的實力。等到諸侯軍筋疲力竭之時，精銳的中央軍再投入戰場，必定可以大獲全勝。這個想法固然很美，只是早已不理兵事的紂王哪裡曉得世界軍事的發展趨勢，周的武裝力量之強大，遠遠超出他的想像。

聯軍的進攻有條不紊，戰車部隊發動進攻，四千輛戰車足以撕破敵方的防線。後續跟進的步兵，嚴格遵守姬發的命令，始終維持著進攻隊形的整齊，步步為營，不急不緩地向前推進。反觀殷商軍隊，那些被臨時拖上戰場當炮灰的人，哪裡有什麼士氣可言，他們究竟為何而戰鬥呢？為了保護暴君、獨夫、壓迫者紂王嗎？他壓迫我，我卻要保衛他，有這個道理嗎？誰也不想打仗，看到諸侯軍衝殺過來，殷商軍隊中就有人喊了：咱們為紂王拼啥命啊，幹嗎不加入聯軍一方，倒轉槍頭去對付暴君呢？

起來吧！不願當炮灰的人民！

於是乎令人驚愕的一幕發生了：殷師的前軍突然紛紛倒戈，反倒成為諸侯聯軍的前鋒，攻打紂王的後軍。這下子可亂了套，紂王哪裡料得到有如此變故，他辛辛苦苦招來的數十萬大軍卻成了敵方的幫手，他就像給姬發打義工。

這仗沒法打了。

商紂的中央軍在諸侯聯軍及倒戈者的雙重打擊之下，傷亡慘重。

《尚書》的《武成》篇中記錄牧野之戰的慘烈場面時，用了一個詞：「血流漂杵。」對於這個說法，後來孟子表示強烈的懷疑，他說：「盡信書則不如無書。」「仁人無敵於天下，以至仁伐至不仁，而何其血之流杵也？」孟子認為周武王姬發是「至仁」，而紂王是「至不仁」，正義摧毀邪惡，理應是摧枯拉朽，哪來的血流成河？

這種說法實在太過於主觀，太過於幼稚了。

姬發一戰定江山，紂王狗急跳牆，不遺餘力把所有家當都投入了，要是沒點實力，他能坐得了五十年江山嗎？即便是正義戰勝邪惡，就像「二戰」中同盟國打敗法西斯一樣，也同樣付出了巨大的代價。牧野之戰是周與商的生死之戰，血流漂杵的慘烈並不奇怪，但顯然殷商人的血流得更多。

牧野之戰，決定了殷商帝國的命運。

紂王戰敗了，他逃回殷都。在人民戰爭的汪洋大海裡，殷都的守備形同虛設，很快諸侯聯軍如潮水般湧入城內，誰都知道，一個舊王朝結束了，一個新王朝開始了。

諸侯聯軍雄赳赳、氣昂昂地入城，在隊伍之中，有幾輛華麗的馬車，車上所坐的人，當然都是重要人物。殷都的百姓夾道觀看，指指點點。混在人群中的人裡，有一個著名人物，他名叫商容，曾經是殷商重臣，只是因得罪紂王而被罷官。

當第一輛馬車駛過來時，一望便知是個地位極高之人，百姓們便紛紛議論說：「這個人是不是新的君王呢？」商容笑道：「不是的。你們看這個人，看上去十分嚴肅，但臉上帶著焦急的神情，這是遇到大事時表現出的敬畏之心，但他不是君王。」商容說得一點也沒錯，車上的這個人，便是姬發的左右手畢公。

第二輛馬車駛過，大家又在猜測此人是不是君王。商容又評論道：「不是的。你們看這個人，坐在車上虎虎生威，又像雄鷹一樣振翅欲飛，他若率領將士迎戰強敵，一定會奮力向前，絕不退縮。這個人也不是君王。」那是誰呢？太師姜尚姜子牙，看來此公是老當益壯。

又一輛馬車過來，這坐的是不是君王呢？商容又點評道：「不是的。此人溫和寬厚而又悠然自得，他志在除賊，安定天下，但他不是天子，他應該是周的相國吧。」來者正是姬發最得力的副手，一代名臣周公旦（**姬旦**）。

此時第四輛馬車迎面而來，大家想，這回總該是君王現身了吧。商容喝采道：「是了。你們看這個人，有聖人的氣象，為什麼呢？他為海內征討暴虐，可是無論是善或是惡都不會影響他內心的平靜，你們看他外表，也沒有表現出絲毫喜怒的神色。所以我知道他就是新的君王。」這回，商容又猜對了，來人正是征服者姬發。

看來商容是懂得一點相人之術的。在他看來，前三人，即畢公、姜太公、周公旦三人，還未臻最高明的境界，他們或有焦急之相、或有威武之相、或有得意之相。而姬發則深沉如海，不動如山，真正有帝王之相。

倘說姬發不食人間煙火，卻也未必，凡人之心，他皆有之，特別是復仇之心。如不是為了復仇，又哪來的興師動眾？

姬發、周公旦、姜子牙、畢公等人都進城了，這時候紂王躲哪去了呢？一生都自以為是的紂王，做夢也沒想到僅僅是一場戰役，他就徹底輸光了。得道多助，失道寡助，可惜他沒有時間去總結經驗教訓了。高傲的他當然不願意向臣子繳械投降，再說了，投降能有活路嗎？

關於紂王的結局，有兩種不同的說法。

一種說法稱紂王自焚於鹿台，臨死之際，他還不忘把所珍藏的珠玉戴在自己身上，是不是擔心到了九泉之下成了一名窮鬼呢？這是《史記》的說法。

另一種說法見於《竹書紀年》，稱紂王乃是被周武王姬發所俘，他逃到一個名為南單之台時，被周軍擒獲，後來被處決。

不管哪種說法屬實，都改變不了一個事實：紂王最後死了。據說，姬發對著紂王的屍體射了三箭，並用一把名為「輕呂」的劍在他身上捅了幾個窟窿，最後用大黃鉞砍下他的腦袋。

清算完紂王後，緊接著是清算他的女人。史書上多次提到紂王聽信婦人之言，至於他後宮的女人在政治中扮演什麼角色，著實不容易搞清楚。妲己被視為「禍國殃民」的女人，自然難逃一死，她被處決後，與紂王一樣被懸首示眾。我估計到了商紂晚年，妲己也未必受寵，畢竟人老珠黃，而帝王後宮不缺的就是年輕美貌的女人。

真正受到紂王寵幸的兩個妃子，自知沒有活路，索性懸樑自盡。姬發為了報當年父親被囚之仇，衝著這兩個妃子的屍體各射三箭，然後用劍戳了幾個窟窿，最後用玄鉞砍下她們的腦袋，懸掛在小白旗上。

殷周之戰，以周的全面勝利而告終。商朝壽終正寢，自成湯到紂王，商代共計有三十一個王，約五百五十四年，在中國歷史上是長命王朝之一。

三十、周雖舊邦，其命維新

姬發東征，把紂王拉下馬，為民除害，固然可拍手稱快，但除害之後呢？是從殷商遺老中選立新帝，或者是取而代之？以諸侯的身分挑戰帝王，這叫以下犯上，既已冒犯就要一犯到底，推倒舊秩序，建起新秩序。

一個嶄新的王朝破繭而出。

這便是周王朝。

紂王死後第二天，姬發正式稱王。

這一天，在故殷商王宮舉行了一個簡單的登基儀式。姬發乘坐一輛馬車，拉車的是他弟弟叔振鐸，周公旦手持大鉞、畢公手持小鉞分別站在他的兩旁，大鉞、小鉞便是權力的象徵。臣僚散宜生、太顛、閎夭等人手執寶劍，站在馬車兩旁，保護姬發的安全。

到祭祀上天的時候，主持儀式的卜者口中念念有詞地說道：「殷之末孫季紂，殄廢先王明德，侮蔑神祇不祀，昏暴商邑百姓，其彰顯聞於天皇上帝。」這是解釋革命的合法性，宣布紂王的罪狀。這時姬發向上天磕了兩個響頭，恭敬地接受天命：「膺更大命，革殷，受天明命。」說完後又磕了兩個響頭。

這樣，姬發成為周王朝的第一任天子，稱為周武王。武王把父親姬昌尊為周文王，姬昌雖然生前未稱王，但周王朝的基業實是由他奠定，他也是周王國的真正締造者。文王的父親季歷被尊為王季，祖父古公亶父被尊為周太王。後世把周文王、周武王並列為最偉大的英雄，同尊為「聖人」。

有兩個政治名詞大家都很熟悉，一個是革命；一個是維新。這兩個詞，與周王朝都有關係。革命一詞，出自《周易・革卦・彖傳》：「天地革而四時成，湯武革命，順乎天而應乎人。」當然，這個意義，與現在我們說的是有區別的。古代把成湯推翻夏桀、周武王推翻商紂稱為革命，乃是仁政推翻暴政，仁君推翻暴君，上應天理，下合民心。可以說，湯、武革命，乃是文明進步之體現。維新一詞，出自《詩經・大雅・文王》：「周雖舊邦，其命維新。」周雖然是一個老諸侯，但其使命卻是嶄新的。

現在，周武王的革命成功了，接下來就是要做「維新」的事業。

在新舊政權交替之際，擺在周武王面前的一大問題是如何處理殷商部眾。

要如何處置戰俘呢？

周武王想聽聽諸臣的意見。他首先詢問姜太公：「要如何處置戰俘呢？」

姜太公是兵法家，又是謀略家，當然頗有雷霆手段，他回答道：「臣聽說愛一個人，連他房屋上的烏鴉也愛；恨一個人，也不會喜歡他身邊的東西。大王與商紂有深仇大恨，對他手下的那幫人，應該斬盡殺絕，您看怎麼樣？」

周武王搖搖頭，答了兩個字：「不可。」然後他又詢問召公奭同樣的問題。

召公奭回答說：「把有罪的人殺掉，把無罪的人釋放，怎麼樣？」

周武王還是搖搖頭，不認同召公的意見。下面要看看周公旦怎麼回答，因為在所有弟弟中，周武王最欣賞周公旦，他的意見會不會跟自己相同呢？

周公旦回答說：「戰爭都已經結束，不如讓他們各自回到自己的家裡，耕作自己的田地。不論他是舊政府的臣民還是新政府的臣民，只要有仁義德行就能得到器重。如果百姓有什麼過錯，我作為政府的首輔，責任就由我一人承擔吧。」

這一番話，讓周武王大為讚賞，歎道：「你所說的話真是博大精深，可平天下矣。自古以來，士人君子之所以受到推崇，正是因為他們有崇高的仁義道德。」

大家知道，中國歷史上經常改朝換代，城頭變幻大王旗，而每次政權交替之際，總是伴隨著血腥的殘殺。但是這種大規模屠戮，在商取代夏、周取代商時卻沒有發生。中國早期文化傳統中，「仁義」的觀念是深入人心的，這也使得華夏文明充滿人道主義的色彩。

這種仁義的觀念有其產生的土壤，在夏、商、周三代，所有的天子，不過是邦聯制的首領，中央帝國對諸侯國並沒有絕對的權力，甚至在軍事上也沒有絕對的優勢，因此光憑恃武力者，難以服人，必須要輔以道德仁義，充當公正的仲裁人。或者我們也可以這樣理解，夏、商、周三代的君王，是受到了諸侯們的權力制衡，有制衡的權力，自然不能為所欲為。而秦一統天下後，君王再也不受制於諸侯們的權力制衡，不受制衡的制度下，要帝王克己奉公當聖人，這是不可能的事情。也正因為如此，周朝之後，帝王家再無聖人。

戰俘問題得到解決，接下來便是如何處置殷商王族。

在這方面，新興王朝體現出罕見的寬宏大量。

除了紂王及其幾個妃子外，殷室王族並未遭到大規模清洗。紂王死後，他的兒子祿父不僅未遭處決，還繼續統治殷城，他也被稱為武庚，只不過不再是帝國之王，而降格為普通的諸侯。當然，監視是必要的。周武王把兩個弟弟——管叔姬鮮、蔡叔姬度——留在殷地，表面上是輔佐祿父，實際上則是殷地的實際統治者。

紂王的庶兄微子原本已經逃得遠遠的，周武王攻克殷都後，他擔心族人的安危，遂返回殷城。微子手持祭器，脫了上衣，把自己綁起來，左手牽著一隻羊，右手拿著一束茅草，跪著走路前去見武王。這什麼意思呢？羊與茅都是祭祀時用的東西，表示我把家族的命運交給你了。周武王當即把微子釋放，官復原職，確有大政治家的胸襟與風範。

以前裝瘋又被紂王囚禁的箕子，也得以重獲自由。

箕子與比干都是紂王的叔父，德高望重，學識淵博。如今新朝草創，能馬上得天下之人，未必能馬下治天下。周武王求賢若渴，親自登門拜訪，向箕子討教治國之道。箕子做了長篇回答，後來被整理成文，收入《尚書》，這就是著名的《洪範》。這篇文章在古代極受重視，在中國文化史上佔有一席之地，涉及內容廣泛，包括哲學、政治、卜筮等。在政治上，箕子推崇仁政與寬容，宣導王道，這些見解對周王朝的政策有一定的影響。

可是箕子畢竟是殷商遺臣，不願意當周的臣民，也不想居住在殷這個傷心之城。雖然這時他已經很老了，可是仍然懷揣著一個夢想。他帶著一幫殷商舊民，朝著東北方向而去，最後到了朝鮮。箕子在這裡建立了一個政權，史稱「箕子朝鮮」，把中原先進文明傳播到了這裡，這也是朝鮮歷史上的第一個政權。周武王把箕子的朝鮮國列為「不臣之國」，不必向周王朝稱臣，表達對箕子的敬重。儘管如此，箕子也沒有把自己的小國與周王國平起平坐。數年後，他前往周都朝見周武王，這也是對周武王寬宏大量的感謝。

除了善待前朝遺老之外，周武王也沒有忽視殷民們的利益。以前被紂王拘捕的百姓，都被釋放。紂王在鹿台庫藏的大量錢財，在鉅橋囤積的大量糧食都分發給百姓，因為這些本來就是從百姓那兒搜刮來的。

武王還表彰了殷商幾個已經去世的賢臣，他下令為名臣比干修建一座高大的墳墓，以示尊崇。另一位賢臣商容也得到褒揚，周武王在他家門前立了一塊華表以表彰其高尚的品德。這樣做無疑使殷民覺得臉上有光。

應該說，在處理殷商遺留問題上，周武王的做法是明智而謹慎的。正因為如此，避免了許多潛在的衝突，維護了前朝貴族與殷民的利益和面子。光憑這點來看，周武王便堪稱偉大。因為在中國歷代王朝更迭中，沒有任何一個君王能像周武王一樣善待前朝的王室，並給予他們相當多的特權與自主權。

此時周武王的感受一定頗似於當年的商湯，帝國建立起來了，但這只是開始遠非終點。當年周與八百諸侯能團結一心，乃是因為有共同的敵人。當敵人不復存在時，關係便悄然發生變化，當初的盟友，隨時都可能成為新的敵人。任重道遠啊，當權者能不慎乎？武王西歸後，總是悶悶不樂，有時獨自一人登上山丘，遙望殷邑的方向，默不作聲。到了晚上，又時常難以入睡，秉燭沉思。

一天，姬旦見哥哥的寢室仍燭光搖曳，便入室問道：「為什麼不睡覺呢？」

武王看了弟弟一眼，若有所思地答道：「我告訴你吧，我一直在思考著一個問題：紂王即位時，我還沒有出生呢，從那時起，上天就拋棄殷商，到現在大概有六十年了。在這六十年裡，殷商朝廷之上奸臣當道，正人君子卻遭放逐。正是因為上天不眷顧殷人，我們才能推翻他們成就今天的事業。想當年殷商建朝時，任用的賢人有三百六十人；可是後來，商王棄賢人不用，因此走向滅亡。現在我還沒有完成天命，要做的事情還太多，哪有時間睡呢？」

誰說國君容易當呢？地位越尊崇，責任就越大。

姬旦聽了哥哥這一番話後，非常佩服。這時武王又說道：「我要繼續完成上天交給的使命，夜以繼日地艱苦奮鬥，以安定西土（**即周的領地**），把周所奉行的道義發揚光大。」

說實話，周武王是夠勤政的，怪不得後世儒家人物都要對他豎起大拇指。既然要把德政進行到底，就必須做出表態：裁軍！

要知道武王推翻商紂，武功蓋世，現在他怎麼要放棄「武力」呢？在他看來，「武」的含義，就是由「止」、「戈」兩個字構成的，原來武力只是制止戰爭的手段。在伐紂之役中，武王的嫡系軍隊多達四萬八千人，這當然不是常備軍，而是為戰爭而徵召的，如今殷商已滅亡，也不可能養著這麼多軍隊。於是放戰馬於華山之南，放牛於桃林之野，把召集起來的臨時軍隊解散，把干戈兵器藏入庫中。

這是昭告天下：戰爭結束了，和平年代到來了。

從季歷到文王再到武王，周的成長就是軍事擴張的過程，如今天下初定，當務之急乃是休養生息。事實上，周武王並不過多憂慮軍事問題，因為在伐紂之前，天下就有八百諸侯歸附周，殷商滅亡後，周王室受到的外在威脅並不大。

他考慮的是另一個問題：遷都。

自古公亶父遷到岐下後，周有過兩次遷都。第一次是西伯姬昌遷都於豐邑；第二次是武王遷都於鎬京。但武王顯然對鎬京的地理位置不太滿意，他要物色一塊更適合的土地。為此，他考察了從三塗山到太行山一帶的地形，確定了一塊理想之地，位於洛水與伊水之間。周武王開始在此地築城，這就是後來的洛邑，又稱為雒邑。他甚至把象徵國家權力的九鼎從殷邑遷往洛邑，可是遷都計畫並沒有實現，因為在滅商後六年（周武王十七年），這位新王朝的締造者便與世長辭，享年五十四歲。

周武王締造的周王朝，是中國歷史上最偉大的一個王朝，儘管人們對它的興趣遠不及漢朝或唐朝。它是古代最長命的王朝，而且中國古代之核心思想，均奠基於周代，特別是東周時代（**春秋戰國**），更是古代思想文化之登峰造極。百花齊放，百家爭鳴，儒家、道家、墨家、法家、兵家、陰陽家等流派，皆創於此期，自秦以降到清，沒有任何一個朝代的學術可以媲美於周代，這就是梁漱溟先生所謂的「早熟的文明」。

三十一、管、蔡的叛亂（上）

在政治制度上，周代仍然延續了夏、商以來的分封制，但有所創新，體現「周雖舊邦，其命維新」的濃厚色彩。

為了使新政權深入人心，周武王不僅分封殷商王室族人，同時也沒忘掉歷代帝王的後人。神農氏（炎帝）的後人封於焦，黃帝的後人封於祝，帝堯的後人封於薊，帝舜的後人封於陳，大禹的後人封於杞。這些都是所謂的「聖人」家族，儘管有些家族已經沒落，但由於中國向來有祖先崇拜的傳統，政治影響力尚存。在分封諸侯一事上，周武王堪稱慷慨大方。

作為新王朝的締造者，周武王不能不思考夏、商兩朝中央政權存在的問題。在夏代絕大多數時間裡，中央政權並沒有足夠的權威，甚至有一段時間政權還落入野心家手中（后羿、寒浞），這是因為中央政權的直轄區太小，遇到強有力的諸侯時，中央帝國甚至不是其對手。商湯建立商王朝後，擴大了中央直轄區的範圍，中央帝國無論在土地還是人口上，都要遠遠大過其他諸侯。後來商的覆滅，問題便是出在沒有強有力的諸侯作為屏藩。

周王朝若要長治久安，非得有強大而且忠誠的諸侯拱衛不可。要諸侯對王室忠誠，這可不是一件容易的事情，只有自家人才談得上忠誠，當然，太師姜尚姜子牙也算得上一個。周武王如高明的棋手，在分封諸侯上足見他的遠見卓識，我們且來看看他是如何做的。

武王封太師姜尚於營丘，國號為齊；封弟弟周公旦於曲阜，國號為魯；封召公奭於燕；封弟弟叔鮮於管；封弟弟叔度於蔡。以上這幾個人，是周帝國的核心人物。這裡體現了怎樣的政治智慧呢？周的勢力原本乃是在岐下、豐邑一帶，位於西方，在中部、北部、東部都缺乏影響力。武王分封諸侯的原則，便是把心腹安插在周勢力薄弱的地帶。在勢力最薄弱的東方，安插姜太公的齊國與周王旦的魯國；在北方則安插召公奭的燕國；在殷商舊地的中央地帶，安插叔鮮的管國與叔度的蔡國。

這就如同圍棋國手的布局，固然不可只爭一隅之地，而必須放眼全域，把重要棋子置於四角乃至腹心。這種戰略布局用意明顯，只要有其他諸侯叛亂，帝國的捍衛者便可以從各個方向出擊，絕不至於像殷商那麼被動。在周武王之後，這個戰略布局又被繼承者做了改動，設兩都，即西都與東都，分控西部與中部，又給予東方齊國征伐之權。如此一來，周王自西向東直到東海之濱，均取得了有力的控制權。

在這幾個嫡系諸侯中，管、蔡兩國負有特殊的使命，這兩個諸侯國分布在殷邑附近，管叔鮮、蔡叔度的職責之一，便是監視殷商舊貴族，預防他們造反。周公旦雖然被封於魯國，可是他並沒有前往封國，周武王對這個弟弟的政治才華十分欣賞，把他留在朝廷幫自己打點政務。因此經營東方的重任，實際上便落在姜子牙的身上。

姜子牙雖已年邁，卻寶刀不老，在他的經營下齊國成為最強大的諸侯國。

周滅殷商，最大的功臣當屬兩代帝師姜尚姜子牙，他所得到的封賜也是最多的，封於營丘，國號為齊。周取代商，理所當然地接收了殷商遺留的政治資本，包括其領地與控制下的諸侯。只是殷商時代，對諸侯的控制力原本有限，周的權力觸角還未遠遠地伸向東方，因而所謂的封國不過是畫在紙上的大餅罷了，能否搶下這個大餅，還得看本事如何。

武王封姜尚於齊，這只是給一個允諾，你可以到那裡當諸侯，能否站得住腳，還得奮鬥才行。正因為這塊大餅不好下嚥，而又不能不吞下，周武王才讓最有智慧的姜子牙去經營，只有東部無虞，地處西方的朝廷才能高枕無憂。

據稱，姜子牙本是東海上人，即今天的山東地區，受封於齊，對他來說算得上是衣錦還鄉。可是我們不要忘了，姜子牙已經老朽了。倘若果真如史書所言，周文王姬昌找到姜子牙時，他已是古稀之年，那麼此時應該八九十歲了。忙碌一生，豈不是該好好地安享晚年嗎？姜子牙當真是抱了這種想法，奮鬥了一輩子，終於當了諸侯，心裡好不得意。儘管事業來得有點遲，可畢竟他還是奮勇地攀上了人生的高峰。

也許是時候歇歇了。

他帶著一幫人馬，向東進發，向著自己的封國而去。一路上，姜子牙氣定神閒，不急著趕路，白天趕路，晚上投宿酒館，倒也十分愜意，沿途欣賞大好山川，流連忘返。

有門客急了，天下雖已初定，但東方並非太平，如此拖泥帶水，恐怕局勢有變。某天晚上住宿時，該門客對姜太公說：「我聽說來之不易的東西，失去卻是容易的，你這麼安逸，睡得這麼香，不像是急著趕到封國的人。」言下之意是說，你別以為封你為諸侯，這個地方就是你的，很多人都搶著要哩，你還不趕緊去接收？姜太公一聽，如夢初醒，趕緊穿上衣服，連夜趕路，在黎明之時到達營丘。

也虧得那人提醒，姜太公要是晚到一天，就大事不妙了。

在營丘附近，有一個夷人國家，稱為萊國。萊侯原本是聽命於殷商，這時殷商覆滅了，周朝剛剛建立，東部尚未安定，萊侯便想渾水摸魚，乘機奪取營丘。所幸的是姜子牙及時趕到封國，迅速組織防禦，打退了萊人的進攻。

正因為周王朝對東部的控制力薄弱，周武王才讓強有力的姜太公去治理此地，同時也給了他很多自主權。姜子牙不愧為出色的軍事家與政治家，他一方面加強齊國的軍事力量；另一方面用心思考齊國的出路。

當時的齊地接近蠻夷，屬於落後地區，姜子牙很有本事，他發現齊國擁有許多自然資源，特別是在漁業與鹽業上有得天獨厚的優勢，若能因勢利導則必定可富甲諸侯。除了漁業、鹽業之外，姜子牙還大力發展工商業，使得附近的居民紛紛前來投奔歸附齊國，齊國很快就成為諸侯國中的後起之秀成為一個大國。從開國者姜子牙開始，一直到秦始皇統一中國之前，齊國一直是諸侯國中的一等強國，這種光榮的歷史，在各諸侯國中是獨一無二的。

當初周武王把自己的弟弟們分封在大帝國的幾個戰略要地，希望這些同姓諸侯能作為藩衛中央的強有力保障。可是他做夢也沒有想到，他剛去世幾個兄弟就同室操戈，新興的周王國陷入極其嚴峻的危機之中。

這件事的由來，得從一個人說起，他就是周公旦。

周公旦就是姬旦，他是周文王姬昌的第四子，周武王姬發的弟弟。在周文王諸子中，姬發與姬旦是最出類拔萃的兩個。據《史記》載：「自文王在時，旦為子孝，篤仁，異於群子。」姬旦從小在孝行與仁德兩方面，在諸兄弟中是最為突出的。周武王對這個弟弟最為器重，自從繼位後，就把姬旦視為左右手，朝中許多政事都交由他處理。姬旦兢兢業業地輔佐哥哥，在推翻商紂的過程中立下汗馬功勞。在周武王登基儀式上，姬旦執大鉞站在其側，地位可以說是在眾人之上。受封魯國後，周武王並沒有讓他前往封國，而是留在自己身邊，偏好之心一目了然。

武王去世時年僅五十四歲，誰是繼承者呢？

倘若以殷商傳統，兄死弟承，最有可能繼承王位的人是姬昌的第三子管叔鮮。姬昌共有十個嫡子（**正妃太姒所生**），分別是伯邑考、武王發、管叔鮮、周公旦、蔡叔度、曹叔振鐸、成叔武、霍叔處、康叔封與厓季載。其中長子伯邑考早死，武王姬發病逝，剩下來八個同母兄弟中，管叔鮮最為年長，繼位可能性是很大的。

不過，周與商的傳統是不一樣的。從古公亶父開始，接下來的季歷、文王姬昌、武王姬發都是世子繼承制，並沒有採用兄弟繼承制。問題是，周武王的嫡子姬誦當時年齡尚幼。姬誦幾歲呢？史書有不同說法。《史記》的《周本紀》只寫他年少，未明幾歲；《魯周公世家》寫他尚在襁褓之中；《孔子家語》則說他十三歲，十三歲很難說是在襁褓之中吧。總之，姬誦的年齡不會超過十三歲，還達不到親政的年齡。

此時武王的幾個兄弟都被分封在外，只有周公旦在朝中執掌大權。周公旦當然不願意選擇兄弟繼承制，如果由弟弟繼承哥哥的大位，只能是最年長的管叔鮮繼承。因此周公旦果斷地立周武王未成年的兒子姬誦為第二任周王，史稱周成王。由於周成王年紀尚輕，未能親政，周公旦自己為攝政王，成為周王朝的實際統治者。

此舉令周公旦的諸兄弟勃然大怒。要知道周公旦一直得到周武王的器重，甚至不讓他去封國而留在朝廷，這個恩典是其他兄弟都沒有的。在周公旦的兄弟中，有些兄弟早就對他看不順眼，認為是武王偏心，心裡很不服氣。如今周武王剛死，周公旦居然就當起攝政王，不把其他兄弟放在眼中了。

周公旦必須為自己的行為辯解，他是這樣說的：「恐天下聞武王崩而畔。」擔心天下諸侯聽到武王去世的消息後發動叛亂，他不能把政權交給一個十來歲的小孩子，在這段時間裡，他必須攝政，以確保帝國之舟平穩航行。

然而周公旦這一解釋實在無法令人滿意，他上有哥哥，下有弟弟，憑什麼他有權力超越諸兄弟呢？憑什麼他是攝政王，而不是其他兄弟呢？顯然，這裡就牽扯到權力鬥爭的問題。

在諸多兄弟中，又以管叔鮮最為不滿，他憤憤不平，當年周武王把行政大權交給周公旦，而自己卻只能在殷邑監視紂王的兒子，很明顯是被剝奪了權力。管叔鮮糾集蔡叔度等人，共同散布流言：「周公將不利於成王。」就是說，周公旦的真實目的並不是為了輔佐年幼的周成王，而是想篡位稱王。

有一個人的立場相當關鍵。

他就是召公奭。

召公奭與周公旦同為姬姓，兩人很可能是堂兄弟。由於召公既是諸侯，又是朝廷三公，同時也是開國元勳，位高權重。他是朝廷第二號人物，實權僅次於周公，當時周領土劃為兩塊，周公管理陝以東的地盤，召公管理陝以西的地盤。如果召公與管叔鮮、蔡叔度等聯手，共同反對周公，周公勢必難以招架。

周公旦對自己的行為難以自圓其說，不僅管、蔡等諸侯反對他，在朝廷中擔任太保的召公奭也心有懷疑。所幸的是，召公只是心有懷疑，並沒有明確表態。善於捕捉機會的周公旦立即寫了一篇《君奭》的文章以表心跡，交給召公過目。召公對周公旦的解釋仍然不滿意，遲遲未答應與他合作。幸好周公旦博學多才，信手拈來前朝史事：「商湯時有伊尹；太戊時，有伊陟、臣扈，還有巫咸治理朝政；祖乙時有巫賢；武丁時有甘般。這些大臣都有輔佐君王的功業，殷朝因此得到治理和安定。」

反覆權衡利弊後，召公最終選擇站在周公旦一邊。他與管叔鮮、蔡叔度等人不同，雖然是同姓諸侯，卻是姬姓分支，爭奪王權根本沒他的份。他很知道自己的輕重，若是他倒向周公旦，周公旦勝出的機會就大；若是倒向管叔鮮，管叔鮮勝出的機會也大。從個人私交來說，召公與周公長期共事，親密程度要遠遠超過管叔鮮。若是他在周公旦、蔡叔度之爭中只能二選一，最好還是押在周公旦身上。

召公的支持，避免了朝廷內部的分裂，而且周公旦還可以獲得北方燕國（召公的封國）的支持。此時管叔鮮不斷糾集反周公旦的部落聯盟，這些同盟國多數來自朝廷鞭長莫及的東部及東南部，包括淮夷、徐戎諸部以及鄰近齊、魯的一個頗有實力的諸侯奄國。

面對管叔鮮的挑戰，周公旦毫不退縮。

他秘密聯絡鎮守東方的齊侯姜太公，對他說：「我之所以不避嫌而行攝政之事，是擔心天下諸侯背叛周王室。倘若發生那樣的事，我沒法向太王（古公亶父）、王季（季歷）、文王（姬昌）交代。三位先王長期艱苦創業，才有了天下。如今武王去世得早，成王年齡尚幼，我這樣做只是為了穩定周室罷了。」

在周公旦看來，齊侯姜子牙是必須爭取的對象。一來姜子牙德高望重，是開國元勳，也是周文王、周武王兩代帝王師，威信極高，影響力極大；二來齊國在姜子牙的治理下，經濟實力超強，成為第一流的諸侯強國，雄視東方；三來姜子牙是異姓諸侯，周王室內部兄弟之爭，對他來說並沒有切身利害關係。

姜子牙顯然願意支持周公旦。周公旦在周武王時代便是國家的第二把手，周武王去世後，理所當然是第一把手，這一點是不容質疑的。更重要的是，周公旦代表著朝廷，甚至可以說是代表周成王發號施令，在政治上握有絕對的主動權。姜子牙本來就是第一流的戰略高手，焉能看不出周公旦的優勢要遠遠強於管叔鮮、蔡叔度這些人。為了拉攏姜子牙，周公旦開出了讓他心動的條件：「東至海，西至河，南至穆陵，北至無棣，五侯九伯，實得征之。」授予姜氏齊國有征伐四方諸侯的大權。

這種條件，姜子牙焉能不接受呢？

在搞定召公奭與姜子牙後，周公旦又打出第三張牌。

周公旦不是受封於魯國嗎？可是長期以來他一直留在朝廷，根本沒法去魯國，魯國雖有封國之名，卻沒有首領。在管叔鮮、蔡叔度磨刀霍霍之際，必須盡快派一個可靠的人去經營魯國，增加自己的力量。

派誰去呢？

最可靠的人，當然是自己的兒子伯禽。

伯禽臨出發前，周公旦語重心長地對他說：「我是文王的兒子、武王的弟弟、成王的叔父，我的地位也不算低了，可以說位極人臣。可是我卻忙得沒時間，經常洗一次頭髮的時間，就要三次接待來訪的士人，手裡只得握著濕漉漉的頭髮；吃一頓飯，就要三次吐出咀嚼的食物，起身迎接賢人。我這樣做，還時時擔心失掉天下賢人。你到了魯國後，千萬不要因為有權有勢而在別人面前顯得驕傲怠慢。」伯禽聽後，唯唯而去。

三張牌打出去後，周公旦全然高枕無憂了。

管叔鮮、蔡叔度的地盤是在殷商舊地，位於中國的中心地帶。周公旦以巧妙的布局，在戰略上取得主動權，他親自坐鎮西部，掌控周帝國中央政府；東面有姜子牙的齊國、伯禽的魯國。只要戰事一起，周公旦就可以從東線、西線同時發動進攻，直搗叛軍巢穴。

三十二、管、蔡的叛亂（下）

與周公旦的巧妙布局相比，管叔鮮卻處處被動。

首先，管叔鮮沒能獲得實力派人物的支持。支持他的只有自己的弟弟蔡叔度、霍叔處，至於文王、武王時期的功臣們都不支持他。召公奭、齊太公姜子牙則明確地表示支持周公旦的政府。從一開始管叔鮮以地方諸侯反對中央政府，在政治上就居於下風。

其次，管叔鮮、蔡叔度地盤小，實力不強，不得不倚重於舊殷勢力。他們把紂王的兒子武庚拉下水，同時拉攏了淮夷、徐戎等部落以及奄國。不過，管叔鮮犯了一個十分嚴重的錯誤，他所拉攏的諸侯或部落，均是以前商紂王麾下的打手，這就給外人造成一種印象：殷商要復辟了！這是管叔鮮最大的敗筆，後來被周公旦巧妙加以利用。

玩弄政治，並非管叔鮮的強項；玩弄軍事，他也沒有這個本領。

我有點懷疑，周公旦的真實用意便是挑動管叔鮮的叛亂。對管叔鮮的質疑，周公旦除了給出一個牽強的解釋之外，似乎就沒有嘗試做進一步的溝通，反而是做足了戰爭準備。周公旦與管叔鮮兩人的矛盾勢必由來已久，真正能夠動搖周公權勢的人，也只有管叔鮮，因為文王的嫡子中只有他比周公年長。

倘若管叔鮮只是口頭抗議，周公旦也拿他沒轍，畢竟自己的哥哥是很有分量的人。可是只要管叔鮮舉兵叛亂，周公旦就可以名正言順地將這個唯一有威脅的人就地正法，一勞永逸地解除後患。

管叔鮮終於沒能沉得住氣，他率部叛亂了。

叛亂的人，包括管叔鮮和他的兩個弟弟蔡叔度與霍叔處。這三個人，都是周公旦的親兄弟，同父同母，如今卻上演了一出同室操戈的悲劇。這場叛亂又稱為「三監之亂」，所謂的「三監」，指的是管叔鮮、蔡叔度與霍叔處，他們三人的職責是監視殷商舊部，故而稱為「三監」。參與叛亂的還有武庚的殷商舊部以及東方一些諸侯及蠻夷部落。

這是考驗新王朝的時刻。

這是考驗周公旦領導力的時刻。

我們在翻閱中國王朝史時，會發現一個規律，幾乎所有王朝在建立初期都會出現政局動盪，一般發生在開國帝王去世之後。能挺得過來的，就可以進入一個相對穩定的時期；挺不過來的便亡國了。比如說，漢有「七國之亂」，明有「靖難之役」，清有「三藩之亂」，挺過來了，王朝存活兩三百年；而秦、隋以及南北朝、五代時諸國等，都沒能挺過來，就只是短命帝國。在周之前的夏、商也同樣發生過類似的事情，夏朝第二代帝王就失去權力，權力落入野心家后羿、寒浞手中；商代第二個帝王就被權臣伊尹給流放了。

如今周王朝也面臨同樣的問題，周成王剛剛上臺，周公旦與幾個兄弟就反目成仇，不得不兵戎相見。

由於後世儒家十分推崇周公旦，對於「三監之亂」，古代學者們自然都站在周公旦一邊，周公旦成了正義的一方，而管、蔡等人則成了邪惡的一方。當然，也有一些微弱的聲音為管叔鮮、蔡叔度辯解，比如名士嵇康寫的《管蔡論》，認為此兩人「服教殉義，忠誠自然」。依我之見，管叔鮮、蔡叔度談不上什麼「殉義」，周公旦也談不上正義。兄弟之爭，就是權力之爭罷了。古人的思維模式，不過是「勝王敗寇」，倘若戰爭的勝者是管叔鮮、蔡叔度，勢必又要被吹捧為匡扶王室的英雄。

「三監之亂」迷霧重重。

首先，我要給管叔鮮發動的「叛亂」下一個定義。從史書的記載來看，這場所謂的「叛亂」，實質上是管叔鮮等人拒絕服從周公旦控制下的朝廷，頂多就是擁兵自重，沒有證據表明管叔鮮糾集軍隊進攻周公旦。這一點判斷是很重要的，我們必須注意到以下事實：第一，管叔鮮等人只是反對周公旦攝政獨攬大權，並沒有反對周成王；第二，管叔鮮擁兵自重，並沒有自己稱王；第三，管叔鮮並沒有出兵進攻鎬京，武力清君側。

或者可以說，管叔鮮的做法，只是幾個諸侯聯合起來抵制周公旦的獨裁。相比於周公旦自己行攝政權，管叔鮮等人的做法並不見得過分，因為周公旦的攝政權並不是周武王授予的，沒有合法性，對於不合法的周公旦政府，他們拒絕承認。

管叔鮮等人企圖以此對周公旦施壓，可是他犯下一個極其嚴重的錯誤：他把商紂的兒子武庚拖下水。《管蔡世家》是這樣寫的：「管叔鮮、蔡叔度疑周公之為不利於成王，乃挾武庚以作亂。」由此可見武庚之所以捲入叛亂，完全是被管叔鮮與蔡叔度所脅迫的。管叔鮮與蔡叔度在這件事上考慮欠妥，他們以為多一個諸侯支持，便多一分聲勢，實則大謬。倘若他們拖其他人下水，倒不至於引起恐慌，偏偏拖了紂王的兒子，這不由得令人狐疑：莫非殷商要復辟？

你想想，周公旦是何等老練之人，他馬上抓住了管叔鮮的致命弱點。大家都知道，殷商滅亡後，武庚名為諸侯，實際上頭上頂著三座大山，管叔鮮、蔡叔度、霍叔處三個人監視他一個人，他連屁都不敢放一個。在「三監之亂」中，他就是一個被脅迫的小角色罷了。可是到了周公旦那裡，這位老辣的政客可不這樣認為，他巧妙地把「三監之亂」定義為殷商殘餘的復辟。如此一來，本來是兄弟之間之爭的「人民內部矛盾」，變成了殷商勢力反攻倒算的「敵我矛盾」。

我們不能不說，管叔鮮這一失誤是致命的。周成王雖然年幼，卻也沒有糊塗到是非不辨。我們在《魯周公世家》中看到一句耐人尋味的話：「王亦未敢訓周公。」「未敢」二字，實寫出周成王對周公的畏懼心理，整個朝廷都把持在周公旦手裡，他連個屁也不敢放。管叔鮮針對的只是周公旦一人，絕不可能針對周王叛變。

然而管叔鮮的政治智慧遠不及周公旦，周公旦一旦窺察到管叔鮮的軟肋，就毫不猶豫地反擊。他以周成王的名義發布了一篇誥文，稱為《大誥》，這篇誥文是以周成王的語氣寫的，實則出自周公旦之手。裡面最重要的是這麼一句話：「我已得到吉利的卜兆，我要帶著你們眾諸侯去討伐那些殷商的叛臣。」

寫在這裡，我也不免為周公旦的厚黑術喝采。

殷王之子武庚雖也在叛亂者之列，實則是從犯，被「三監」脅迫不得已而為之。到了周公旦這裡，他成為主謀者。要是武庚有充當主謀的實力，「三監」是白設了。周公旦耍了這個花招，著實稱得上高明，在政治上化被動為主動。

大家想想，反對周公旦的都是什麼人？都是他同父同母的親兄弟，這麼多兄弟一起反對他，可見他自己充當攝政王是犯了眾怒。原本管叔鮮等人的逼宮令周公旦難以招架，在政治上完全陷入被動，他為自己辯解的理由蒼白無力。可是他抓住武庚的辮子大做文章，竟然出奇制勝，他極力向諸侯解釋，這次叛亂乃是殷商勢力的反攻倒算。要是殷商復辟，大家都得倒楣，不要忘了，當年滅紂王八百諸侯都有份，現在人家兒子要復仇，你們看著辦吧。

儘管周公旦使出的這招撒手鐧十分厲害，但反對武力討伐的人還是很多，因為許多人根本不相信武庚是主謀。他們聯合向周成王（**其實是向周公旦**）進言說：「如今時局艱難，百姓騷動，這件事要解決，在於王室與叛亂諸邦對話協商，大家反覆考慮後認為不可以興師討伐。」

周公旦代替周成王回答說：「我深思熟慮過這些問題了。唉，興師征伐，確實會擾動天下鰥寡無依之人，實可哀也。可如今大災難降臨在我身上，我這個年輕的國王不能僅僅考慮自身的安危榮辱。你們應該要勸諫我，去完成先王孜孜追求的事業。」

其實周成王也就是木偶一個。我想到一個好玩的東西，就是舞臺上表演的雙簧，一個人在前臺比畫，一個人躲起來幫他說話。這個用來形容周成王與周公旦，真是再貼切不過了。周成王一聲不吭，周公旦說話時也沒忘掉他的身分，不時自稱「年輕的國王」，儼然自己就是代言人。

在《大誥》一文末尾寫道：「天惟喪殷，若穡夫，予曷敢不終朕畝？」意思是說，上天要滅亡殷商，我得完成上天的使命，就如同一個農夫得完成自己的農事一樣。很明顯，周公旦是鐵了一條心，要鏟平「三監之亂」。管叔鮮不除，周公旦的權力就面臨挑戰，他就寢食難安。

權力之下無親情，這是歷史反覆證明的真理。

這種事歷史上多了去了，秦有胡亥殺兄扶蘇、隋有楊廣弒父、唐有李世民殺兄殺弟、明有朱棣殺侄。對周公旦來說，管叔鮮必須得死，只有他是自己的哥哥，只要他死了，其他弟弟誰也鎮不住自己。

其實所謂的「三監之亂」原本就是個謊言，管叔鮮頂多就是擁兵自重，不服從中央，他並沒有訴諸武力，更沒有出兵。反倒是周公旦大打出手，他糾集周政府軍隊與眾嘍囉，殺氣騰騰直撲「三監」地盤。我前面說過，管叔鮮這個人才能不濟，在政治上因為拉武庚下水被周公旦抓住辮子，在軍事上又全無戰略可言。北面的燕國、東面的齊國、魯國都效忠周公旦，從戰爭一開始，管叔鮮的勢力便遭到三面包圍，這注定是一場不可能取勝的戰鬥。

此時距離武王伐紂不過才七年的時間，周公旦的軍隊都是參加過伐紂戰爭的舊部，作戰經驗豐富，堪稱精銳之師。管叔鮮、蔡叔度、霍叔處本來兵力就有限，至於武庚，更不可能擁有多少武裝，這如何是政府軍的對手呢？

周公旦的軍隊勢如破竹，連戰連捷，這場實力完全不均等的戰爭很快便以政府軍的全面勝利而告結束。歷史上周公旦一直被認為是聖人級的人物，那是儒家吹出來的。當年對待殷商戰俘時，周公旦十分寬容，建議周武王把他們釋放回家種田。可是對待自己的親哥哥，周公旦卻毫不留情，他堅持將管叔鮮送上斷頭臺。一起被處死的還有紂王的兒子武庚，明眼人都知道他並非真正的罪魁禍首，只是周、管政治鬥爭中的夾心肉餡罷了。

對於「三監」中的另兩個巨頭，即蔡叔度與霍叔處，周公旦留下了兩人的小命，因為這位聖人不願意讓自己背上「嗜殺」的惡名。在他看來，蔡叔度與霍叔處的分量遠遠不及管叔鮮，這兩個都是自己的弟弟，從長幼次序來看，他們也不可能與自己爭奪權力。

蔡叔度最終被流放，周公旦還是給了他一點面子，安排給他十輛馬車，另配七十名隨從。不過蔡叔度似乎並不願意認錯，在憂憤之中死於流放地。蔡叔度死後，他的兒子姬胡認錯態度良好，接受政府改造，這令周公旦很滿意，正好可以拿來做宣傳。周公旦先安排姬胡為魯國卿士，魯國就是周公旦的地盤，他兒子伯禽在那裡統治，因此也可視為是對姬胡的政治考察。考察一段時間後，周公旦認為姬胡思想改造不錯，便又把蔡國封給他。

霍叔處沒有被流放，但被貶為庶人。在「三監」中，霍叔處最年少，懲罰也輕一點。至於殷商舊部，在武庚死後分為兩部，分立為兩個諸侯國，一個是宋國，一個是衛國。紂王的哥哥，年邁的微子啟被請出來當宋國的君主，衛國則封給了周公旦的另一個弟弟康叔。

除此之外，周公旦的另幾個弟弟分封如下：叔振鐸封於曹、叔武封於成、季載封於厓。周公旦把這些弟弟全部遣回各自的封國，不留在朝廷任職。如此一來，周公旦獨攬大權，再沒有哪個兄弟敢挑戰他的權威。

「三監之亂」的爆發，是周王朝建立後所遭遇的第一次危機，儘管這次所謂的叛亂很快就被鎮壓下去，但朝廷意識到有必要加強對諸侯諸部的控制。「三監之亂」得到了東部諸侯奄國、淮夷、徐戎等部落的支持，若不是周公旦事先在東部安插了齊、魯兩國作為棋子，東部的局勢可能更糟。周興起於西部的岐周，在東方的勢力仍舊薄弱，為了帝國的長治久安，周公旦勢必要把征伐的矛頭對準不服從朝廷的東方諸部。

東方諸部中以奄國勢力最強。商代曾遷都於奄，因此奄國與殷商關係十分緊密，故而史書上又稱為「商奄」。其國範圍在曲阜附近，也就是與魯國相鄰。不要忘了，魯國乃是周公旦的兒子伯禽所居，於公於私周公都必須消滅奄以確保魯國的安全。

奄的實力不容低估，辛公甲建議周公旦，先擊弱敵，後擊強敵，「服眾小以劫大」，先征服淮夷、徐戎諸小部落，再回頭攻打奄國。周公旦接受了辛公甲的建議，遂攻打淮水、泗水一帶的夷部，消滅了十七個部落。

在東部戰爭中，除了周政府軍之外，齊國、魯國應該都參加了。打敗淮夷、徐戎之後，周公旦集中兵力攻奄，年輕的周成王御駕親征，當然這只是擺擺樣子。此時的奄國已經沒有同盟軍隊的支持，孤軍奮戰，當然不是周師的對手，都城最終被攻破。至此，東征之役獲得了徹底的勝利。

三十三、周公的政治學

管叔鮮與周公旦之爭，如同後世李建成與李世民之爭，同室操戈，何必戴著偽善的面具，無非爭權奪利。本來也不必理會孰是孰非，可後世非得把正義之勳章授給周公，把邪惡之名扔給管叔鮮，這確實不公允。在權力的誘惑下，兄弟之情大概是所有親情中最靠不住的，越親的兄弟利益的衝突就越大。骨肉相殘本為儒家所不恥，周公又何以能成為孔夫子眼中的聖人呢？重要的一點是，周公旦攝政七年後，終於還政於周成王。

先前管叔鮮等人的攻擊點，便是周公旦有篡位的野心。如今流言不攻自破，周公旦恭恭敬敬地把權力交還給了周成王。

表面上看，周公旦果然信守諾言，他攝政只因為成王年少，如今成王既已長大成人，他便急流勇退。主動放棄權力，這是何等高風亮節，但是我們要仔細考察這件事。也許我們應該問這樣一個問題：周成王真的親政了嗎？或者只是掛羊頭賣狗肉，不過是前臺的傀儡？說實話，周成王的時代政治完完全全烙上了周公的印記，看不到周成王的個性表演。周公旦放棄的只是攝政的名頭，他的權力並未遭到削弱。

有一件事情，歷來被史學家所忽視。

「三監之亂」後，周王朝的首要大事，便是依照周武王的遺囑，在洛水、伊水間建立新的都城洛邑。這座新的都城耗費巨大人力、物力建成後，周成王並沒有遷都到洛邑，這是為什麼呢？背後隱藏著怎麼樣的故事呢？

按道理說，既然洛邑是要用來當新都城，理應把舊都鎬京或其他地方的周民遷移到這裡。可是周公旦卻有一個十分詭異的舉動，他把殷商頑民都遷徙至此。什麼是殷商頑民呢？就是殷商遺民中不願歸順周室的頑固份子。前面說過，「三監之亂」後，武庚被殺，殷商舊地被一分為二，一為宋國，一為衛國。能夠留在宋國與衛國的殷民，都屬於良民，而頑民則被安置在洛邑。在頑民中，包括有牧野之戰的戰俘，「三監之亂」的戰俘，殷商的官員，還有管叔鮮、蔡叔度、霍叔處的臣民。

我們不禁要問一句：洛邑究竟是一座都城呢，還是戰犯的流放地？

根據預先的規劃，洛邑由兩部分組成：以洛水的一條支流為界，東岸為成周，殷商頑民主要是安置於此；西岸為王城，王宮、宗廟以及其他宮殿修築於此。按照新都規劃，周王若遷都到此，就不得不與一群潛在的危險者隔河相望。周公旦如此布置，是何居心？

我大膽猜測，周公旦從一開始，就沒想讓周成王遷都到洛邑。倘若不遷都，他為什麼還要建洛邑呢？洛邑是當時所建造的最大城邑，據考古學者的研究，該城南北約三公里，東西約二．八公里，以當時的標準來看，這已經是大城了。後來洛邑成為諸侯們修築都城的一個參考標準，大諸侯的都邑不能超過洛邑的三分之一，中等諸侯則是五分之一，小諸侯則為九分之一。換算起來，洛邑面積約九平方公里，大、中、小諸侯的都邑標準不超過三平方公里、一．八平方公里與一平方公里。

洛邑不僅面積大，而且防衛能力很強，四周都築有城牆。當然，倘若叛亂者佔據該城，政府軍也是不容易攻克的。

洛邑建成後，周成王前往視察。

在《尚書》中有一篇《洛誥》便寫到這次視察，時間是周成王七年，也就是周公旦還政的這一年。這次考察可能給周成王留下了很壞的印象，因為這座城邑裡的居民很不友好，多數是殷商的頑固派，其中不少人還曾參與過叛亂。周成王顯然被嚇壞了，待在這裡他一點安全感也沒有。當周公旦提醒他遷都到洛邑時，周成王心裡顯然不痛快，這座城池充滿敵意，豈是理想的都城？辛辛苦苦建成的新都，對周成王竟然一點吸引力也沒有。不僅如此，周成王還對周公旦如是說：「我就要回去了，在鎬京親政，請您留守洛邑。」

周成王確實是個聰明的帝王，他順水推舟把周公旦留在洛邑。這對雙方都是好事。為什麼這樣說呢？

對周成王來說，當了七年的木偶，看到周公旦他心裡就發慌。就算指手畫腳的人是自己的親爹，一個年輕人也絕對是受不了的，況且周公旦只是叔父。把周公旦留在洛邑，省得天天誠惶誠恐地與他見面，這是個好主意。

對周公旦來說，留在洛邑也不失為好選擇。有些資料說，周公旦還政給周成王之後，有人告他，他害怕了逃到荊楚去避難。這種說法，多半是胡說八道，把周公旦看作窩囊廢一個了。周公旦與李世民的差別，僅僅在於一個稱帝而另一個沒有罷了，但同樣是一代梟雄，豈是任人擺布的人。連哥哥都能殺的人，千萬別相信他的單純無邪。我是個喜歡懷疑的人，我懷疑的出發點是常識。我懷疑從一開始周公就想把洛邑當作自己的地盤，或者說是周王室的另一個朝廷。否則的話，他把殷商頑民遷往洛邑是什麼意思，中國那麼大，又不是沒地方安置這批人，非得安置在天子腳下，這不明擺著是對周成王示威嗎？

周成王倒也不笨，知道周公旦還政只是做給眾人看罷了，國家大事還是得他說了算。對周公來說洛邑既是大城，防衛又強，沒有比這裡更舒服的地方了。原本給天子享用的，如今他周公享用了，這就叫沒有天子之名，而有天子之實。

遷都這件事，以後就再沒有人提起了。史料中再沒有寫周成王到洛邑去，他對耗時多年建成的大都邑竟然毫無半點興趣，而當初興建此城又是他親自批准的。這難道不奇怪嗎？如果看清了本質，就不會覺得奇怪了。只有周成王自己最清楚，雖說自己是君主，大權還是在周公手裡。

周公旦為了給周成王留點面子，特地把洛邑改名為「成周」，與之對應的鎬京後來便稱為「宗周」。我們說周公所在的洛邑成為國家第二個政治中心，並不過分，洛邑雖然不是首都，但被認為是帝國的陪都。由於鎬京在西，又稱「西都」，洛邑在東，稱為「東都」。大家知道，周代分為兩截，前半截稱為「西周」，因為都城是西部的鎬京；後半截稱為「東周」，都城便是東部的洛邑。

周公在權力場上是一個勝利者，在文化史上則是一位巨人。

在春秋之前，周公是著述最多的一位學問家，而且是個百科全書式的人物。被儒家奉為「五經」之一的《尚書》，約有十來篇與周公有關，有些是出自周公之手，有些則是記錄其言行。《詩經》中也有不少詩歌出自周公之筆，在現在保存的三百零五首詩歌中，有的學者認為至少有四十五首是周公寫的。如此說來，他還算得上是中國最早的大詩人。周公似乎對《周易》也有所補充，最初他父親周文王被囚禁時，作卦辭與爻辭，十分簡略，後世多有補充。與周公關系非常大的還有兩本書，一為《周禮》；二為《禮儀》。這兩本書不一定都出自周公之手，但肯定與他的思想密切相關，他所創立的典章制度，對周代文化產生了深遠的影響。這兩本書與《禮記》合稱為「三禮」，被列入儒家十三經之中，儒家許多經典都有周公思想的影子。

除此之外，周公對數學亦似有研究。在《周髀算經》中，有一個非常有名的數學定理，就是畢氏定理，在中國稱為商高定理，據說就是數學家商高解答周公疑問時論述的。社會上還流傳有「周公解夢」的說法，這倒並非毫不沾邊，在《周禮》一書中，曾把夢分為六種：正夢、噩夢、思夢、寢夢、喜夢、懼夢。這也算是開了夢的解釋的先河。還有一本書也被歸為周公名下，這就是中國最早的一本辭典《爾雅》。

周公究竟有沒有如此多的著述，這一直有爭議，但無可否認的一點是，他的確是個百科全書式的人物。在這些著作中，最重要的還是政治學，可以說，他是古代政治學理論的集大成者，對後世的儒學思想有著直接的影響。

儒學聖人孔子對周公十分推崇，在他看來，周公算得上是完美的人物。有一回他曾說：「甚矣吾衰矣，久矣吾不復夢見周公。」太久沒夢到周公，竟然成了孔子的慨歎，斯可見他神交古人如此。在東周之前公認的幾個聖人中，即堯、舜、禹、湯、文、武、周公諸人，周公最為特殊，原因有二：其一，只有他不是帝王，儘管周文王姬昌生前未稱王，但其死後仍被列入帝王之列。周公充其量就是帝王師，而帝王師對孔孟儒學之徒來說，乃是人生至高的理想，故而對周公不遺餘力地推崇。其二，在七大聖人中，周公著述最豐，對於知識份子來說，不免對能舞文弄墨的聖人更覺親切。

周公很提倡「禮」，「禮」是中國政治乃至哲學裡的一個概念，狹義上說，是一套禮儀制度，廣義上講，是行為規範乃至行為準則。中國向來有禮儀之邦之說，儘管在帝舜時便制禮法，但

「禮」的精神真正得以普及傳播，還是在周代，在周公的努力下成為社會乃至政治的新思維。這種禮的思想，後來又得到孔子、孟子、荀子等人的傳承，成為儒學思想的一大基本範疇，影響中國兩千多年。

周成王與周公的關係，八成類似於漢宣帝與霍光，他既對周公十分尊敬，同時也有如坐針氈的畏懼。東、西兩都的存在，倒是解決了實際問題，周成王仍然留在鎬京，周公旦主要待在洛邑（即成周），保持適當距離，皆大歡喜。

此時周公旦沒有過多干涉政治，但權威是在的，他以叔父兼帝王師的身分，寫了幾篇文章告誡年輕的成王。在《無逸》中，他寫道：「為人父母，為業至長久，子孫驕奢忘之，以亡其家，為人子可不慎乎！」告誡成王千萬不要驕奢，並列舉殷商幾位名君的故事：中宗祖乙「嚴恭敬畏天命，自度治民，震懼不敢荒寧」；高宗武丁大帝「久勞於外」、「不敢荒寧」等。嘮叨這些，主要是成王正值壯年，國家又安定，這種時候最容易被聲色犬馬所誘惑，不可不先打打預防針。

在《多士》中，周公總結了殷商的興起與衰亡。從商湯開始，殷帝多「率祀明德」，因此才能享帝祚數百年；到了紂王時，荒淫放縱，「不顧天及民之從」，因此滅國了。周的興起，文王「日中昃不暇食」，勤奮到這程度，才得以「饗國五十年」。

對於周公的教導，周成王當然唯唯諾諾，奉為神明。

到了晚年，周公的興趣在於禮樂，著書立說。或許是出於葉落歸根的想法，周公旦也不想待在東都成周，他回到豐邑，這是周的舊都，離現在的都城鎬京只有二十里。到了豐邑之後，周公旦的身體一天比一天虛弱，他自知時日無多，立下遺囑：「等我死了之後，一定要把我埋葬在成周（洛邑），以此來表明我至死也不會離開成王。」因為成周這座城邑是以周成王的王號來命名的，故而周公打算把自己的墓設在這裡以示忠誠。

周公旦直到臨死前還如此表態，可見一直到這個時候，仍然有人質疑他當年以攝政為名獨攬大權。我認為他真的非常明智，俗話說得好：「人之將死，其言也善。」臨死之前說的話，分量是很重的。就算周成王對周公旦有怎麼樣的不滿，在這個時候恐怕也煙消雲散了。

不久後，周公旦去世。周成王並沒有遵他的遺囑葬於成周，而是以更高的規格葬於畢。周文王姬昌的陵墓便是位於畢邑，周公旦死後極盡哀榮，葬禮規格堪比周文王。周成王是這樣說的：「我小子不敢把周公當作臣子看待。」

我們可以給周公蓋棺定論，他實際上就是無冕之王，連周成王都不敢把他視為臣子。縱觀中國歷史，權臣的下場多數不太好，即便自己得以善終，子孫後代也未必有好下場。典型的例子，比如霍光、張居正等人，在世時權傾朝野，死後家族即遭牽連，子孫不得善終。但周公旦顯然政治智慧更高，他甚至在死後還留了一手。

在周王室內部檔案室裡，藏有一份絕密文件，由於藏在金縢之內，又稱為金縢書。金縢就是外面用金屬條封存的櫃子，既然是封存的，當然不是外人隨隨便便可以看到的東西。那麼周公旦留在金縢裡的這份文件是什麼內容呢？是一篇祈禱文。

這裡有一個故事。

周武王推翻商紂，革命成功後的第二年，由於積勞成疾病倒了，還病得不輕。由於周朝初立，大臣們都非常擔心，當時醫術水準還比較低，醫生也無能為力，只能求助於一些超自然的力量。開國元勳姜太公與召公奭主張求助於占卜，求祖先的英靈庇佑。周公旦同意採用這種神秘的方法，不過他同時認為「不能讓先王們為這件事擔憂」，哥哥姬發是一國之君，他不能死，周公旦願意以自己的命來換哥哥的命。

於是他設了三個祭壇，戴著玉璧，手執玉圭，向古公亶父、季歷、文王三位先祖祈禱，並寫了一篇禱文，內容是這樣的：

「你們的子孫周武王姬發，積勞成疾。三位先王若是欠上天一個兒子，請用我姬旦換回王兄姬發吧。我姬旦心靈手巧，多才多藝，還懂得服侍鬼神之道；王兄姬發不如我多才多藝，也不懂得如何侍奉鬼神。所以把我獻給上天，應該是合適的吧。王兄受命於天，佑護萬方，讓你們的子孫臣民能安居樂業，四方民眾無不敬畏他，他不辜負上天的使命，也使先王們能永享奉祀。今天我用元龜占卜，三位先王若是答應我的請求，我就獻上玉璧玉圭，若是不同意，我就把玉璧玉圭收起來。」

占卜的結果，是吉，就是先祖的英靈同意了。周公旦把禱文收進金縢裡，藏了起來，並交代看管的人千萬別對人提起。

您猜猜結果是怎麼樣？據說，第二天周武王姬發的病就痊癒了。上天也沒有拿周公旦的命去換周武王，他還是活得好好的。

這就是所謂的金縢之文的秘密。

在周公旦去世後的那一年的秋天，鎬京一帶的莊稼尚未收割，一場天災突如其來。暴風夾雜著雷電，把莊稼都颳倒了，連大樹也被連根拔起，周人大恐。這件事情與金縢之書會有什麼關係呢？至少我看不出其中有任何關聯，但不知為什麼，金縢之書突然被想起來。周成王與朝中諸大夫打開金縢，才知道周公曾經為周武王祈禱，並打算以自己的性命來換回武王的性命。

看到金縢之書，周成王十分驚訝，便詢問保管金縢的史官是不是真有這麼一回事。史官回答說：「確有此事，但周公命令我們不許說出去。」周成王感動得淚流滿面，他說：「今後不要篤信占卜了！周公為王室操勞，但我年幼不理解。現在上天降暴風雷電，是為了告誡我不能忘了周公之德。」於是周成王到郊外祭祀周公，這時天下起雨，風向反轉，把颳倒的莊稼又扶正。莊稼不僅沒有被破壞，反倒獲得大豐收。

以上是史書中的記載，但有十分詭異之處。

詭異之一，周公旦真的為周武王祈禱過嗎？這件事據說是他偷偷摸摸做的，連姜太公、召公奭都不知道，唯一能作證的只有保存資料的史官。同樣，沒有人可以證明周武王病癒是周公旦祈禱的結果。

詭異之二，周公旦用金縢保管祈禱文做什麼？我必須說，周公這個人可不簡單，至少是很有心機。倘若他真的不想讓別人知道這件事，只要把禱文燒了就是，何必鄭重其事地鎖在金縢裡那麼多年？可見他是有目的的。那目的是什麼呢？我想主要是出於自保。周公有政敵，而且最危險的敵人就是周成王，帝王一旦不爽，反攻倒算，那麼這個金縢書就是一張保命符，是他對王室忠誠的證明。

詭異之三，金縢書怎麼跟一場暴風掛上鉤的？金縢書重見天日的時間點真是太巧了，周公剛死，這份文件就意外「被發現」了。真的只是巧合嗎？這場暴風確實挺嚴重，但比起火山地震來說，只能算小災，被吹倒的莊稼還能被反向風吹正，說明災害沒那麼大。史書上根本沒有解釋，何以這場災害會導致周成王去尋找一個誰也不知它存在的金縢。所以我猜想，肯定是有人在一旁誘導周成王，最後讓周成王意外發現周公留下的「金縢」。

以我的看法，金縢書並非是意外被周成王發現，而是周公旦臨死前巧妙的安排，使得這份證明他忠誠於王室的文件在死後現身。周成王確實被感動了，於是他給了魯國（周公旦的封國）特殊的待遇，可以行郊祭天和廟祭文王之禮，而這種禮原本是只屬於周天子的。作為一代權臣，周公旦死後其家族不僅安然無恙，還受到朝廷厚待，這就是周公旦的智慧。

三十四、成康之治

中國歷代王朝的興衰有一些規律可循。

一般說來，王朝的建立者都是雄才偉略之人，王朝初期十分強大。緊接著，經常會出現一個動盪期，主要是權力鬥爭引起的，能否順利度過這個動盪期十分關鍵，過不了關就迅速沒落。秦、西晉、隋等王朝都是在這個時期被整垮的。能挺得過去的王朝一般比較長命，社會走向安定，所謂的「治世」、「盛世」就出現了，這個時間段一般發生在王朝的早中期，很少出現在晚後期。中國歷史上著名的治世，有周之成康之治、西漢之文景之治、東漢之明章之治、唐之貞觀之治及開元盛世、清之康乾盛世等。

成康之治，乃是周成王與周康王之年代，這兩位周王循先王之遺教，奮勉為政，於是「天下安寧，刑措四十餘年不用」。當然，這兩位王的事業是周公旦打下的基礎。在周公旦的鐵腕之下，朝廷掃平「三監之亂」，避免了權力鬥爭的進一步加劇，同時征伐奄、徐戎、淮夷，使周王室對東方的控制力大大增強。周公旦還進一步削弱了殷商的勢力，殷人主要被置於三地：宋、衛、成周，其中只有宋國是殷人治殷，其餘兩地全在周室的掌控之中。

西周帝國大廈的基石，與夏、商兩代相比，更為穩固堅實，其中一個重要原因便是廣封親族以為周室屏藩。從周武王經周公旦到周成王，總計分封七十一國，其中姬姓國五十三國。也有另一種說法，稱分封的諸侯之中兄弟之國有十五國，同姓之國有四十國。總的來說，姬姓諸侯多達五十餘個，這是沒問題的。

在眾諸侯國中，除了姜太公的齊國、伯禽的魯國、召公奭的燕國、微子啟的宋國、康叔的衛國之外，在周成王時，還分封了楚、晉兩個諸侯，這兩個諸侯到春秋時代成為南、北兩大霸主。

楚國的歷史可以追溯到鬻熊，他曾經是周文王的手下，雖然談不上有很大的貢獻，但是忠於職守，靠一個「勤」字也打拼出了自己的一片天地。鬻熊死得早，沒能得到封賞。他的兒子熊麗與孫子熊狂都比較平淡。周成王親政後，念及文王、武王創業之艱辛，沒有眾人扶助是不可能取得天下的，新政府不能忘掉這些人的功勞，於是封鬻熊的曾孫熊繹於丹陽，當時這裡是南蠻地界，是為楚國。楚繹只是子爵，在「公侯伯子男」五等爵位中，算是低等的，級別不高。不過後來歷代楚國君主發憤圖強，終於將這個南方小國營造為實力最強大的諸侯國。

晉的開國可以說是十分離奇。這個國家的出現，完全是一個意外，它只是遊戲的產物。周武王去世後，西北的唐國爆發叛亂，很快被攝政者周公鎮壓下去。當時周成王還只是個小孩子，他與弟弟叔虞兩人還未脫幼稚之氣，在一次遊戲之後，周成王拾起一片桐葉，用刀子裁成珪玉的形狀，交給叔虞，開玩笑地說：「我用這個為信物來封你。」

過了一段時間，史官向周成王請求選擇良辰吉日，分封叔虞。周成王說：「我只是跟他開玩笑的。」史官正色地說：「天子無戲言，話一出口史官就會記錄下來的。」這是周朝的禮法制度，有點刻板，但是這句戲言卻成真了。叔虞被封唐地，在黃河、汾河之東，方圓百里，這就是晉國的開端。當然，無論是周成王還是叔虞，都不會料想到晉國以後將成為一個最有影響力的大諸侯國，甚至是周王室的保護人。

周成王雖然開拓不足，卻算得上是守成的君王，他的修養不錯，勤於政事。此時的周王國內政清明，外有眾諸侯拱衛，日子太平，社會安定，百姓安居樂業。周成王在位三十七年，扣除前七年周公攝政，他親政的時間長達三十年。但他並不算長壽，死時才五十歲左右。

成王臨死前，把太保召公奭、芮伯、彤伯、畢公、衛侯、毛公等人召來，連同其他文武官員，囑咐他們說：「我的病情很嚴重，十分危險，已到了彌留之際，今天我要把遺言詳細地告訴你們。先君文王、武王頒布法令教化民眾，以敬畏之心身體力行，故而才能伐滅殷商，完成上天的使命。我即位的時候年幼無知，但我能敬畏天威，遵守文王、武王的訓導，不敢放縱自己。現在我已經病重不起了，你們要仔細聽我的交代，輔佐太子釗，克服種種困難。要懷柔遠方之國，親近鄰近之國，安撫大大小小的諸侯。人的修養來自禮法，你們要盡心輔佐，莫讓太子釗有逾越禮法的行為。」

交代完後事，第二天周成王便去世，太子姬釗接任王位，是為周康王。

周康王即位後，東西方諸侯都前來鎬京朝見。新國王作一篇誥詞以申戒諸侯，這篇誥詞又稱為《康王之誥》，收錄在《尚書》。

康王對眾諸侯說：「文、武兩位先王能做到公平公正，信義昭於天下，故而有熊羆之士、忠心之臣捍衛王室。先王分封諸侯以作為王室的屏藩，是為了照顧我們這些子孫。你們的封國在王畿之外，內心卻始終顧念著王室。要盡心輔佐王室，不要讓我這個小子有辱先王之德。」

成康之治，頗為類似漢代的文景之治，鮮有創新之舉，只是君主能約束自己的欲望，宣導節儉，不務奢華，任用賢臣，虛心納諫。在古代，倘若能做到以上幾點，也算得上是好君主了。只是權力越大，人越容易迷失在權力帶來的種種享受之中，能用道德來約束自己的君王，如成王、康王等算是鳳毛麟角。

儘管成、康時代社會安定，外患仍然頗為嚴重，華夏之勁敵仍是鬼方。鬼方曾兩次遭到華夏族的重創，一敗於武丁大帝，再敗於季歷。鬼方之所以能重整旗鼓，實得益於周殷戰爭。殷商覆亡後，新興的周王朝要解決的事情很多，無暇顧及這個老對手，經過數十年的休養生息，原本衰弱的鬼方又變得強壯。

是該出手了。

周王朝的軍事力量是很強大的，周王室直屬中央軍有六個師（軍）的兵力，按定制一個師為一萬兩千五百人，六個師便有七萬五千人。除中央軍之外，還有地方諸侯的武裝，大諸侯國可擁有三個師（軍），編制為三萬七千五百人；中諸侯國可擁有兩個師（軍），共計兩萬五千人；小諸侯國可擁有一個師（軍），共計一萬兩千五百人。其實這種規定，更多的是體現禮法秩序的精神，無論是中央或諸侯，平時不可能養著這麼龐大的軍隊，只是遇有戰爭時，才會臨時徵集。倘若全國動員，則可以徵集一支數十萬的軍隊。

周康王二十五年，伐鬼方之役如火如荼地展開。這次戰爭雖然沒有很詳細的記載，但規模肯定不小。鬼方又一次被打得暈頭轉向，死了四千八百人，被俘一萬三千人，還有三個首領被生擒，同時大量的車牛馬羊為周軍所擄獲。經此一役，鬼方一蹶不振，對周王國的威脅不復存在。這也是周康王時代最大規模的一次征伐。

一年後，周康王去世，其子姬瑕繼位，是為周昭王。

以《史記》的說法，周昭王「王道微缺」。此時帝國老臣們已經蕩然無存，新一代生活於相對和平安定的年代，自然不如老一輩那麼艱苦奮鬥。儘管文王、武王、周公的訓示仍被奉為圭臬，但帝國的整體道德水準已有所下滑。周昭王的生平史書上輕描淡寫，但他的死卻十分離奇。

周昭王生平事蹟中，最明確的一點便是他發動了對荊楚的戰爭。荊楚在周代時，乃南方蠻族聚集區，與淮夷、徐戎等蠻族一樣，時而依附周室，時而叛亂，並不好治理。西周自武王開國後，武力一直十分強大。武王的武功自不必說，成王也頗有征伐，康王有伐鬼方之功。昭王自然不願意落伍，北方的鬼方已不再是威脅，南方的荊楚諸夷卻仍騷動不安。

據《竹書紀年》載，昭王十六年時，周王御駕親征，渡過漢水，對荊楚發動大規模的進攻。有些人認為這裡的荊楚指的是楚國，其實不然。楚國是周王室所封之國，而且只是一個小國，自然不敢去背叛周室，這裡的荊楚是泛指長江流域的中間地段。對精銳之周師來說，討伐荊楚蠻族，自然是勢如破竹。在陝西扶風出土的西周青銅器牆盤裡有一段銘文，提到並肯定了周昭王南征荊楚之功。

三年後，即周昭王十九年，這位正值盛年的國王一心想建立更偉大的事業，他又一次率領六個軍的兵力二度南征。可是這一次，他卻意外身亡。

這次遠征本來是順利的，周昭王帶上兩名心腹：一位是辛餘靡，又稱為辛伯，他長得人高馬大，孔武有力；另一位是祭公。問題出在回師途中，到漢水河畔時，周昭王在當地徵用船夫與船隻。當地人對周師頻繁征伐深惡痛絕，便想出一個鬼點子。這個鬼點子不知是什麼人想出來的，堪稱一絕。他們在船上做了手腳，船的底板用膠黏上，稱為「膠船」，使用的膠又是容易溶解於水中。也就是說，船底很容易開裂，特別是搭載的人越多，船體越受重，底板就越容易在壓力的作用下破裂。

周昭王大意了，他根本沒有派人去檢查這些船有沒有問題，這個疏忽導致了慘劇的發生。當「膠船」行至江中時，不堪受力的底板終於承受不住而爆裂開來，水很快湧入船艙，船隻開始下沉。且不說周軍多數士兵不懂水性，就算會游水，身上穿著笨重的甲衣也施展不開。周昭王與祭公都不識水性，他的這艘船人員最多，又載了一些亂七八糟的重東西，沉得更快。很快，船身被水淹沒，周昭王四肢在水裡瞎撲騰，身強力壯的辛餘靡眼看周王有難，奮力向他游去。

倘若這場災難是發生在湖裡或池子裡，周昭王尚有獲救的機會。可是這江河啊，水是流動的。流水很快把周昭王向下游方向捲去，辛餘靡使出吃奶的勁划向周王，好不容易追上，可是這時周昭王已經灌了一肚子水。等到划上岸後，天子已經不行了，他胸腔已經都進水了，救不活，兩眼一翻死了。這些船夫以智慧打敗了強大的周軍，周昭王淹死了，祭公淹死了，周軍六個軍的兵力也死了一大半。

這是周朝建立以來所遭遇到的最嚴重的挫折。

在《史記》裡，對周昭王之死寫得十分簡略：「昭王南巡狩不返，卒於江上。其卒不赴告，諱也。」就是說，昭王到南方巡視沒回來，死在漢江之上，他的死訊並沒有告喪於諸侯，這是因為朝廷要隱瞞死因。說到底，這種事情說出去，中央政府的威信將蕩然無存。堂堂天子居然被暗算，淹死在水裡，死得也太窩囊了吧。可以說，自從黃帝以來，就沒有哪個天子死得如此窩囊。

周昭王之死，加劇了中原華夏族與南方荊楚蠻族之間的矛盾，對以後的歷史產生深刻的影響。

受周王冊封的楚國，由於受到南方蠻族文化的浸染，日益被中原華夏族視為異端。有趣的是，在周昭王死後三百年，這樁舊事還被重新提起。

那是在西元前六五六年，時間已經是春秋戰國，正是齊桓公稱霸的時代。當時齊桓公率領八個中原諸侯國，打算征伐南方強大的楚國。楚國特使見齊桓公說：「你們在北邊，我們在南邊，風馬牛不相及，你們跑到這裡來幹什麼？」齊國宰相管仲說了兩個理由，其中一個很雷人：「昭王南征不復，寡人是問。」自從周公旦開始，齊國便擁有代天子征伐的大權，所以管仲便是拿周昭王之死來作為戰爭的藉口，稱軍隊前來是為了調查當年周昭王南征時死於漢水的原因。楚國特使當場被雷倒，這件事都過去三百多年了，居然還成為中原諸侯發動戰爭的藉口，這也可以看出此乃是周王室一大傷心事。

國不可一日無主，儘管周室對周昭王之死表現得十分低調，立新君也是刻不容緩。周昭王之子姬滿成為周朝的第五任君王，史稱周穆王。他是周代一個非常特別的君主，充滿了奇幻色彩。

下面我們就來說說這個神奇的天子。

三十五、從未來穿越到周朝？

周穆王的一生充滿傳奇色彩，有什麼神奇之處呢？

我們先來看看史料裡一段令人瞠目結舌的記錄：「穆王東征天下二億二千五百里，西征億有九萬里，南征億有七百三里，北征二億七里。」古代說的「征」，有時並不是征伐，而是「巡狩」，就是出行。

這位天子走南闖北，行程超過七億里！

這是什麼概念呢？地球赤道周長是八萬里，相當於跑赤道九千圈。當然了，中國古代的「里」與現代的「里」在長度上是不同的，就算小一半吧，也跑赤道四千多圈，這有可能嗎？

倘若上面的史料屬實，那麼只有兩種可能性：其一，有人從未來穿越到了周朝，帶來了比飛機還快的飛行器；其二，周穆王懂得某種神秘的神遊術。

是不是有人從未來穿越到周朝呢？這個我們不好說，未來的科學技術是否能穿越時空，誰也不知道，至少現在還未實現。在道家經典《列子》裡有一篇《湯問》，寫了周穆王時一個神奇的故事：有一個名叫偃師的工匠，製作了一個舞女機器人，跟真人一模一樣，能唱歌、跳舞、說話。這科技水準比今天的機器人還要先進，與電影《終結者》中的機器人有得一拼。如果這是真事的話，那麼這個偃師很可能就是從未來穿越到周朝的。如果偃師來自未來，他帶著周穆王乘坐飛行器繞赤道四千多圈，這倒有點可能。

再說另一種情況，周穆王是不是懂得神遊術呢？

我們再來看看《列子》裡的另一個說法。

《列子》裡面有一篇《周穆王》，說了下面這麼一個故事：

據說在周穆王時，從西方來了一位術師，懂得幻化之術，相當厲害。他能出入水火，穿越金屬石器，能倒轉山川，能移動城市，還能懸浮於空中等，法術相當高超。按我的分析，這位術師應該是來自印度。這位神奇的術師邀周穆王一同出遊，穆王拉著他的衣袖，騰空而上，直飛到天上宮殿，從天上俯瞰大地，覺得人世間十分渺小。後來周穆王想回去，術師推了他一把，他好像跌落到了虛空之中。等他清醒過來時，問周圍的人說：「我剛才是從哪裡來的呢？」侍者答說：「大王不過是在這裡靜靜待了一會兒罷了。」周穆王十分不解，便請教幻化術師，術師答道：「我與大王只是精神出去玩罷了，形體何嘗有過移動呢？」

這就是所謂的「神遊太虛」，指精神逃離肉體束縛的一種狀態。倘若以這種方式遊七億里之地，這倒是有可能的。這種幻化術存不存在呢？蘋果教主賈伯斯生平最喜歡讀的一本書《一個瑜伽行者的自傳》，這是印度瑜伽行者尤迦南達在一九四六年寫的自傳。在這本書裡，他就寫到了大量諸如此類的幻化術，與列子在《周穆王》中寫到的十分相似。我們不能因為自己對這種幻化術不了解就否定其存在。

還是先把對穿越與神遊的討論放在一旁，回頭說說周穆王的史事。

周代前幾位君主，都可以算是明君，經過數代人的努力，西周民富國強，奢侈的觀念抬頭並不奇怪。周穆王即位當年，便在南鄭修築了一座華麗的宮殿，稱為祇宮，又稱為離宮。此時社會安定，外患不多，周穆王倒是過得逍遙自在、舒舒服服的。過了幾年，他又築一座春宮，闊綽豪奢。想當年晉侯築宮殿過於華美，受到周康王的點名批評，如今天子反倒整天忙著修宮殿。

作為一個天子，如果沒有征服天下的感覺，畢竟只能算是個大富翁，無法讓他體會到征服者的快感。再說了，前幾代君王都有征伐之功，周穆王也不想錯過建立偉大功業的機會。此時一個目標出現了：犬戎。

犬戎是戎人的一支，鬼方也是戎人的一支，因此鬼方有時也稱為「鬼戎」。古時中國把四面的異族籠統稱為「戎」、「狄」、「夷」、「蠻」，分布大體上是西戎、北狄、東夷、南蠻，但不是固定的。戎、狄一般是游牧民族，除分布西部、北部之外，在中原一些山區也有分布，稱為山戎，勢力與華夏族犬牙交錯。「夷」在漢語中有「平坦」的意思，夷人就是分布於東部平原地區的民族部落。蠻人主要是南方丘陵地區諸部落，又稱為群蠻。

我們把這四個字拆解一下，會發現很有意思的事。

「戎」由一個「人」字與一個「戈」字組成，意為人肩上扛著一把大戈，注意哦，這把戈甚至比人還大，這說明什麼呢？說明戎人是非常厲害，非常崇尚武力。因此，華夏族興起後，戎人是最強大的對手，一直到春秋戰國都是如此。

「狄」字由「犬」與「火」構成，「犬」是獸，有獸有火，這是游牧民族狩獵的寫照，正如宋代詞人張孝祥所寫「看名王宵獵，騎火一川明」，把詞中「獵」與「火」兩字組合起來，豈不是「狄」字嗎？因此古代的象形字是很形象的。

再看看「夷」字，拆解為「大」與「弓」兩字，可以理解為背著大弓的人；「大」字又可拆為「一」和「人」，也可說是背著一張弓的人，這同樣是尚武的象徵。

「蠻」字上面是山巒，下面是大蟲，山巒之中猛虎出沒，這是南方丘陵地帶的寫照。

從文字取義來看，「戎」與「夷」相近，人或扛戈或持弓；「狄」與「蠻」相近，都有猛獸大蟲出現。這是古代對四境少數民族的籠統概括，中國的文字是很有味道的，須細細體會。

周文王（**西伯**）姬發曾經討伐過犬戎。當時西北方諸戎人部落中，鬼戎最強，犬戎尚弱小。西周初期，犬戎時不時向周朝廷進貢，討好王室。周康王發動驅逐鬼方的戰役後，鬼方被打敗，只得向北遷徙，犬戎乘虛而入搶佔地盤，及至穆王其勢力已經頗為強大了。

這時犬戎仍然對周王室畢恭畢敬，沒有實質的軍事威脅，也沒有擾亂破壞邊境，但周穆王認為戎狄狼子野心，與其坐待他們變得強大，不如先下手為強。

征伐犬戎的計畫很快提到議事日程，然而此計畫遭到一些朝中大臣的強烈反對。時任卿士的祭公謀父反對說：「不可，先王耀德不觀兵也。」周代的政策，對遠方之異族，以懷柔政策為主，強調「以德服人」。然而觀文王、武王、周公、成王、康王諸人，並非只是「耀德不觀兵」，而是採取雙管齊下的原則，既強調道義，同時也憑恃武力。

周穆王十二年，天子親自率領六師征伐犬戎，大獲全勝，擄獲五位名王，得四白鹿、四白狼。什麼是「四白鹿」、「四白狼」呢？有人認為，白鹿、白狼並不是指動物，而是指犬戎的部落，其部眾成為周軍的俘虜。周穆王把這些犬戎人安置於太原，這裡的太原並非今天山西太原，而是位於甘肅境內。

這次勝利大大刺激了周穆王開拓萬里的雄心。第二年（周穆王十三年），他又一次發動西征，一直攻至三危山（甘肅敦煌東南）。豈料螳螂捕蟬，黃雀在後，就在周穆王躊躇滿志之時，一匹快馬從首都宗周（即鎬京）傳來令人震驚的消息：東部徐國作亂，率九夷圍攻宗周，都城形勢嚴峻。

徐國究竟有何本事，居然敢於進攻周都呢？

徐國乃是徐戎所建之國。商周時戎人主要分布於西部，不過在北部、東部也有其勢力，徐戎就是東部的一個戎人部落。「三監之亂」時，徐戎會同淮夷、奄國等，為管叔鮮、武庚等人造反吶喊助威。豈料管叔鮮等人只不過是泥菩薩，還沒過河就沉了。周公旦毫不客氣，在掃滅「三監」後，馬不停蹄地掃蕩東部，滅掉淮夷、徐戎的十七個部落。其餘部落或諸侯當然識相地乖乖投降，徐國便是其中一個諸侯。徐國在五等爵位中，與楚國一樣，都是屬於子爵，因此其國君又稱為徐子。

到了周穆王時，徐國在東方變得強大起來，其國君單名一個字「誕」，稱為徐子誕。徐子誕估計是深受中原文明的影響，對西周的興起有一番研究。為什麼西周能夠降服、號令百千諸侯呢？他研究的結果是：行仁義，仁義無敵。於是他開始效法商湯、文王、武王的做法，估計是在國內外「陰行善」，果不其然，周邊不少部落都前來歸順他。隨著影響力的擴大，徐子誕的聲譽日隆，國家也越發強大。

周穆王六年，徐子誕前往周都鎬京朝見天子。天子龍顏大悅，表揚了他在東部所做的突出貢獻，封他為侯伯，就是一方諸侯之長，實際上就是東方霸主。這麼一來，徐子誕的勢力擴張得更加厲害，他控制了淮水、泗水一帶方圓五百里的地盤，有三十六國（其實就是部落，夏商周時都統稱為國）都聽他的命令。

徐子誕自恃實力不弱，遂公然舉起王旗。他不知從哪裡弄了一張朱弓彤矢，把它當作吉祥物，認為天降祥瑞是要讓他當天子，於是自稱為「徐偃王」，擺出與周王分庭抗禮之勢。以史書的說法，叫「欲霸上國」，就是想與周王國爭雄鬥霸。當徐偃王打聽到周穆王率領六師西征時，他認為機會成熟了，於是動員手下的嘍囉國奔襲周都鎬京。這些嘍囉國多是夷族部落，故而稱為「九夷」，這裡「九」只是虛指，並非實指九個部落。

西周王畿之地，精銳六師悉數在外，城內只有少數守備部隊，面對徐偃王的突襲，國人大震，形勢岌岌可危。這時早有快馬飛馳西去，追上西征大軍，向周穆王彙報都城遭襲的消息。周穆王當機立斷，命令大軍停止西行，即刻返回京城。他自己則一馬當先，狂奔回鎬京。

據說周穆王有兩輛超級馬車，每輛馬車配有四匹最上等的馬匹。主馬車所配的四匹寶馬分別是：驊騮、綠耳、赤驥、白犧，副馬車配備的四匹寶馬是：渠黃、逾輪、盜驪、山子。這兩輛馬車，可日行千里，為周穆王駕馭的車手名為造父。

造父是當時天下最好的車手，他生活在周穆王時代可謂是幸運，因為這位天子不喜歡待在王宮，要麼出門遊玩，要麼東征西討，造父精湛的駕馭技術便有了用武之地，因而深受周穆王的信任。如今周都鎬京形勢危急，周穆王歸心似箭，這也給了造父施展本事的良機，他從容駕車，四匹駿馬狂奔卻能協調一致，車速超快卻不至於失控。他上演了一齣「玩命關頭」的好戲，僅僅用了一天的工夫，便安全地把周穆王送至鎬京。

天子及時返回，給首都全體軍民吃下一粒定心丸。此時六個師的大軍也正在返途，幾天後就能到達。鎬京有高大的城牆，要守個三五天不成問題，附近的諸侯也正向首都馳援。徐偃王見狀，情知不可能在短時間內攻破鎬京，周穆王的及時返京，讓他的偷襲計畫破產，只能悻悻退兵，否則腹背受敵就死得很難看了。

為了表彰造父的出色表現，周穆王把趙城賞賜給他。

無論是周穆王或是造父，都沒有意識到，這一次的賞賜，對後世歷史產生了很大的影響。第一個影響，造父成了趙氏的始祖，趙氏在戰國時代建立了趙國；第二個影響，造父得周王厚遇，一人得道，雞犬升天，其親族受益，後來侄孫非子受封於秦，成為秦國的先祖。戰國時代最強大的兩個諸侯國——秦國與趙國——其家族發跡史都可以上溯到造父，兩族本是同源，數百年後卻成為你死我活的死對頭。

關於造父，這裡再扯一個事，為什麼他的駕車本領那麼高超呢？

造父學習駕車術，有一個很勵志的故事。

他的老師名叫泰豆氏，是一位駕車高手。造父想拜泰豆氏為師，就報名進了他的駕訓班。造父待了三年，每天挑水砍柴，這位老師的架子卻大得很，什麼駕馭術也不曾教。別的學徒受不了都逃了，造父留了下來，他毫不氣餒，仍然恭恭敬敬地侍奉老師。泰豆氏對他的表現十分滿意，終於開始教他駕車技術。老師的教學果然與眾不同，首先不是學駕車，而是走木樁，這有點類似武林高手練的梅花樁。為什麼先練走木樁呢？我想主要是練習身體的平衡能力。馬車是馬拉的，不如汽車平穩，何況古代的道路也絕不比今天平坦。造父果然天賦極高，基本功相當紮實，僅僅用三天時間就在木樁上如履平地，令師父大為讚歎。造父勤奮好學，又有泰豆氏的悉心教導，駕車術越來越好，終於青出於藍而勝於藍，成為天下第一馭車高手。

三十六、周穆王的武功文治

我們繼續來說周穆王的故事。

徐偃王偷襲鎬京，惹怒了周天子。周穆王可不是省油的燈，他頗為類似漢代之漢武帝，是個精力充沛、閒不住的人，有開拓萬里之雄心，沒事他尚且四處征伐，何況徐偃王騎到自己頭上拉屎，這不是自尋死路嗎？

天子沒有親自出馬，在他看來，割雞焉用牛刀，只要派出一員小將出馬就可以把徐偃王手到擒來。討伐徐國的任務，交給誰來做呢？

周穆王把征伐徐國的重任交給南方的楚國，馭車高手造父充當信使，駕著周穆王的馬車飛奔到楚國，也只用一天時間，便把天子的旨意傳達給了楚子。

對楚子來說，能幫朝廷掃平叛變，那是天子看得起咱，況且這還有油水可撈。他欣然領命，興師大舉進攻徐國。徐偃王雖有憑陵天下的雄心，只是才能稍欠，史書稱他「文不達德，武不任力」，想學商湯、文武，卻只學得了皮毛，未能深得精髓，無論是道德還是武力，都未臻上乘。這個評價十分中肯，想商湯之得天下，前後十一征，實力沒到那份上時，還得向夏桀稱臣。文王、武王亦然，文王不還被紂王關了七年嗎？要推翻一個政權，絕不是僅僅靠一次突襲能勝利的，所以說徐偃王只是半桶水，胳膊還沒有練粗就想打人，結果還不是被揍扁了。

楚子率大軍伐徐，所謂「行仁義」的徐偃王不堪一擊，國破身亡，為天下笑。戰國著名思想家韓非子還以徐偃王為反面教材，論述「仁義用於古而不用於今」的主張。其實偃王只是把「行仁義」當作一種政治手段，並不意味著他多仁慈善良。他並不是輸在「行仁義」上，周室仍十分強大，不僅擁有實力超強的中央軍，亦有地方諸侯之拱衛，實不可圖也。徐偃王不過井底之蛙，坐井觀天，挑戰中央，實不自量力也。

這場戰爭的最大收穫者乃是楚國。楚國奉王命伐徐後，原先唯徐偃王馬首是瞻的一幫小嘍囉轉而投靠楚國，楚國由是坐大，這也是其強盛的起點。徐偃王雖死，徐國還是保存下來了，這大概算是他「行仁義」的回報。周穆王封徐偃王的兒子徐宗為國君，號稱徐子。

周穆王最為人津津樂道的事，便是他到崑崙丘見西王母。

崑崙丘在什麼地方，西王母又是什麼人，誰都說得不清不楚。有的認為崑崙丘在青海，有的認為在新疆，有的認為在中亞，有的認為在西亞，還有的認為在東歐。就算周穆王去的地方是新疆，也已經夠遠了。新疆古代屬於西域，根據正史的記載，漢代張騫始通西域，張騫時代的中原人對西域仍然是完全陌生的。如果周穆王真的到過新疆或更遠的地方，那將比張騫通西域還要早一千多年。單從當時的交通條件及交通工具看，周穆王從鎬京到西域，並非不可能。不過，天子不可能一個人跑去玩，肯定要帶上一支軍隊。若有軍隊，那麼糧食物資補給將是一個非常頭疼的問題。比如說，直到西漢武帝時代，大將李廣利伐西域大宛便因為補給問題大敗而回，數萬人去，數百人回來，幾乎是不歸路。

再說說西王母。

西王母應該是西方某國的女王，或者是某部落的女酋長，或者是某位王的母親。她頗為熱情地歡迎周穆王，在瑤池設宴款待，兩人還詩歌相和，「其辭哀焉」，周穆王居然湧出一種莫名的悲傷，看來他是喜歡上這位異族的女子了。據《竹書紀年》的記載，周穆王從崑崙丘返回後，西王母曾有過一次回訪，天子在昭宮接待她。這倒是既浪漫又有異國情調的戀愛故事。西王母的形象後來經由文人改造，成了天上王母娘娘的原型。

周穆王的時代，乃是西周最強盛的時期，他也是戰功赫赫之君主。穆王三十五年，難以馴服的荊蠻發動對徐國的戰爭。徐國自從徐偃王死後，國家雖保存下來，實力卻大不如前，在荊蠻的猛攻之下全無還手之力。想當年周穆王的父親周昭王便是被荊人算計而死，如今荊人又襲擊徐國，擾動天下，周穆王當然很生氣，他派大臣毛伯遷率師討伐荊蠻。毛伯不負所望，在泲地之戰中大破荊蠻。

在華夏族的周圍，蠻族、夷族廣布，華夏族的發展史是一部不斷與蠻族交戰的歷史。當時位於荊蠻以東、淮夷以南的長江中下游一帶地區是越人的地盤，由於越人部落繁多，統稱為「百越」。

周穆王三十七年，西周朝廷對越人發動了一場規模空前的戰爭。《竹書紀年》稱「大起九師，東至於九江」，動用了九個師的兵力，顯然這場戰爭並不單純是中央軍，也包括地方諸侯武裝。一個整編師是一萬二千五百人，九個師的兵力就有十餘萬人，可見作戰規模之大。

史料中有一個十分奇怪的寫法，「架黿鼉以為梁」，黿鼉（ㄩㄢˊ ㄊㄨㄛˊ）就是巨鱉和揚子鰐，拿這兩種動物來當作橋樑，這個說法很古怪，不太可能。我想可能是橋樑的造型類似黿鼉，故以此來命名。這裡可以看出，在周昭王落水而亡後，周穆王顯然是長了智慧，我寧可搭橋，也不願到江邊徵用民船，免落得個船破人亡的下場。遠征軍步步進逼，一直打到一個名為紆的地方才罷手。經此一役，越人遭重創，周的勢力進一步擴張到長江下游。

伐越之後，王師順帶討伐荊蠻，荊人自忖不敵，主動要求納貢請降。這也是周穆王生平最後一次征伐。兩年後，他在塗山大會諸侯，西周朝廷之勢力，如日中天。我在前面說過，周穆王與漢武帝有許多相似之處。兩人在位時間都很長，超過半個世紀；性格上也十分相像，富有浪漫主義的情懷，同時又貪於享樂，周穆王四處出遊，行程超過七億里（嚴重存疑），漢武帝則酷愛狩獵，力能搏虎羆；兩人同樣崇尚武力，都充滿開疆拓土的激情，周穆王征犬戎、平徐亂、征越、伐荊，漢武帝戰匈奴、平南越、滅朝鮮，開西域、拓西南，均布國威於萬里之外。

周穆王晚年還做了一件重要的事情：修訂新刑律。

這部新律法稱為《呂刑》。自西周建立以來，到周穆王已有百年歷史，承平之日已久，官員們也不如開朝初期那麼清廉，各種腐敗滋生，其中刑獄上的腐敗尤其嚴重。執法者對上奉承，不敢秉公執法，對老百姓則勒索財物，貪贓枉法之事層出不窮，民怨極大。呂侯（一說為甫侯）進言天子，應該重修刑律，以正社會風氣。周穆王把修訂刑律之事交給呂侯去辦，後來這部刑律被稱為《呂刑》。

這部刑律現在已失傳，不過在《尚書》裡存有《呂刑》一篇，從中尚可看出個大概。新刑律的處罰條文共有三千條，在古代這算是一部十分詳盡的刑法，共分為五種刑：墨刑、劓刑、剕刑、宮刑、大辟。墨刑就是在臉上刺字，共有一千條；劓刑就是割鼻子，共有一千條；剕刑就是斷足之刑，共有五百條；宮刑，男人割生殖器，女人幽閉，共三百條；大辟就是斬首，共二百條。

這部刑律比之前的刑律要寬鬆。根據《周禮・秋官・司刑》所記，每種刑罰的條文各五百條，總計二千五百條。而《呂刑》增加了較輕刑罰的條文，相對削減了重罪的條文。墨刑基本上屬於恥辱性的處罰，對犯人傷害輕，增加五百條文；傷害較輕的劓刑也多了五百條文；宮刑雖然不致死，卻與死差不多，減去二百條文；最重的大辟之刑，減了三百條文。

除了重罪的條款大幅減少之外，還可以用錢贖罪。墨刑贖金為銅錢百鍰，一鍰重六兩，百鍰即六百兩；劓刑贖金二百鍰，剕刑五百鍰，宮刑六百鍰，大辟之刑一千鍰。這種罰金對於一般百姓來說，不一定支付得起，因此贖刑主要是為貴族、富家準備的。

除了刑法寬鬆之外，周穆王還要求官員們要做到公平公正，他說：「非佞折獄，惟良折獄，罔非在中。」意思就是說，不要憑巧言善辯斷獄，而應當以良知斷獄，令判決準確無誤。天子還強調法律官員不可營私，否則將受到嚴厲的懲罰。

《呂刑》制定後四年，周穆王去世，在位總共五十五年。

在歷史上，周穆王得到的評價並不高，主要因為他性喜遊樂，一反過去歷史歷代周王勤政奮勉的傳統，甚至他被認為是西周由盛而衰的轉折人物。但我以為周穆王開創了西周前所未有之盛世，是戰功赫赫的君王。後世儒家傳統不尚邊功，故而對周穆王主動打擊犬戎持否定的態度。不過，後來西周恰恰亡於犬戎之手，春秋時代，犬戎乃中原華夏之勁敵，若無周穆王的主動出擊，犬戎的威脅還會更大，這也恰恰證明周穆王的遠見卓識。

老子奮鬥，兒子享福。

周穆王統治半個多世紀，東征西征，南征北征，幾乎把周圍的對手都打了個通關，接下來的周共王日子就十分舒坦了。

登基後不久，周共王閒來沒事，想起父親曾經出遊那麼多地方，自己老躲在王宮裡也悶，便前往涇上巡遊。涇上有一個諸侯國，名為密須國，這個諸侯國以前曾經頗為強大，西周興起時，西伯姬昌聽從姜子牙之計，討伐密須，征服了這個國家。密須國君主是密康公，他得知天子巡視至此，不敢怠慢，親自陪同周共王遊玩。正在遊得起興時，突然有三個妙齡女子蹦蹦跳跳從遠處走來，個個花枝招展，把周共王與密康公兩人看得直流口水。大君主也好，小君主也罷，統統是好色之徒。

周共王給密康公使了個眼色，暗示自己想得到這三位妙齡女子。密康公自己也正吞嚥口水呢，咱的地盤咱作主啊，有美女當然咱得先享用啊。可是有一個人急了，誰呢？密康公的母親，她看著兒子色瞇瞇的眼睛，心想這下要壞事了，便把他拉一旁悄悄說：「你還是把這三個女子獻給天子吧。」可是密康公偏不，肥水哪能流到外人田呢？此時周共王臉色陰沉沉的，很難看，但密康公眼睛根本不往他這邊瞧，差人把這三個女子帶到自己的宮殿去了。

他娘的，周共王心裡怒火中燒，拂袖而去。

得罪天子，後果很嚴重。一年後，周共王找了個藉口，率領王師浩浩蕩蕩地殺向密須國。密康公如何抵擋得住王師的進攻呢，這個小國因為三個女子，被從地圖上抹去了。至於那三位女子下落如何，史書倒沒寫，估計是被周共王帶回鎬京去了。

為三個女人而興師動眾，周共王算不上英雄人物。可是他運氣不錯，靠著老爹打下的基礎，他在位時天下太平，既無內亂也無外患。在位十二年後，周共王去世，他的兒子姬囏繼位，是為周懿王。

西周真正由盛而衰，便是從周懿王開始。

三十七、衰落中的周王室

周懿王登基第一年，有一天發生了一件不可思議的事情。

《竹書紀年》記道：「懿王元年，天再旦於鄭。」

什麼叫「天再旦」呢？早上天亮了兩次，太陽出了兩次。乍一看，我們的第一反應是胡扯，太陽怎麼可能出來兩次呢？然而，古之人不予欺也。這一天，真的發生了「天再旦」，剛出現的光明很快被黑暗吞沒，直到太陽第二次出現。

只有一種答案：這天清晨，發生了極為罕見的日全食。太陽剛出來，就發生日全食，被運行在日、地中間的月球擋住，瞬時間天地暗淡無光。等日全食過了，太陽又重新出現，所以叫「天再旦」。

這個記錄十分有用，我們可以根據地球、月亮、太陽的運行規律，反推發生這次日全食的確切時間。我們在講到夏商周時，總不敢使用西元紀年，就是因為時間推算混亂不清。只要能算出「天再旦」發生的時間，就可以得到一個準確的紀年。經過後人大量的演算，推算出來的時間是西元前八九九年四月二十一日，這天清晨發生日全食，不過對這個結果有人表示懷疑。因為古書記錄太簡單，只寫了「天再旦」三個字，究竟是不是日全食，或是日偏食，有沒有受雲霧影響等都沒提到。不過，我們還是把這個深奧的問題留給天文學家去解決吧，下面來說說周懿王是如何敗家的。

說周懿王敗家，他可能要從墳墓裡爬出來喊冤——「不是我的錯」。

確實，作為一個國王，他做得並不比父親周共王差，但是運氣就差遠了。自從周穆王四處征伐後，周邊蠻族個個像縮頭烏龜一樣，數十年不敢吭聲，但不吭聲並不代表無所事事。西北及北方的戎、狄都是強橫的民族，只要稍一強大，就四處打家劫舍。以犬戎為代表的戎人躲在自己地盤上苦練內功，磨刀霍霍，古代政治的遊戲法則就是弱肉強食，比的是誰的胳膊更粗壯有力。從周共王到周懿王，朝廷不用兵久矣，久沒打仗，拿起刀槍來也覺生疏。一向嗅覺敏感的戎人知道機會來了，他們毫不客氣地揮舞著刀戈衝上來。

周懿王七年，戎人大舉出擊，進攻西周都城鎬京。誰說當年周穆王的伐戎是多此一舉呢？對付勁敵，不在其尚未強大時征服，等到他們羽翼豐滿時就來不及了。當時，西周政府有一支數量不少的中央軍，鎬京的城防也十分堅固，守住都城是沒有問題的。只是戎人大掠郊野，作為天子的周懿王豈不蒙羞。

國與國之間，民族與民族之間，勢力向來是此消彼長。你強了，對手自然就弱了，你弱了，對手自然就強了，這是一個規律。戎人勢力捲土重來，這只是一個開始。西周開國一百多年來，第一次有力不從心的感覺。

我們不要忘了，周王國四周強敵環伺。王國強大時，周圍的敵人看上去像綿羊，但當王國衰落時，綿羊卻變成惡狼。在戎人圍攻鎬京後，西北的狄人也乘機跳出來再咬一口。周懿王十三年，狄人侵岐。岐是當年周室興起的風水寶地，對西周政權來說是一塊戰略要地，如今也面臨著狄人的嚴重威脅。

連天子腳下的土地都變得不安全，人心浮動，加劇了都城鎬京的動盪。不要說平民百姓，就連周懿王本人，在沮喪的心態下對勝利也沒有信心。戎人與狄人輪番騷擾，他們的意圖並非攻城掠地，只是打家劫舍罷了，打得贏就打，打不贏就跑。這種戰術令西周政府十分頭疼，都城不時發出戰爭警報，周懿王自己都心煩意亂。怎麼辦呢？天子想了個歪主意：我不待在鎬京了，我搬家。

這一搬家，搬到了犬丘（今陝西興平東南）。

有的史書稱之為遷都，有的史書認為不是遷都，只是暫時移居罷了。不管怎麼說，周懿王算是落荒而逃。作為堂堂大國天子，周懿王豈肯如此忍氣吞聲，他把討伐犬戎的任務交給了虢公。

虢是西周的一個封國，立國於武王時期，由虢仲、虢叔兄弟倆共同擁有。虢位於今寶雞虢鎮，並擴展至岐山一帶，故而戎狄入侵虢國也是受害者之一。周懿王二十一年，虢公率師討伐犬戎，不料出師不利，被打得大敗而回。

後來《漢書》這樣寫道：「至穆王之孫懿王時，王室遂衰，戎狄交侵，暴虐中國。」戎、狄的入侵，是西周歷史上一個標誌性的事件，意味著北方游牧民族的興起，西周政權走向衰落。

周懿王在位二十五年後去世，可能是因為他兒子尚幼，也可能是他對自己任期內的業績十分慚愧，他沒把王位傳給兒子，而是讓給了叔叔姬辟方，即周孝王。

周孝王上臺後，便擺出強硬姿態，命令申侯討伐西戎。

不可過高估計周孝王的攘夷決心，說是討伐西戎，其實他是想以申侯為仲介與西戎和解。為什麼是申侯呢？中國乃是西周的封國，這個封國居民以戎人為主，故而又稱為「申戎」，又稱為「姜氏之戎」。

說到申國，就得提到一個人，商末名士叔齊。叔齊曾投奔西伯姬昌，後來周武王欲伐紂，叔齊認為「以臣弒君」，大逆不道，堅決反對。殷商被推翻後，他與哥哥伯夷兩人恥食周粟，餓死於首陽山。後來叔齊的子孫西遷，到周穆王西征時，由於有功受封於申，稱為申侯。申國與楚國一樣，雖然是周的封國，但由於當地居民多是蠻族，故而是個半蠻族國家，楚國與荊蠻、申國與西戎有千絲萬縷的聯繫。申侯受命於周王打著討伐西戎的名義，實際上是謀求和解。周孝王五年，西戎向周王室獻上良馬。這表明申侯的工作是卓有成效的，西戎與周的戰爭暫時告一段落。

周孝王時代，儘管與西戎的戰爭暫停，西周也沒有大的起色。在這段時間裡，只有一件事值得一提，就是非子受封於秦。

非子與周穆王時代馭車好手造父同出一族，他們的共同先祖是蜚廉。造父是蜚廉的四世孫，非子是蜚廉的六世孫，從輩分上說，非子算是造父的侄孫。造父善於駕馬車，非子則善於養馬。當時非子在犬丘養馬，西周政府由於受到戎狄的威脅也搬遷到犬丘。馬匹是國家重要的戰略物資，特別是在戰爭期間，政府非常重視馬匹的牧養。當時周孝王想找個養馬能手管理牧場，有人就推薦說非子這個人特別會養馬。天子十分高興，召見非子，派他去管理汧河、渭河之間的牧場。非子不負所望，在他的悉心管理下牧場的馬匹大量繁殖。考慮到非子為國家做出特別的貢獻，周孝王封了一小塊地給他，這塊巴掌大的地就叫「秦」。數百年後秦國統一了中國。不過在周孝王時，秦國並不是一個諸侯國，只是西周的附庸國罷了。誰又能料想得到，毫不起眼的秦國後來竟成為周王國的掘墓人呢？

周孝王死後，周懿王的兒子姬燮業已長大成人，大臣們與諸侯們便擁立他為天子，是為周夷王。別看他是天子，天子是要有實力的，若沒有實力諸侯們也瞧不上眼。以前諸侯覲見天子時，天子高高在上，諸侯畢恭畢敬地站在堂下。可是彼一時、此一時，經戎、狄多年騷擾後，周天子都逃到犬丘去了，談何尊嚴呢？況且還是仗著虢、申等諸侯，才勉強過了幾年安定的日子，周王室這種狼狽相諸侯是看在眼裡的。

那個時代，諸侯是很勢利的，不像後世奉行「忠君」的傳統，你天子有實力，我才臣服，沒有實力，我自個稱霸一方。前來朝覲的諸侯越來越少，天子只得放下架子，以前高高在上，現在不敢了。諸侯前來，天子得走下堂迎接，不敢妄自尊大。一百多年來朝覲天子的禮儀，到周夷王時已不復存在了。

沒辦法，誰叫天子有求於諸侯呢？

所有諸侯中，虢國最為賣力，虢公也成為周天子的左膀右臂，他自告奮勇充當馬前卒。周夷王七年，虢公率領六個師的兵力，討伐太原之戎。太原之戎原本是周穆王西征時所抓獲的戎人俘虜，因安置於太原，故稱為太原之戎。犬戎興起後，原本歸順周室的太原之戎乘機叛變，為害一方。虢公率王師征伐，一直打到俞泉，俘獲一千匹馬，但並未能重創敵人的有生力量。

王室衰微的惡果開始顯現，犬戎興起於西北，楚國則開始崛起於南方。楚國君主熊渠乃是一代名君，他也是建楚後的第六位君主，在他強有力的統治下，楚國開始騰飛。自從周穆王時代楚國受王命討伐徐偃王後，其便在南方諸侯中成為一枝獨秀。熊渠有過人的才幹，在江漢一帶深得民心，他看到周室衰弱，乘機而起，欲獨霸南方。

熊渠興師動眾，攻打庸國，大肆擴張地盤。之後他又把兵鋒對準揚粵，揚粵即揚越，在今天湖南長沙以北至湖北沔陽一帶，一路挺進到鄂地（今湖北鄂城）。熊渠志不在小，他一口氣將三個兒子封為王：長子熊康為句亶王，次子熊紅為鄂王，少子熊執疵為越章王。顯然他已經不把周天子放在眼裡，你可以稱王，老子也可以稱王。自此，楚國雄踞江漢之地，周夷王雖然一肚子氣，可是犬戎之患未平，他也無力在南方大打出手，只得忍氣吞聲。

連續幾任周天子都無所作為，在風雨飄搖之中，周室迎來了新一位國王：周厲王。此人好勇鬥狠，意志堅強，只是性情殘暴，在政治上施行高壓統治，終究成不了中興之君。

南方楚國自立為王後，東方的淮夷也不再服從周室的約束。

周厲王三年，淮夷大舉發兵，侵擾西周。厲王可不像父親夷王那麼好惹，他馬上令虢公長父率軍隊東征淮夷。然而這次勞師遠征並未能取得勝利，反而被淮夷打敗，虢公灰溜溜地逃走了。幾年後，周厲王親自東征，以虢仲為大將，集六個師的兵力，浩浩蕩蕩殺向淮夷。周天子坐鎮果然有效果，王師大破淮夷，總計征服大大小小淮夷國家或部落二十六個，大勝而歸。是役的勝利，令周室的權威重振於東南，南方楚國熊渠亦不免震驚，擔心周厲王在擊破淮夷之後，下一個目標便是自己，於是自動收起王號，又自稱諸侯，繼續效忠王室。

應該說，周厲王是有些本事的。在周室連續幾代衰弱後，他還能取得東征的偉大勝利，不戰而迫使楚國重新歸順，這並不容易。但周厲王只尚武功而不重文治，是一個唯武力論者，這種人往往沒能有好下場。

作為一個天子，一個國家的統治者，周厲王非但沒有做到愛民護民，反倒處處與民爭利。他壟斷山林川澤的開發權，禁止人民漁獵採樵。這個獨斷專行政策的背後，隱隱可見周王室財政緊張的困局。自從犬戎為亂以來，周王的領地屢遭戎、狄的劫掠，嚴重影響到王室的經濟收入，再加上許多諸侯不朝、不納貢，以及戰爭的巨額支出，可以想像周厲王時的財政已是到了捉襟見肘的地步。然而出臺壟斷自然資源開採權的政策無異於飲鴆止渴，激起了國人的強烈不滿。於是乎「下民胥怨」、「國人謗王」，民怨四起，大家紛紛暗地裡罵周厲王。

這些怨聲傳到周厲王耳中，這位暴君壓根就看不起小民，小民算什麼呢。但還是有一些大臣良知未泯，召公就是其中之一，此召公乃是召穆公姬虎，是西周名臣召公奭的後代。他硬著頭皮對周厲王說：「民不堪命矣。」

周厲王聽了非但不改，反而十分憤怒，心想這幫小民四處散布怨言，寡人非得治治不可。怎麼治呢？厲王聽說衛國有個巫師很厲害，能通神靈，若有人說壞話必定知曉，便把他請來監視老百姓。老百姓再也不敢吭聲了，路上遇到時雖然不吭聲，可還是用眼神交流內心的不滿。周厲王十分得意地對召公炫耀說：「吾能弭謗耳，乃不敢言。」

這種「弭謗」不過是以高壓手段鉗制言論罷了，召公回答說：「防民之口，甚於防川。倘若河川堵塞了，最後必將決堤，到時殺傷力就大了。防民也是如此，最後只會搬起石頭砸自己的腳罷了。所以說，會治河的人，會開渠導水；會治理國家的人，一定會讓百姓有說話的機會。」召公所說的是很高明的理論，得讓民眾有言論的自由，後世子產不毀鄉校，就是繼承了召公這種思想。

周厲王的覺悟可沒那麼高，他對召公說的這一套嗤之以鼻，不理不睬。但是他不明白，人民是有力量的，民眾的怒火在不斷地聚積，卻無處發洩，最後就像一個隻加熱不噴氣的高壓鍋一樣炸開了。數年之後，國人暴動了！

三十八、曇花一現的宣王中興

周代所說的「國人」，並不是全國人民，而是都城裡的人，「國人暴動」就是國都老百姓的暴動。有沒有人組織這次暴動呢？依我的看法是沒有的，可能是由某個事件誘發，最後導致國都全民暴動。

暴動的發生一點也不奇怪，政府不給活路，你周王把山林川澤都圈了，叫小民如何活。不僅如此，還弄來個巫師，整天派人監督，大家都不敢吭一聲，吭一聲準倒楣。憤怒的火山終於噴發了，起初只是少數人的小暴動，很快就演變成全民參加的大暴動。大家抄起傢伙，自發聯合起來向王宮進軍。

起初周厲王還氣定神閒，不就是一群暴民嘛，我派軍隊一彈壓，殺他一批人，看看誰敢造反。西周的兵制，軍隊多是臨時徵集，要打仗的時候百姓就成了兵，沒仗打了，卸下軍裝就是民。你想想，百姓都暴動了，你往哪兒去徵集軍隊啊？有一些識相的大臣，收拾細軟跑了，當王宮的人跑了一大半時，周厲王這下子慌了。看這情形，寡人要是不跑，怕是要被分屍了，三十六計，走為上計，寡人還是逃命要緊。

就這樣，周厲王狼狽出逃，逃到了一個名彘的地方（位於今山西霍縣）。此時民眾多年的怨氣一古腦爆發了，大家奔進王宮裡洗劫一空仍不解恨，因為罪魁禍首居然給跑了。不能這麼便宜周厲王，他跑了就讓他兒子來頂罪。周厲王出逃時太匆忙，把太子姬靖留在了城裡，姬靖被暴民們嚇壞了，王宮肯定是不能待了，要往哪去呢？召公忠心耿耿，只能去投靠他了。

太子姬靖逃到召公家中，但很快就被查出來。暴動的國人又抄著傢伙，把召公家給圍住，要求交出太子。召穆公姬虎是個忠臣，有自己的原則，他暗下決心豁出命也要保護太子。但他自己豁出老命也沒用，暴民們不是要他的命，而是要太子的命，怎麼辦呢？最後他想出了一個絕望的辦法：用自己的兒子頂替太子。召公把自己的兒子交了出去，小民們反正也不認得太子長什麼模樣，看上去年歲差不多，便一擁而上，你一拳我一腿，竟然把召公的兒子給活活打死了。

「國人暴動」後，整個首都陷入一片混亂之中，毫無秩序可言。過了些日子，老百姓們也感到不能這樣下去了，沒有國王，也得要有人出來主持政局才行。那麼由誰來主持政局呢？史料有兩種不同的說法。

第一種說法，由召公、周公（**周公旦的後代**）二人聯合執政，號曰「共和」，故而這一年又稱為「共和元年」。所謂「共和」，指的是「公卿相與和而修政事」，因為這個時候國家處於沒有君主的特殊時期。以這種說法，「共和」是一種執政方式，即公卿共同聯合執政。後來我們把英文 republic 稱為「共和」，即是此淵源。當然，周代的「共和」僅僅只是特殊時期的特殊做法，並不具有普遍意義。

第二種說法，由共伯和代行天子事。「共」指的是共國，「共伯」就是共國的君主，「和」是他的名字。按照這種說法，「共和」的意思就有別於第一種說法，指的是共伯和這個人。宋代學者王應麟是這樣解釋的：「古史，共伯和者，厲王時之賢諸侯也，諸侯皆往宗焉，因以名其年，謂之共和。」這種說法值得懷疑，因為我們考察周之歷史，周公、召公家族影響力是比較大的，共伯有那麼高的威望代行天子事嗎？

不管哪種說法正確，在國人暴動後十四年，周厲王始終窩在彘地，到死也不敢回都城，因為他終於見識到人民力量的偉大。

「國人暴動」與「共和」在中國歷史上有重大意義，這一年是西元前八四一年，是中國歷史可以確認的最早的準確西元紀年。在此之後，中國三千年的歷史，都有非常準確且完備的歷史紀年，這在世界歷史上是罕見的。

共和十四年（西元前八二八年），周厲王終於死了。雖然他死的時候，仍然掛著「王」的頭銜，可只不過是孤家寡人，有名無實。他是中國歷史上第一個被人民推翻的國王，對他的死，百姓自然是拍手叫好。既然人人厭惡的厲王已死，共和的使命也結束了，接下來的問題是，要立誰為王呢？

在公卿的擁立下，躲在召公家裡十幾年的姬靖終於有了出頭之日，繼承了王位，史稱周宣王。這時京城百姓才發現當年殺錯人了，只是時過境遷大家的怒氣也消了，沒有起來繼續造反。由於有老爹的前車之鑒，周宣王不敢對民眾打擊報復，再加上有召公、周公等賢臣的輔佐，周室倒頗有一番中興氣象。周宣王把被丟棄許久的文、武、成、康等先王的遺訓教導又重新拾回來。這種做法頗得諸侯們的讚許，於是各方諸侯又紛紛前來朝覲，周王室的權力有所恢復。

我們看歷史時，得注意王號裡隱藏的含義。周宣王的諡號是「宣」，這個諡號一般是中興明君才使用的，比如漢代的漢宣帝、唐代的唐宣宗等。所謂中興，意味著之前是衰敗的，這些中興明君之所以能扭轉困局，與他們的經歷頗有關係。漢宣帝年幼時遭巫蠱之禍險些喪命，後又長期流落民間，成長經歷與其他公子哥不同；唐宣宗據稱還跑去當過和尚，經歷也不一般；周宣王年輕時在國人暴動中差點沒命，躲了十幾年，也算是吃了不少苦頭。吃苦頭並非壞事，有磨鍊人才能成長，才能苦其心志，增益其所不能。

據一些野史記載，周宣王早年銳意進取，志在中興，與一個女人分不開，這個女人就是他的正娶夫人姜王后，她是齊侯的女兒。周宣王剛即位時，權力、財富從天而降，這位曾經落難的天子自然心馳蕩漾，每天晚上擁妻抱妾折騰精力，早上總是睡到很晚，懶得上朝。姜王后認為夫君如此慵懶都是自己的過錯，她脫了玉簪耳環，差人對周宣王說：「這都是臣妾的過失，臣妾淫欲之心過重，這才致使大王起不了床，上不了早朝，這樣朝臣們會認為大王好色而忘德。倘若耽於美色，勢必會窮奢極欲，禍亂就要來了。若是如此，那麼臣妾就是禍亂的源頭，請大王治臣妾之罪吧。」

聽夫人這麼一說，周宣王自己慚愧了，人家一個女流之輩尚且如此明理，何況自己是一國之君呢？他向夫人道歉說：「這都是寡人我自己失德，怎麼會是夫人的過錯呢？」從此之後，他生活上就比較節制，準時上朝，勤於政事。

當然了，要重振王室雄風，也不是光擺擺花拳繡腿就能辦到的，說到底要靠實力。想重新領袖諸侯，首先就得打敗戎狄做出表率。

周室已衰弱四代，而這段時間，也是戎狄趨於強盛的時代。

周宣王有中興之志，首先必須主動進取，討伐西戎。

伐戎的重任落在大夫秦仲身上。秦仲是秦國的第四任君主，為什麼周宣王會派他去討伐西戎呢？因為秦仲與西戎有不共戴天之仇。秦國的第一位君主是非子，非子的父親叫大駱。在周厲王時，大駱家族遭到犬戎的侵略幾遭滅頂之災。秦仲一心想為親族報仇雪恨，遂自告奮勇討伐西戎。

周宣王四年（西元前八二四年），秦仲率自己的族人攻打西戎。這時秦只是一個小國，軍隊也十分弱小，根本不是數百年後那支令人膽戰心驚的鐵血兵團，反而被西戎打得大敗。宣王六年（西元前八二二年），秦仲戰死沙場。西戎斬殺秦仲之後，大兵壓境。秦國本來就地少人稀，哪裡是強大西戎軍隊的對手，不久秦的領地落入西戎人之手。秦地淪陷之後，秦仲的五個兒子流亡到周王室領地，既無軍隊也無土地，就是光杆司令，想報仇也沒實力。這個時候，周宣王伸出援助之手，給予他們極大的支持，慷慨借出一支七千人組成的軍隊，這猶如雪中送炭，使秦國得以絕處逢生。秦仲長子繼承君位，史稱秦莊公，憑著七千人的王師歷經苦戰終於打敗了西戎收復國土。秦國之興起，自秦莊公始。

除了犬戎，又一個對手出現了：北方的玁狁。

玁狁這個名稱大家比較陌生，它又稱為獫狁，是後來匈奴族的前身，典型的游牧民族。《淮南子》一書中曾這樣說：「四夷之禮不同，皆尊其主而愛其親，敬其兄；獫狁之俗相反，皆慈其子而嚴其上。」到了漢代匈奴族時，也是如此，史書稱為「畏壯侮老」，這個民俗特點，主要是因其好勇鬥狠，一旦老了，體力不支，自然就受到輕視。

共和二年（西元前八四〇年），即國人暴動後二年，玁狁就曾入侵周的西部邊境。到宣王時，玁狁的入侵更加頻繁，以至於周人「靡室靡家」，靡就是沒有，沒了家室，妻離子散。周宣王五年（西元前八二三年），為了抵禦玁狁進犯，周宣王命大夫南仲築城於朔方，又命尹吉甫率師討伐，攻至太原一帶。玁狁不敵，逃往北方。

北征剛剛告一段落，南征又如火如荼地展開。

同樣是周宣王五年，北征後兩月，天子又命方叔率師討伐南方的荊蠻。次年，輔佐大臣召穆公率軍隊征討東部的淮夷；緊接著，周宣王親征徐戎。當時的文學作品《詩經》中，有不少描寫周宣王東征的詩歌，比如「王奮厥武」、「整我六師，以修我戎」、「左右陳行，戒我師旅，率彼淮浦，省此徐土」等。

可以說，在周宣王上臺後幾年裡，周師南征北戰，幾乎把周邊的對手打了個通關。這一系列攻勢，很大程度上重振周室聲威，故而稱為「中興」。周宣王九年（西元前八一九年），天子在東都成周大會諸侯，一掃過去諸侯不朝的頹勢。

史書對周宣王時代的四境戰爭記錄還是有所缺失的，據出土的《虢季子白盤》銘文記載，在周宣王十二年時，虢國的季子白奉王命再伐玁狁，取得了斬首五百、俘虜五十的戰績，班師回朝時，又命屬下率兵追擊敗退至洛水的玁狁，取得勝利。由於這次勝利，虢季子白受到了天子的嘉獎，周宣王賞賜他馬匹、弓箭、彤矢和斧鉞並賜予其征討蠻夷的權力。

僅僅十餘年的工夫，周宣王便取得征西戎、伐玁狁、討淮夷、攻荊蠻、破徐戎的勝利，天子也不免沉浸在得意之中。過分得意就有點忘形了，不久後，周宣王幹了一件頗不地道的事情。

這件事發生在周宣王十一年（西元前八一七年），當時東方諸侯魯武公前往鎬京（**此時周的首都又遷回鎬京了**）朝見天子，他還帶了兩個兒子：太子姬括與少子姬戲。

魯國太子姬括比較木訥，而姬戲則乖巧可愛，周宣王十分喜愛，便打算廢了太子，改立姬戲。在夏商周三代，諸侯國雖然隸屬於天子，但擁有很大的自主權，有自己的行政系統、司法機構、財政機構與軍隊，是一個完整的國家。一般來說，除非遇到十分特殊的情況，否則中央政府是不會干涉諸侯國的內政的。可是周宣王僅僅憑著自己的喜惡，就想插手魯國內政，這無疑是不合規矩的。況且周代以來，長子繼承制度十分穩固，魯國立長子姬括為太子，是遵循禮法精神的，豈能隨便更改呢？

大夫樊仲站出來對周宣王說：「您要廢長立幼，這不是教天下人不遵循禮法嗎？倘若魯國順從您的意思，那麼其他國家也可紛紛效仿，到時長子繼承制不就成了一句空話嗎？倘若魯國不順從，您就要把魯國君主殺了，這不等於破壞自己立下的長子繼承制嗎？這樣看來，不管魯國是不是順從制度都要被破壞，您還是仔細考慮考慮。」

考慮個屁！周宣王不高興了，老子是天子，立個諸侯國的太子有何不可。於是不管魯武公與樊仲的反對，硬是把姬戲立為太子。

魯武公一氣之下病倒，回到魯國後不久就死了。姬戲由於有周宣王的支持，取代哥哥姬括成為新的魯國國君，史稱魯懿公。可是這麼一來，為魯國的內亂埋下禍根。九年之後，廢太子姬括去世，他兒子姬伯御心懷不滿，便糾集一幫大臣，在民眾的支持下發動政變，殺死魯懿公，自立為君。此舉令周宣王勃然大怒，後來終於出兵討伐魯國，姬伯御兵敗被殺，魯懿公的弟弟被天子立為新的君主。

一念之差，導致了魯國二十年的混亂。

更糟的是，從此周宣王大失人心。據《史記》所載：「自是後，諸侯多畔王命。」越到晚年，周宣王越發固執，性情也變得更加殘暴，政治失去早年的清明，先王的教導遺訓又被拋棄掉。百姓越發失望，不願意為王室效力。大家都知道，西周的土地制度為井田制，就是把田地分割為井字形，一塊田分為九塊，其中周圍的八塊為私田，中央一塊為公田，歸王室所有。宣王晚年政治上比較混亂，雖然沒有像周厲王那麼倒行逆施，但民眾也心有怨言，不願意「盡力於公田」，索性紛紛逃離周領地。

人都跑了，誰來耕地呢？

周宣王很惱火，下令搞人口普查。如果只是普通的人口普查，這倒不是壞事，關鍵是周天子醉翁之意不在酒，而是想通過這個來約束老百姓，把所有人記錄在冊，讓你跑不掉。樊仲又跑出來反對，他對天子說：「您無緣無故搞人口普查，老天爺也不喜歡，對政事有害得緊呢。」周宣王不肯聽，堅持要用行政手段來約束民眾的逃亡。可是治標不治本，民眾逃跑的原因是什麼呢？還不是政策出了問題嗎？不在政策上下功夫，只想用強迫手段來逼人民就範，只能激起更多的不滿罷了。

自從周室中興後，周宣王的權力越來越大，內心的道德約束又越來越少，別說老百姓，就是官員大夫也倒了楣。

杜伯是西周大夫，關於他的死，《太平廣記》是這麼寫的：

周宣王有個愛妾名為女鳩，雖然受寵，可是天子畢竟年老了，滿足不了她。她看杜伯年輕且帥，想跟他好，但杜伯是臣子，哪裡敢與王妾私通呢？他一口就回絕了。女鳩這個人，有點像《聖經》裡希律王的女兒莎樂美，求愛不成就心懷怨恨，打算致杜伯於死地。她跑到周宣王前，哭哭啼啼地說：「杜伯想強姦我。」老邁的周宣王輕信婦人之言，氣不打一處來，下令把杜伯抓捕入獄。女鳩擔心杜伯不死，哪天周宣王知道真相，自己定要倒楣，便慫恿宣王處死杜伯。

《墨子》一書對這個故事有所補充，大哲墨子是個鬼神論者，在《明鬼》篇中，杜伯臨死前對周宣王說：「大王要殺我，可我是無辜的。倘若我死後沒有知覺，那就算了；若是死後有知，不出三年，我定然會讓大王知道我的冤情。」三年後，周宣王與眾諸侯在野外狩獵，當時有馬車數百輛，隨從人員數千人，整個曠野上都是人。到了中午，死去的杜伯突然出現了，他駕著一輛白馬素車，身穿紅色的衣服，手上執著一把紅色的弓，弓上有一支紅色的箭。只見他追著周宣王，一箭射出，周宣王倒在車上，箭正射中後背脊樑處，周宣王當即斃命。當然，這個故事有點太離奇玄幻，大史學家司馬遷沒有在《史記》一書中採納其說。

後世稱周宣王時代為「中興」，其實只說對一半。周宣王在位總共四十六年，在西周諸帝王中僅次於周穆王，在他統治的前半段，周室確實中興了，只是後半段晚節不保。

興衰的轉捩點始於周宣王三十一年，即西元前七九七年。

這一年，周宣王再次對太原之戎用兵，可是好運不再，王師居然吃了敗仗。五年後（西元前七九二年），周宣王再度發動對西戎的戰爭，派軍隊征討條戎與奔戎，然而又一次戰敗。兩度戰敗後，戎人的勢力捲土重來，周宣王三十九年（西元前七八九年），戎人發動報復式的進攻，滅掉姜侯之邑。一連串的軍事失敗，令周宣王的老臉掛不住了。

所幸的是，作為諸侯的晉國為天子挽回了一點面子。

西周後期與戎人的戰爭導致了一個結果，即諸侯在戰爭中不斷發展壯大，其中最典型的例子就是秦國與晉國，這兩個國家在即將到來的春秋時代，成為最強大的兩個諸侯國。西元前八〇五年（周宣王二十三年），晉穆侯奉王命伐條戎；三年後（西元前八〇二年），晉軍與戎人戰於千畝，再次贏得勝利。西元前七九〇年，當戎人滅掉姜侯之邑後，晉軍則在另一個戰場汾隰擊敗了北戎。

周宣王當然不想讓諸侯國喧賓奪主，他糾集了一些南方諸侯的軍隊，拼湊起一支聯軍，稱為「南國之師」，討伐申戎。聯軍旗開得勝，周宣王不免沾沾自喜，為了雪恥，他把目標鎖定為姜氏之戎。豈料這支南國之師過於輕敵，他們挺進到千畝時，戎人早有防備，布下埋伏，這一役成了周宣王執政以來最大的敗仗，南國之師幾乎全軍覆沒。此後，周宣王再也無力發動對西戎的新一輪的攻勢，中興事業就此結束。

中興之君周宣王善始卻未能善終，後世史家也頗為惋惜地評價「中興之美未盡焉」。倘若他的後續者能吸取他的教訓，銳意進取，則王室的事業還是可以期待的。只是接下來的這位周幽王，不僅在能力魄力上不及乃父，還成為中國歷史上最昏庸的君王之一，最後死於非命，成了末代君王。

三十九、驪山之變

西元前七八二年，周宣王去世。

關於他的死，前面說過，傳言是杜伯的鬼魂前來索命。這個傳言流傳很廣，包括《墨子》、《太平廣記》等書都有提到，是不是真的，我們當然寧可相信只是老百姓出於怨恨編出來的故事，反正周宣王晚年不得人心，大家巴不得他死於非命。宣王的兒子名為姬宫湦，史稱周幽王，他算得上是中國歷史上的著名昏君之一。

幽王上臺之時，周王室的處境並不妙。宣王晚年內政混亂、擅殺大臣，又干涉魯國內政，導致諸侯離心，更要命的是對外戰爭一敗塗地。可以說，周宣王是扔了一個爛攤子給繼承人。中國古代流傳災變說，總把天災與政治聯繫在一起，幽王二年的大地震，無疑令國人對周室的命運有了一種不祥的預感。

這一年是西元前七八〇年，西周的首都鎬京爆發特大地震，至少七點八級。地震導致河流上游多處決堤，洪水湧向四周，涇水、渭水、洛水三川由於上游改道而出現斷流乾涸，岐山爆發山體崩裂、滑坡等災害。一時間，「百川沸騰，山塚崒崩，高岸為谷，深谷為陵」。給周王畿百姓造成重大的人員及財產損失。

在這種時候，周幽王沒有把精力放在災後重建上，反倒要討伐戎狄，以重振周室威風。周代是中國歷史上十分尚武的朝代，儘管一直遭到周邊部落的侵擾，但總體上軍事力量還是很強的。大地震後一年（西元前七七九年），周幽王不顧大臣們的反對，命伯士率領六個師的兵力討伐六濟之戎。

我在前面說過，王六個師都是屬於臨時徵召的，此時周人正忙於災後重建家園，家都還未安頓好，哪裡有心思去打仗呢？表面上看起來，六個師的兵力也算是威武雄壯，只是士氣低落如何有戰鬥力呢？這場戰役不僅大敗而還，連統帥伯士都被戎人殺死。

這大概是周幽王雄心壯志的唯一一次表現了。征戎之役大敗後，他灰心喪氣，不想打點朝政了，把政事交給了卿士虢石父。長期以來，虢國為周王室鞍前馬後，盡忠竭力，故而一直被周王視為左膀右臂。只是虢石父的品行確實欠佳，史稱他「佞巧、善諛、好利」，就是個只會在君王面前拍馬屁的人，背地裡則四處搜刮民脂民膏，國人都十分痛恨他。周幽王不理朝政，那都做什麼呢？喝酒泡妞去了。

一個重要人物粉墨登場了。

她就是褒姒。

關於褒姒，有一個非常奇特的傳說。這個故事還得從很早很早之前說起。

據說周王室藏有一件鎮朝之寶，這個寶貝用一個精美的木盒子裝著，外面還加著一把鎖。這是什麼寶貝呢？說了噁心死你，裝的是一口唾液。但您別小看它，這可不是一般人的唾液，而是龍的唾液，說文雅一點，叫作龍漦。龍是什麼東西呢？今天的人都知道它的樣子，可是你在動物園裡看到過嗎？在野外看到過嗎？俗話說神龍見首不見尾，大家想必都跟我一樣，連神龍的首也沒見過呢。

顯然，神龍就跟上帝一樣，不是你想見就能見著的。但還是有人見過的。那是夏代的時候，有一天，神龍跑到夏王的王宮裡作客，不是一條，而是兩條。夏人也是葉公好龍的類型，一旦見到真龍，不僅沒有歡天喜地慶祝一番，反倒都被嚇壞了。更可怕的是，神龍居然開口說話，自稱是褒國兩位先王的化身。夏王宮亂得像一鍋粥，不知道要怎麼辦。還是夏王英明，想了個辦法，還是由上天來決定吧，以占卜定吉凶。若占卜為吉，就把神龍供起來，當神仙膜拜；若是占卜為凶，大夥就抄傢伙上吧，把神龍亂刀砍死。

卜師占卜後，得出結論：這龍是神龍，殺不得也養不得，最吉利的方法是向神龍求得一口唾液供奉起來。夏王就準備了一個精美的盒子，恭恭敬敬地求得一口龍的唾液，封裝起來。神龍消失之前，留下一個很神秘的預言，後世如果有君王開啟木盒子，災難將降臨到他的朝廷。古代人是很迷信的，因此這個裝有神龍口水的盒子保存了幾百年，誰都沒有開啟過，即便是夏桀、商紂這等亡國之君也沒開過。時間一長，盒子越發神秘，誰也未嘗一睹其真實面目。

這個傳說我們當然不太相信，但從歷史記載看，龍不止出現過一次。前面我們曾說過夏帝孔甲曾養過兩條龍，結果給養死了，不知道這個龍漦傳說是否跟他有關。

數百年彈指一過，轉眼間到了周厲王時代。有一天，周厲王窮極無聊，找不到什麼東西玩，突然想起王宮裡藏了這麼個寶貝，心念一動，我何不打開來瞧瞧呢？他便差人把木盒子拿過來，解了鎖要打開來瞧。這時一幫大臣紛紛反對，周厲王哪兒管三七二十一，給我打開。

盒子打開了。神龍果然是神龍，唾液幾百年也不會乾掉。但奇怪的事發生了，這唾液自己流出盒子，濺到了地板上。周厲王突然覺得有點噁心，喚人把這唾液給洗了。宮人們用盡辦法，竟然洗不掉。這周厲王怪能折騰的，喚來巫師術士想辦法，有個裝模作樣的「大師」提出一個意見：這龍的唾液乃是髒物，得讓宮女們脫光衣服，一絲不掛地圍著髒物一起叫喊。我想這位大師一定是想藉機看看活春宮圖，才搗鼓出了這麼個左道旁門的方法。周厲王不想那麼多，叫宮女們把衣服都脫光了，一堆豐臀肥乳便圍著龍漦亂喊亂叫，大師一邊作法，一邊時不時瞟上幾眼，欣賞無邊春色。

您還別說，有點用。龍的唾液突然化為一隻蜥蜴，四處亂竄，怎麼也捉不住，最後竄入後宮。正巧後宮有一個年僅七八歲的侍女，蜥蜴竄著竄著，便竄進她體內去了，消失無蹤。等一下等一下，有些讀者怕是要跳起來，你到底是講歷史還是編小說哪。諸位莫急，這可不是區區小子瞎編出來的故事，而是記載在太史公大名鼎鼎的《史記》裡。

龍漦消失了，風波暫時平息下來，宮廷內又恢復往日的平靜。

然而，龍漦帶來災害的預言卻剛剛開始。

周厲王死後，周宣王繼位。當年的侍女已經長大成人，沒有婚嫁。奇怪的是，肚子卻一天天地大起來，當年被那隻怪獸鑽進體內，在多年後竟然未婚而孕。以處女之身而懷孕，天哪，難道這是聖母瑪利亞嗎？難道要產下一個聖嬰嗎？產聖嬰那是人家《聖經》的事，跟咱無關，這名侍女產下的是女嬰。未婚而孕，這種事情說不得，女嬰也不能留在宮裡，怎麼辦呢？年輕的媽媽只得狠心一咬牙，把女嬰拋棄在路上，只希望有好心人撿到後能收養這苦命的女娃。

當時在周的首都鎬京，流傳著這樣的童謠：「山桑弓啊，箕木的箭袋，它們要亡掉周的國家啊。」這童謠是什麼意思呢？周宣王秘密派人去暗中調查，密探們發現京城裡面，有一對夫婦他們賣的東西正是山桑弓和箕木的箭袋。天子心念一動，莫非此二人有翻江倒海的本領，竟能顛覆周室嗎？且不管童謠的預言準不準，有備無患，把這對夫婦殺了不就完事了嗎？

但是不知為何捕殺令走漏了風聲，這對夫婦心裡納悶，我們正當經營，又沒幹什麼違法亂紀的事，怎麼突然就大禍臨頭呢？反正沒時間想，還是逃吧。兩人捲舖蓋走人，離開京城，踏上逃亡之路，正巧在路上發現了被遺棄的女嬰。女嬰正在啼哭，這對夫婦動了憐憫之心，便將女嬰輕輕抱起，心想自己膝下無子女，也算有緣，就帶著她上路吧。他們逃著逃著，來到了褒國，隱姓埋名住下來。在他們的悉心照顧下，女嬰一天天長大，由於居住褒國，她便被稱為褒姒。

若干年後，褒姒長大成人，生得水靈靈的如出水芙蓉，楚楚動人，可謂傾城傾國。在古代，美女注定不可能像普通人那樣沒沒無聞地生活，總有王公貴族會找上門來。一個偶然的事件，改變了她的人生。

當時褒國有個貴族在都城鎬京犯了法，周宣王把他抓起來欲判罪。貴族趕緊說，褒國有一位絕世美女，有沉魚落雁、閉月羞花之貌，我願意把她進獻給大王。這就叫做交換。周宣王老年時也昏庸好色，有人要進獻美女，自己何樂而不為呢？就這樣，褒姒被褒國進獻給周宣王。

褒姒剛被送到王宮不久，周宣王就被杜伯的鬼魂給害死，當時人是這樣認為的。周宣王還沒來得及享用褒國美女，被周幽王佔了便宜。幽王風流成性，早就聽過褒姒的美貌，本來就垂涎欲滴，上臺後自然迫不及待把這位美女佔為己有，並且倍加寵愛。

然而褒姒並不開心，她的臉上從未露出過笑容。這恐怕跟她坎坷的人生經歷有關，一出生便被拋棄在路上，後又作為褒國人的抵罪品送進王宮，一生的命運都操之於人手，哪兒有自由可言？這導致她鬱鬱寡歡的性格。雖然如此，天生麗質也是女人最大的資本，憑藉這一資本她得到周幽王的呵護與寵愛。當寵愛變成取悅女人的時候，周幽王發現他的種種努力竟無法博得美人一笑，對一個有著無上權力的男人而言，是非常令人氣餒的。男人在感情世界中的冒險天性，使得帝王亦不惜動用手中的權力，為博取美人一笑而努力。

於是便有了「烽火戲諸侯」的鬧劇。

西周中後期，由於戎、狄等游牧民族頻頻入侵，首都鎬京附近築有許多烽火臺。烽火臺在古代起到軍事預警的作用，每當有外敵入侵時，前哨的烽火臺發現敵情後就燃起狼煙，濃煙直沖雲霄，這是告訴周邊的烽火臺：有戰鬥警報。鄰近的烽火臺見到警報後也會燃起狼煙，把情報傳遞給下一個烽火臺。當一座接一座的烽火臺不斷地做接力時，場面之壯觀絕不亞於好萊塢充滿想像力的巨片。

烽火臺不僅向周王傳遞預警信號，同時也向諸侯國傳遞出求援的信號。古代這種消息傳遞方式拙笨卻高效，烽火的警示越過高山峽谷，奔馳在平原河川，很快就能傳達到各諸侯國的都城。恪盡職守的諸侯們從來不敢怠慢烽煙的警號，他們對周室的防衛有著義不容辭的責任，總是在第一時間趕赴京城，協防首都的安全。

可是在周幽王看來，烽火臺還有一個功能——可以博美人歡心。

天子心想，褒姒鬱鬱不樂，就是在宮中待得太悶了，窮極無聊嘛。要是她能看到些熱鬧且滑稽的場景肯定會開心，想到這裡，周幽王玩起了「烽火戲諸侯」的遊戲。他命令士兵在烽火臺上點火，將士們很納悶，明明沒有敵情，點火幹啥呢？幽王把臉一沉，廢話少說，叫你點火就點火。士兵們也不敢怠慢，狼煙燒起來了。幽王與褒姒坐在城頭上，欣賞狼煙四起的壯觀景象。

首都燃起狼煙了！這可不得了，莫非西戎又來了？鄰近的諸侯哪兒敢怠慢，當即備好戰車，躍馬揚鞭，率虎賁之士奔向京城。到了京城外，諸侯們卻一臉茫然，敵人在哪兒呢？只見有狼煙，卻不見有敵人的影子啊。抬頭看時，只見周幽王坐在城頭，樂得手舞足蹈，指著諸侯們的軍隊，對身邊的美人說，你看這個好不好玩啊？

這真是一齣滑稽的鬧劇。

鬧劇場面是如此之大，看到這些傻頭傻腦又驚愕萬分的將士們，褒姒禁不住輕輕一笑。為了這紅顏一笑，周幽王不惜以他的王朝和生命作為賭注。

原本為戰爭而建的烽火臺，卻悄悄地變成討好美人的工具。從這一天起，烽火臺便不時地燃起烽煙，一次又一次上當受騙的諸侯們，無不惱羞成怒。當「狼來了」的叫喊聲成了欺騙的代名詞時，沒有人願意再理會下一次是否真的狼來了。從今往後，洩氣的諸侯們發誓再也不出兵拱衛王國的首都了。

可是狼真的來了。引狼入室的卻是自家人。

褒姒給國王生了一個兒子，名叫姬伯服。俗話說愛屋及烏，「不愛江山愛美人」的周幽王做出了他人生中最重大的一個決定：廢除王后（申后，申侯的女兒）及太子姬宜臼，改立褒姒為王后，姬伯服為太子。申后被廢後，心裡大為惱火，索性不辭而別，逃到父親申侯所在的申國。

周幽王確實犯了大錯了，他錯在將王宮中的事當作家事。然而王家從來都是各方政治勢力角逐的所在，特別是在西周王朝，諸侯表面上臣服於周王室，實際是非常獨立的力量，擁有自己的政權與軍隊。被廢的王后是申國的公主，申侯怒不可遏，他發誓要讓周幽王付出代價。

一個迷戀於兒女情長的君王，往往在朝政上也是昏庸無能。周幽王將國家政事交給了奸邪狡詐的虢石父，朝綱不振、倒行逆施，朝內朝外無不生怨。申侯是不好得罪的，前面說過，申侯是叔齊的後人，申國居民多戎人，故與西戎關係十分緊密。申侯多次為周、戎衝突充當調停人，他一直認為周王室之所以能過上好日子都是因為他坐鎮西部、保衛西陲。豈料周幽王如此不識相，膽敢把自己的女兒一腳踢開，這口氣如何嚥得下去？

很快，申侯派人前往繒國與西戎，結為同盟，與周幽王分庭抗禮。

周幽王並不把申侯放在眼裡，就你那點實力，能與我對抗嗎？幽王十年（西元前七七二年），天子在太室山召開諸侯大會，並做出大會決議：出兵討伐申國。各諸侯國表面上舉手贊成，內心裡誰也不願意，你把我們大家都當猴兒耍，還要我們出兵，門兒都沒有。這次諸侯會議貌似一次盛會，其實一點實質成果也沒有。

還沒等周幽王出兵討伐，申侯已經先下手為強了。西元前七七一年（幽王十一年），申侯發難，他聯合繒國及犬戎，共同出兵進攻鎬京。周幽王慌了，急忙下令，燃起狼煙，向諸侯們求援。烽火臺上濃煙沖天。可是沒有人出手相助，諸侯們可是有自尊心的，你天子戲弄我們，我們就吃悶虧，吃了悶虧我就學乖了，管你是不是真有敵情，我自巋然不動。居然沒有一個諸侯國出兵，看來周幽王確實是寡人一個。

犬戎軍隊在申、繒兩國的配合下，如入無人之境直搗鎬京。可憐的周幽王左顧右盼、前瞻後眺、望眼欲穿，希望遠處地平線上突然冒出一支勤王的隊伍，可這是無法實現的奢望。無奈之下，他只能撒腿而逃，一路逃到驪山。

終於跑不動了。犬戎人如潮水般的湧來包圍了驪山。這個時候，曾被尊為神的天子才發現自己在卸下王袍後也不過是一介凡夫俗子，也只是一具血肉之軀罷了。犬戎人的兵戈，輕而易舉地刺穿了他的胸膛。當他倒斃在死人堆時，人們會發現生前貧富貴賤的差別，在死後似乎一切變成平等，不過是一具屍骨與血水。

一代絕色美女褒姒被犬戎的軍隊擄走，最後結局如何，不得而知了。

犬戎軍隊暴露其野蠻的本性，西周精美華麗的器物成為蠻族人的戰利品，他們在鎬京燒殺搶掠，財物被搶光了，男男女女也像牲口一樣成為野蠻者的獵物。

鎬京成了一座死寂的空城。

申侯出賣靈魂以換取報復的成功，他的外孫、前太子姬宜臼登上了周天子的王位，這就是周平王。首都鎬京經歷浩劫之後已破敗不堪，新的周王開始漫漫的東遷之路，從鎬京遷都到了洛邑，這意味著中國歷史上的西周時代結束，東周時代開始，這一年是西元前七七〇年。

這是周王朝歷史的轉捩點。

在此之前，周王室是天下之共尊，經驪山之役後，元氣大傷的周王地位大降，完全喪失領袖的地位。原先躲於幕後的諸侯們則是群雄並起，你方唱罷我登場，城頭變換大王旗，縱橫捭闔，爭雄鬥霸。至時歷史為之一變，天子成了配角，而諸侯成了主角，中國由是進入波瀾壯闊的春秋戰國時代。

由於春秋戰國史料豐富，本系列叢書亦有單獨分冊，故而本書不宜全面講述列國之爭雄鬥霸史，以避免內容之重疊。本書之東周部分，重點在於敘述周王室跌宕起伏的命運，完整展示周室之衰亡史，而這也是一般春秋戰國史所忽略的部分。如此處理，應該是比較妥當的吧。

四十、權力倒懸的時代

周室東遷，象徵了一個舊時代的結束，也是一個新時代的開始。

周平王是一個不幸的落魄君主，從他開始周王室的地位一落千丈。他雖然仍然保有「天下至尊」的王號，但實際上已經失去了對諸侯的控制權。不過，上天待他不薄，他在王位上待的時間竟然超過半個世紀之久，在位時間總計長達五十一年。

古語云：「溥天之下，莫非王土；率土之濱，莫非王臣。」有帝王與臣子，就有由上而下的約束，這是一種政治秩序。這種政治秩序的先決條件是帝王（中央）必須是強有力的，有能力約束諸侯的擴張與反叛。因此，西周政治制度對諸侯的城邑、軍隊有明確的約束。比如說，諸侯國的都城，不能超過王都的三分之一；周王可以擁有六個軍（師）的兵力，諸侯國不能超過三個軍（師）等。

然而，驪山之役，周王室的精銳武裝被打殘了，沒有武力支撐的中央，又拿什麼來嚇唬地方諸侯呢？於是乎諸侯們開始蠢蠢欲動，大魚吃小魚，小魚吃蝦米，中國進入了長達五百多年的混戰時代。東周的政治秩序出現轉折，權力倒懸，諸侯打起霸業旗幟，周王淪為諸侯爭霸的工具。當然，這並不是一蹴而就的，而是有一個漫長的過程。

周平王在位的五十多年裡，最重要的一件事，便是鄭國的強勢崛起。

在護送平王東遷、再造周室一事上，鄭國是出過力氣的，因而鄭武公、鄭莊公兩位君主均擔任周朝廷卿士，即為實際執政者。近水樓臺先得月，在眾諸侯國中，鄭國率先發起兼併戰爭。鄭武公先後滅掉東虢、鄶國，鄭莊公更是憑藉朝廷卿士之身分，以「王命」為旗幟，屢屢徵調王師，縱橫中原，有稱霸諸侯的雄心。周平王對鄭莊公的飛揚跋扈既憤怒又無奈，他已垂垂老矣，與他同樣老去的還有孱弱不堪的朝廷。

西元前七二〇年，周平王病逝，周桓王繼位。

年輕氣盛的周桓王有夢想，夢想恢復西周時代王室的尊嚴。為了削奪鄭莊公的權力，他起用西虢公，極力清除鄭國對周王權的影響力。鄭莊公對此勃然大怒，索性以牙還牙，在周桓王即位的這一年，給天子一個下馬威，兩次派遣軍隊進入周王室的領地，割走了成熟的稻穀。周桓王氣得直吹鬍子，卻也無可奈何。

不過，在鄭莊公看來，周王室儘管衰微，周桓王畢竟是天子，「天子」就是一張王牌，把這張王牌握在手中，就可挾天子以令諸侯。為了與周王和解，西元前七一七年，鄭莊公第一次裝模作樣地前往朝覲周天子。

這次朝覲並沒有緩和周、鄭之間的矛盾，因為周桓王在鄭莊公面前擺出一副傲慢自大的臭架子，他還真把自己當作至高無上的天子。周公黑肩歎道：「周王室在驪山之變後，從鎬京東遷到洛邑，鄭國是有功勞的，應該對鄭國以禮相待，這樣以後其他諸侯國才會來朝見。現在周王用這種傲慢的態度，我看鄭國不會再來。」

幾年後，周桓王幹了一件十分荒唐、不可理喻、大失體統的蠢事。

那是西元前七一二年（桓王八年），周天子突發奇想，提出跟鄭國做一筆土地交易。周王室以十二塊較小的土地，交換鄭國四塊較大的土地。看上去這是一筆公平的買賣，鄭莊公盤算一下覺得不吃虧便答應下來。

可是誰料想得到，這居然是一場詐騙！原來周桓王用以交換的那十二塊土地，並非周王室所有，而是屬於曾擔任周朝司寇的蘇忿生家族。堂堂天子竟然拿不屬於自己的土地去交換鄭國土地，這可列為春秋時代最大的一起詐騙案。詐騙性交易的結果是，周桓王得到了鄭國的土地，鄭國卻兩手空空，精明的鄭莊公可算栽了個大跟頭。

鄭莊公被激怒了。

周桓王以天下共主的身分詐騙諸侯，大要小聰明，只知貪圖小利、意氣用事、機關用盡，最後只是自取其辱罷了。

周、鄭關係持續惡化。

西元前七〇七年，周桓王終於罷免鄭莊公卿士之職，鄭莊公也不再去朝覲天子。蠢蛋往往自認為聰明，周桓王竟然異想天開試圖武力顛覆鄭莊公，重新樹立朝廷無上的權威。這簡直是不自量力！自驪山之變後，周王的軍隊僅能自保，哪有四處征伐的實力呢？反觀鄭莊公，如一頭中原雄獅，橫掃中原——衛、宋、陳、蔡等國，成為春秋時代的第一位霸主。

周桓王挑戰鄭莊公，猶如綿羊挑戰雄獅。

當然，周桓王有自己的優勢，他有「天子」的招牌。他把招牌一豎，鄭國的宿敵衛、蔡、陳諸國當然樂得回應，三國出動兵力會同王師組建一支討逆軍，浩浩蕩蕩殺向鄭國。對周桓王來說，這是復興周室的光榮一戰，只要打敗鄭莊公，其他諸侯就要戰慄地匍匐在他腳下。

只是周桓王忘了，討逆軍看上去威武雄壯，但衛、蔡、陳等國無一不是鄭莊公的手下敗將，能有多少勝算呢？

面對天子的挑戰，鄭莊公哂然一笑，他親率鄭國鐵血兵團屯兵繻葛嚴陣以待。

這是王室與諸侯的大對決。倘若王室取勝或許可重整旗鼓、號令天下；如果敗了呢？恐怕為諸侯所恥笑，永無東山再起之日。

繻葛的天空布滿陰雲，空氣凝重得幾乎令人窒息。

一場影響東周歷史的大決戰就要打響了。

只見周桓王信心十足，他把軍隊編為三軍：中軍乃是周王室直轄的中央軍，由天子親自指揮；右軍是蔡國與衛國的軍隊，由虢公林父指揮；左軍是陳國軍隊，由周公黑肩指揮。三軍品字排開，一時間塵土囂揚、車轔馬嘯煞是雄壯，大有一戰而蕩平鄭國的氣勢。

戰場的另一端，鄭莊公表情冷峻，默不作聲地觀察敵人的動向，盤算著作戰方案。周王的布陣特點是中央軍實力較強，兩翼的衛、陳、蔡的軍隊稍弱，特別這三個國家多次與鄭國交鋒屢屢敗北，自然有畏懼心理。

避強擊弱是戰爭常用的法則，鄭莊公決定把主力配置在左、右兩翼，先集中力量擊破衛、蔡、陳三國部隊，而後周桓王的中央軍勢必陷入孤立無援之境。鄭莊公還亮出一種全新的陣法，稱為「魚麗陣」，實際上是戰車部隊與步兵之間的協同作戰。具體如下：一種說法是戰車在前，戰車之後是步兵，步兵的位置是填充戰車與戰車之間的空隙；另一種說法是二十五輛戰車為一排，每兩輛戰車之間有五名步兵。這種陣法的特點是步兵和戰車之間可以互相支援，戰車可以憑藉其防禦力和居高臨下的優勢，支援兩邊的步兵隊伍；步兵在戰車旁可以防止戰車被敵軍分割包圍。

隨著一通鼓聲擂響，鄭軍率先發動進攻。公子姬忽率右翼兵團直撲陳軍；祭仲率左翼兵團進攻衛、蔡聯軍；鄭莊公指揮中軍，徐徐壓上。在鄭軍兩翼強大的攻擊下，陳軍與衛、蔡聯軍很快陣腳大亂，一哄而散，爭先逃竄，完全顧不上坐鎮中軍的周桓王。

三軍總指揮周桓王一下子沒了兩個軍，三路鄭軍一擁而上，周軍大敗。周桓王的霉運還未到頭，在混戰中，他被鄭軍將領祝聃射中一箭，箭矢扎入肩膀，一陣劇痛，幾乎掉下馬車。周桓王雖是個窩囊廢，仍表現得從容不迫，不失一個王者之尊嚴，居然忍住傷痛，鎮定地指揮大軍撤退。

祝聃見周桓王負傷逃走，正要驅車追去，鄭莊公阻止道：「君子不能夠逼人太甚，何況是侵凌周天子呢？我們只求自衛，能保住國家社稷也就知足了。」當天晚上，鄭莊公派人前往周軍的駐地，探望並慰問周桓王。

這次大戰中，鄭莊公的表現有理有節。有理，鄭國屬自衛還擊；有節，只擊潰來犯的聯軍，並不實施殲滅戰，戰爭的善後工作做得很好。反觀周桓王，既師出無名又不自量力，還挨了祝聃一箭，可以說名譽掃地。桓王之本意，幻想憑此一戰，重樹天下共主之形象，重操征伐諸侯之權柄。可惜事與願違，自身形象一落千丈，正是偷雞不成蝕把米，徒增笑耳。

繻葛之戰是東周時代一場重要的戰爭。鄭國的勝利，象徵著一個諸侯爭霸時代的來臨。周王獨尊的時代已經漸行漸遠了，周王室從政治中心走向邊緣化，雖然在此之後還不斷有諸侯雄主提出「尊王」的口號，但那不過是玩弄政治的把戲，周王室的地位實質已經等同於諸侯國了。

此役徹底擊碎了周桓王的雄心壯志，他日益消沉，復興周室的夢想隨風飄散。十年後，即西元前六九七年，在位二十三年的周桓王去世。

比起父親周桓王，周莊王更加庸庸碌碌，無所作為。

周莊王在位的十五年，是春秋史上最混亂的十五年。此時一代霸主鄭莊公已經去世，各諸侯群龍無首，混戰、動亂、弒君、謀殺等充斥各國。這是一個沒有秩序的時代，我們可以羅列一長串死於謀殺的君主：鄭昭公、魯桓公、齊襄公、宋閔公……這種謀殺之風甚至颳進周王宮，周莊王險些也成為刀下之鬼。

西元前六九四年，曾作為周桓王左膀右臂的周公黑肩企圖策劃政變，他計畫幹掉周莊王，扶立周桓王的另一個兒子姬克。然而陰謀尚未得逞，便遭到大夫辛伯的告發。周莊王搶先一步，擒殺周公黑肩，姬克聞訊後大恐，逃到南燕避難。

倘若周莊王能多活幾年，或許還能風光一點。因為一種新型的霸業模式已是呼之欲出，這種霸業模式的核心思想是「尊王攘夷」，霸主要帶頭「尊王」，誰還敢不尊呢？只是周莊王享受不到這種好處，西元前六八二年，他死了。

接下來的周釐王是個短命天子，只當了五年的天子就死了。在這五年時間裡，中國大地上發生的最重要的事，便是齊桓公稱霸。

齊桓公是在西元前六八五年登上齊國君主的寶座的，在名相管仲的輔佐下，齊國以巨龍之雄姿崛起於東方。齊國先後打敗魯國、宋國，吞併譚國、遂國等成為東方不敗，笑傲江湖。西元前六七九年，齊桓公在鄄城主持諸侯峰會，與會者有宋、陳、衛、鄭等國，這次會議確立了齊國在諸侯中的霸主地位，被認為是齊桓公稱霸的開始。

然而，齊桓公忽視了周天子的價值，精明的鄭厲公抓住機會，幹了一件轟轟烈烈的事，差點威脅到齊國的霸主地位。鄭厲公幹的這件事，便是幫助天子掃平叛變，再造周室。

話說周釐王去世後，周惠王繼位。倘若說周王一代不如一代，這並不過分。周惠王與周桓王一樣有貪小便宜的毛病，卻缺少周桓王復興王室的雄心。他幹了一件十分不地道的事：搶走了手下五個大臣的菜園、房產、田地。天子與大臣爭利著實有些可笑，五大臣心懷怨恨與周惠王的弟弟子頹勾結，打算發動政變推翻周惠王。

西元前六七五年，在衛國與南燕國軍隊的協助下，子頹及五大臣發動政變，周惠王狼狽不堪地逃出首都洛邑，四處漂泊。這是繼繻葛之戰後，周王室又一次在天下人面前威風掃地。當時各諸侯國都袖手旁觀看天子的笑話。然而，目光遠大的鄭厲公洞察到天賜的良機，他果斷介入周王室的內鬥。

次年（西元前六七四年），鄭厲公藉口調解周王室內部糾紛，將參與發動政變的南燕國君仲父抓起來。緊接著，他將四處流浪的周惠王迎到鄭國，並派人潛入周都洛邑，把傳國寶物偷了出來，以向天下人表明，周惠王仍舊是合法的天子。

為了幫助周惠王復辟，鄭厲公前往虢國，與虢公一起商議周惠王復辟的事宜。虢國一直是周王室的左膀右臂，虢公同意與鄭厲公共同出兵討伐子頹偽政府。西元前六七三年，鄭、虢聯軍發動對子頹偽政府的軍事打擊。洛邑很快被攻破，子頹和叛亂的五大臣均被殺死。這場周王室內亂以叛亂者失敗而告終，周惠王成功復辟。

鄭厲公勤王再造周室，取得赫赫之功，鄭國在國際上之聲望幾乎蓋過齊國。倘若不是鄭厲公不久後便病逝，齊桓公能否保住霸主地位實是可疑。

鄭厲公成為周王復辟的第一功臣，鄭國在沒沒無聞十數年後，再次憑藉驚人的功勳為各諸侯國所側目，大大地提高了在國際上的聲望與威名，也撈到了一些實惠。不管怎麼說，這件事令齊桓公意識到，周王室雖然衰落但仍然有利用價值。此後他聽取管仲之建議，高舉「尊王」與「攘夷」兩面大旗，將齊國的霸業推向巔峰。

在「尊王攘夷」的霸權時代，周天子又將扮演什麼樣的角色呢？

四十一、在霸主鐵腕的庇護下

為什麼要尊王呢？

周天子的至尊地位已經不復存在，但從名義上說他仍是天下共主。齊桓公儘管是霸主，也只是諸侯成員之一，與其他諸侯地位相差不大，如何能令天下人聽他的號令呢？要是他通過周天子傳達號令，那意義就不同了。這就叫「挾天子以令諸侯」。在周惠王落難時，齊桓公顯然忽視了勤王的政治意義，被鄭厲公搶得先機，如果不是鄭厲公突然病逝，齊國的霸主地位將受到嚴峻的挑戰。聰明的齊桓公不會再犯下第二次錯誤，「尊王」遂成為齊國堅持奉行的基本國策。

把周王這尊泥菩薩供養起來，就佔據了政治上的話語權，有了天子的默許，齊桓公四處征伐的底氣才會十足。威風掃地的周天子也渴望得到齊國的支持，因為齊國乃是諸侯中的最強者。氣量狹小的周惠王還有個小算盤，他想借齊桓公之手報復衛國人。在周室內亂中，衛國充當一個不光彩的角色，支持叛亂的一方驅逐周天子。當年發動政變的罪魁禍首大多落網，只有衛懿公仍逍遙法外，周惠王沒實力報復，只能寄希望於齊桓公。

西元前六六七年，周惠王正式賜封齊桓公為侯伯，即諸侯之長，以天子身分承認其霸主地位。同時，周惠王以衛國助子頹叛亂為由，下達王命討伐衛國。這麼一來，齊桓公出兵衛國可謂師出有名。齊師深入敵境，勢如破竹，衛國很快舉白旗投降。齊桓公以周天子的名義批評了衛懿公站錯隊，犯了嚴重的政治錯誤。衛懿公一面唯唯諾諾地聽霸主的訓斥，一面暗地裡塞給其不少奇珍異寶。齊桓公既獲得了「尊王」的政治資本，又撈了不少實惠，這可是一筆名利雙收的好買賣。

在齊桓公強有力的武力庇護下，周天子總算稍稍復原點尊嚴。

不過，倘若認為齊桓公的目的是要重振周室之權威，那就大錯特錯了。他高舉「尊王攘夷」的旗幟，卻絕不是無條件地遵從周王的政令。這從齊桓公干涉周王立太子一事可見一斑。

周代實行長子繼承制，周惠王的長子姬鄭早早被立為太子。然而，周惠王晚年時，王后寵愛小兒子姬帶，鼓動惠王廢掉太子姬鄭，改立姬帶。惠王經不起女人三番五次地請求，動了更換太子的念頭。這事傳到齊桓公耳中，他迅速召集各諸侯商討解決周王室內部問題。在沒有周王代表參與的情況下，齊、魯、宋、衛、陳、鄭、許、曹八個國家達成共識，宣布擁護姬鄭為太子。

諸侯干涉王政，這在周代的歷史上是沒有的。周惠王當然氣急敗壞，怎麼辦呢？他暗地裡挑撥鄭文公與齊桓公的矛盾，慫恿鄭國背叛齊國。在周惠王的唆使下，鄭文公最終退出八國同盟。在八國同盟中，鄭國的實力僅次於齊國，鄭文公的退出，令周王室繼承人問題變得撲朔迷離。

西元前六五三年，周惠王在當了二十四年的天子後，終於一命嗚呼。究竟誰才是合法繼承人呢？周惠王去世時，只有宮裡的人知道，太子姬鄭決定秘不發喪，封鎖周惠王的死訊。他派人快馬加鞭前往齊國，請求齊桓公的支持。齊桓公聞訊後，第一時間發表聲明，堅決擁護姬鄭繼承王位。同時，齊國照會宋、魯、衛、許、曹等國，在洮地召開元首峰會，會議一致表決支持姬鄭為天子。

順利登上王位的姬鄭對齊桓公心懷感激，他即是周襄王。

為了回報齊桓公，周襄王派遣特使參加齊桓公主持召開的葵丘會議（西元前六五一年），這是春秋歷史上一次非常重要的諸侯會議。特使送來了周天子祭祀周文王、周武王時所用的祭肉，作為對齊桓公的賞賜。今天我們對此覺得沒有什麼特殊性，不過是一盤肉嘛。然而，在周代禮制中，賜祭肉乃是王恩浩蕩的體現，是非同尋常的賞賜。

齊桓公恭恭敬敬地走下臺階，準備跪拜接受祭肉。周王特使趕緊說道：「天子有令：伯舅的年齡大了，且功勳卓著，爵加一等，不必下階跪拜。」為什麼周襄王管齊桓公叫「伯舅」呢？原來周禮中，周天子對於異姓諸侯的年長者，叫伯舅，如果是同姓諸侯，則叫伯父或叔父。周天子是姬姓，齊桓公是姜姓（姜子牙之後），故而屬於異姓諸侯。

頗能作秀的齊桓公正色說道：「天威近在咫尺，我豈敢貪天子之命而不下拜呢？」說罷他跪倒在地，恭敬地接受祭肉。

齊桓公「尊王」的表態不僅令周襄王心裡的石頭落地，也為他本人撈足了政治上的聲譽。

儘管有齊桓公的支持，周襄王的天子位暫保無虞，然而周室內部的權力鬥爭並未終結。周襄王的弟弟姬帶（**史稱王子帶**）對失去王位耿耿於懷，他從小被寵慣了，焉甘心當哥哥的臣子。為了奪回權力，他不惜引戎人進攻都城洛邑。戎人一把火燒了東門。周襄王狼狽不堪，幾乎要棄城而逃。幸而秦國、晉國及時出兵勤王，總算保住首都。為了防備戎人再度進攻，齊桓公也派出一支軍隊進入洛邑協防。

守住首都後，周襄王要清算姬帶的罪行，姬帶腳底抹油，一溜煙地逃到齊國避難去了。直到十年以後，時間沖淡了仇恨，周襄王才允許姬帶返回京師。

齊桓公的「勤王」主張，使周天子在諸侯面前有了些面子。然而好景不長，西元前六四三年，一代霸主齊桓公年邁體衰，竟遭到一群小人暗算活活餓死於宮中。齊桓公死後，他的五個兒子爭立，齊國陷入混亂不堪的內亂中，霸業戛然而止。

沒有霸主的日子裡，不僅是齊國，中原各諸侯國由於失去領導，各國之間又你爭我鬥，一時間遍地狼煙。如此亂哄哄的場面，作為天下共主的周天子當然看不下去。他左瞅瞅、右瞧瞧，只見鄭國與衛、滑兩國正在械鬥，趕緊前去調停。不料鄭文公不吃這一套，呸！還真把自己當作天子了。作為鄭莊公的後人，鄭文公又令周王難堪，非但不接受調停還把周王特使扣留下來。

周襄王漲紅了臉，他的自尊心受傷害了。

只是那個高舉「尊王」旗幟的齊桓公已經死了，誰能充當王室的打手呢？周襄王狗急跳牆，竟然想藉助狄人之力量教訓鄭國。狄人正巴不得捲入中原戰爭以撈足好處，既然周襄王誠心相邀，他們聞風而動直搗鄭國。為了與狄人拉近感情，周襄王甚至娶了一名狄人之女，名為隗氏，立為王后。

然而，周襄王還是要蒙羞的。王后隗氏並不愛他，反倒愛上了跑路十年剛剛被允許回京的姬帶。看來姬帶命中注定是周襄王的死敵，不僅要奪他的位，還要奪他的女人。周襄王終於被激怒了，他迸發出男子漢的氣概，把王后隗氏廢掉了。

姬帶一看姦情敗露，情知京城之內再無容身之地，為了跟情人廝守，老子還要跟你這天子幹上一場。姬帶有張王牌，就是他的情人隗氏，隗氏找娘家狄人幫忙，圍攻周襄王。周襄王發現自己就是個大蠢蛋，招來狄人，豈不是引狼入室嗎？周王的政府軍大敗，天子被迫逃往鄭國避難。

這一年是西元前六三六年。

此時的周襄王，惶惶如喪家之犬，羞愧難言。然而生活還是要繼續的，他硬著頭皮分別向魯國、晉國、秦國發出勤王令。勤王軍會不會前來，他不知道，除了等，他還能做什麼呢？

說起來周襄王運氣不錯。就在天子落難的同年，晉國公子重耳在外流亡十九年後，在秦國武力支持下，返回晉國登上君主寶座，他便是與齊桓公並列為「春秋五霸」的晉文公。在此之前，晉國內亂頻繁，晉文公的上臺預示著晉國黃金時代的到來，預示著一個長期霸權的開始。

晉文公要揚名立萬，機會就在眼前。只要幫助周襄王復辟，到時就可以接過齊桓公的「尊王」大旗，挾天子以令諸侯，實現晉國號令天下的霸業。這個機會，只有目光遠大的人能看得到。不僅是晉國，秦國也蠢蠢欲動，秦穆公迫不及待要渡過黃河前往勤王，然而地理劣勢決定秦穆公的美夢藍圖化為泡影。原因很簡單，晉文公要獨吞勤王之功，晉國不借道，西方的秦國就無法挺進中原。

周襄王望眼欲穿，終於盼來勤王之師。晉文公親自率軍南下，兵分兩路，一路包圍姬帶與隗氏所在的溫地，這對情人早已公然同居；另一路則逕直奔向鄭國汜城，迎接周襄王。

叛軍豈是晉軍的對手，很快被打得丟盔棄甲，姬帶在戰鬥中被俘，後被處死。晉文公親自護送周襄王回到首都洛邑，落魄天子終於重見天日。不過，他很快就會明白，比起齊桓公，晉文公並不是那麼恭敬謙和的。

晉文公再造周室，功勞可謂偉大矣。

周襄王理所當然以最高規格款待晉文公，親自敬酒。不料晉文公幾杯燒酒下肚，狂氣上來，居然幹了一件讓周襄王下不了臺的事。他冒冒失失地提出一個請求：請求周天子允許他死後能享用天子的葬禮。

這話一出，所有人驚呆了。你晉文公要幹什麼？你想當天子嗎？你想取代周室嗎？這是非常嚴重的僭越無禮，是對天子權威地位的挑釁，甚至可以說是大逆不道。

周襄王十分不痛快，佛然道：「那是天子的禮儀，現在好像還沒有到取代周室、改朝換代的時候，如果叔父也以天子之禮安葬，豈不是有兩個天子嗎？那樣大概叔父也不同意吧。」

當然，晉文公說的話乃是酒話，在這個諸侯林立、群雄爭霸的年代，你想當天子豈不成眾矢之的？「尊王」、「挾天子」才是最好的選擇。

為了感謝晉文公勤王，周襄王不得不忍痛把陽樊、溫、原、茅四座城市賞賜給晉國。所謂的「賞賜」，實際上是周王室處境窘迫艱難的表現。在周室衰微、諸侯崛起之際，周王室的領地已經越來越小。這次「賞賜」，實際上是周王室在晉國人的威脅下不得不做出的讓步。顯然，晉文公的「尊王」，比起齊桓公更顯得虛情假意。

此時中國大地之上，逐漸形成兩大軍事聯盟：一方是以晉國為首的中原聯盟；一方是以楚國為首的南方聯盟。

楚國本是周的封國，在五等爵中為「子爵」，地位是比較低的。不過，由於楚國地處南方蠻夷區，有極大的拓展空間，加上歷代名君輩出，逐漸崛起成為南方最強大的國家。到了東周時代，楚國已是南方霸主，國君熊通不滿足「子爵」的稱號，要求周桓王提高其爵位，封公爵或侯爵，不料卻遭到天子的一口拒絕。熊通一怒之下，自立為王，稱楚武王，與周王分庭抗禮。從楚武王到楚文王、楚成王，三代名君把楚國之勢力擴張至中原，對晉國之霸業乃是一大威脅。

西元前六三二年，春秋歷史上最經典的一役爆發，此役便是城濮之戰。這是一場不折不扣的諸侯國大戰，兩大軸心國是晉國和楚國。晉國的同盟國有齊國、秦國、宋國；楚國的同盟國有魯國、曹國、衛國、陳國、蔡國、鄭國、許國，總計十二個國家捲入戰爭。晉國成為最後的勝者，晉文公當之無愧成為新一代霸主。

晉文公沒有忘記「尊王」，他搞了一個轟轟烈烈的「獻俘」儀式。超過一千人的楚軍俘虜，被押著穿過王城洛邑的主要街道，從周天子的檢閱臺前狼狽走過。除此之外，晉文公還獻上了城濮之戰的戰利品：楚國的一百輛戰車。

周襄王與晉文公假惺惺地上演一齣早已預排好的戲：天子賞賜給晉文公一大堆東西，任命他為「侯伯」，即諸侯之長，相當於諸侯聯席會議主席，其實就是「霸主」的另一叫法。周襄王當面表彰說：「阿叔啊，以後就靠你安撫天下諸侯，為周王室懲治叛亂。」

晉文公假裝不敢接受，推辭三次，在周天子的堅持下，才「勉強」接受侯伯的任命。從此以後，晉國便成為天子的保護國，堂堂周王，已經淪落到受保護的地步。

四十二、風刀霜劍嚴相逼

自城濮之戰後，春秋的歷史進入一個全新的時代，即晉、楚爭霸的時代，持續時間將近一百年。晉國與楚國在國際舞臺上呼風喚雨，周天子的聲音已經如蚊子般微弱，周王室的權力進一步被邊緣化。

這是霸主至強的年代，晉、楚兩大霸主引領北、南兩大集團，武裝對峙。有時晉國佔上風，有時楚國佔上風，總體上勢均力敵。與晉、楚的風光相比，周王室似乎躲藏在陽光照不到的陰暗角落裡，老的國王死了，新的國王又老了。從周襄王到周頃王到周匡王到周定王，轉眼間幾十年彈指過去，一向平靜的周王室，忽然發現一頭南方大鱷已經游到洛水之濱了。

這頭南方大鱷，便是「春秋五霸」之一的楚莊王。

春秋五霸是哪五霸，有幾種不同的版本，然而，不論是哪個版本，有三個人的名字是雷打不動的。他們就是齊桓公、晉文公、楚莊王。楚莊王的光輝業績堪媲美於齊桓公與晉文公，但有一點除外，他並沒有「尊王」，因為他自己就是王，何必去尊別的王呢？

楚莊王上臺後，連挫晉國及其嘍囉國，勢力直抵中原。

西元前六〇六年，楚莊王揮師進攻位於伊川的蠻族部落陸渾戎。不過，醉翁之意不在酒，楚莊王的真實意圖，不在消滅陸渾戎，而是窺視周之首都洛邑。楚軍一路猛進，直抵洛水之濱，已經進入周王室的領地。這位南方霸主煞有其事地在洛水河畔舉行盛大的閱兵，威武雄壯的方陣有條不紊地行進，喝聲震天，數百輛戰車卷起滾滾風塵，把河對岸的周定王看得膽戰心驚。

周定王忐忑不安，這個所謂的天下共主，實則如同實力平平的諸侯。來者不善，楚莊王到底在打什麼算盤呢？天子如坐針氈，決定派王孫滿前往楚營一探虛實。

王孫滿攜帶酒肉，以犒勞慰問為由，前往洛水之濱，求見楚莊王。

楚莊王一見王孫滿，劈頭就問：「周王室的傳國之寶是九座銅鼎，此銅鼎據稱是大禹王時所鑄，九鼎象徵九州。九鼎由夏而入商，由商而入周，可惜寡人一直未能親眼見到，不知這九鼎的大小輕重如何？」

為什麼要問鼎呢？

從大禹王開始，九鼎就象徵至高無上的王權，只有至高無上的天子才能擁有。楚國自立為王，可是還是識相的，沒敢自稱為「天子」。為什麼呢？因為這個自封的「王」，得不到諸侯們的認可。你這個「王」不是合法得來的，你沒有九鼎，沒這個國之神器。楚莊王問鼎之輕重，無非是認為象徵天下至尊的九鼎，只有放在楚國才合適，周王算老幾，也配享有九鼎嗎？

王孫滿不動聲色地答說：「傳國之寶，在德而不在九鼎。」

楚莊王一聽很不高興：「呸！你不要恃著有九鼎，寡人且告訴你，楚國光是折斷戈戟的尖端，用這些銅就足以來鑄九鼎了。」

當時楚國在諸國中是產銅量最高的國家，擁有最大的銅礦產地：銅綠山，在今天湖北大冶西。可以說，楚莊王鑄鼎之念頭並非不現實，只要他願意，完全有可能搞一套山寨版九鼎。問題是，山寨貨就是山寨貨，你造出來也沒人認。

面對楚莊王的咆哮，王孫滿沉得住氣，不疾不徐地回答說：

「您的記性不好啊。在大禹王的時候，九州咸服，便從各地運來青銅鑄成大銅鼎九具，鼎上刻上山川物象，象徵九州。可是到了夏桀時，君王荒淫無度，九鼎便從夏轉移到殷商，歷時六百年。後來商紂無道殘暴，周室革命，九鼎又從商轉移到周。天子有道，鼎雖小卻重；天子無道，鼎雖大卻輕，因此說在德不在鼎。周室今雖衰微，然而天命未改，這九鼎的大小輕重，您還是不可問哩。」

這一番話，把楚莊王聽得一愣一愣的，半晌後總算有點明白，這九鼎不是你想要就能要的。晉國近水樓臺，都沒敢把鼎扛回自己家裡，為什麼呢？因為無論是晉國還是楚國，都還沒有一統天下的實力與資格。沒這個實力，你就算把鼎扛回家，別人會拜倒在你腳下嗎？楚莊王雖然是一代梟雄，也算有自知之明，天命還未出現呢，不如打道回府吧。

周定王總算有驚無險地保住九鼎，沒有丟先王的臉。他在位二十一年，於西元前五八六年去世，其子姬夷繼承王位，稱為周簡王。

晉國繼續充當王室保護人的角色。儘管楚莊王在位時，晉國被打得像縮頭烏龜，甚至在邲之戰中遭到前所未有的慘敗。但不要忘了，晉國畢竟是個偉大的國家，很快便勵精圖治捲土重來。西元前五九三年，晉國掃滅赤狄部落，重現軍事強國風采；西元前五七五年，晉國在鄢陵之役中大敗楚軍，一雪前恥。

值得注意的是，這兩次勝利後，晉國均在周都洛邑搞了盛大的獻俘儀式，向周天子報捷以示「尊王」。然而，這並沒有改善周王室日益尷尬的處境，除非有霸主的命令，否則連小諸侯也不會前來朝見天子。天子早已成為可有可無的擺設，周幾乎被人遺忘了，彷彿是世外桃源遠離戰爭與塵囂。

從周簡王到周靈王，再到周景王上臺，日曆翻過了將近半個世紀。平靜的周王室終於有了一點波瀾。那是周景王上臺後二年（西元前五四三年），宮廷爆發一起未遂的政變。景王的堂兄弟儋括企圖推翻天子，改擁立佞夫（**景王的弟弟**）為周王。不過，政變失敗，佞夫被處死，儋括及其黨羽倉皇出逃，投奔晉國去了。

周室的勢力不僅受到外部諸侯的擠壓，自身也陷入內部紛爭的危機之中。西元前五二〇年，在位二十五年的周景王去世。他的死，導致了周王室歷史上最嚴重的一次內亂。

周景王在位時，立兒子姬壽為太子，不過姬壽無福享受王位，早早就死了，另一位王子姬猛被立為太子，又稱為王子猛。

王子猛既不是嫡子，在眾庶子中也非長子，根據周代立儲制度，他被立為太子的機會是微乎其微的。史書上沒有寫他何以被立為太子，據我推測，大概是得到了朝中兩個實力派人物的支持，一個是單穆公（**時任卿士**），另一個是伯蚠。

然而，周景王晚年時，卻打算廢掉王子猛，改傳位給另一個兒子王子朝（**姬朝**）。王子朝是周景王的庶長子，他能異軍突起得益於老師賓起，此人是個很有政治頭腦的人，深得周景王的信任。在賓起的鼓吹下，周景王動了廢黜太子的念頭。

卿士單穆公與大夫伯蚠得悉消息後，打算先下手為強，殺掉王子朝與他的老師賓起以絕後患。不料百密一疏，消息走漏，賓起馬上把單穆公與伯蚠的陰謀彙報給周景王。周景王以打獵為藉口，要求高級官員隨行，企圖先下手為強剷除單穆公與伯蚠。可是，人算不如天算，在此千鈞一髮之際，周景王竟然心臟病突然發作，一命嗚呼。

周景王死得太不是時候了。

他要是晚死一兩天，就不會出現以後的內亂。他的暴死讓單穆公與伯蚠死裡逃生，兩人馬上擁立王子猛為周王，史稱周悼王。一不做、二不休，單穆公與伯蚠乘勝出擊攻打賓起，賓起兵敗被殺。然而王子朝成了漏網之魚，他逃出周都後，在周室舊官吏的支持下，佔據了郊、要、餞三座城邑，拼湊一支軍隊反攻洛邑。單穆公與伯蚠抵擋不住，只得帶著周悼王出逃。

至此，周王室的內戰全面爆發。

單穆公一面抵抗叛軍，一面向晉國政府緊急求援。

晉國需要天子的金字招牌，當然不能坐視不理，於是出動大軍干涉周室之內戰。在晉軍的支持下，周悼王捲土重來，把王子朝的叛軍趕出洛邑，再登天子寶座。然而，這次叛亂不同過去，王子朝的支持者甚多，戰爭還遠遠望不到盡頭。晉國軍隊撤退後，王子朝很快又殺回來，擊潰單穆公與伯蚠所指揮的政府軍。

周悼王回到洛邑後不久便去世，死因不詳。或許是積勞成疾，或許是死於叛軍之手。有人為權力鬥個你死我活，有人卻幸運地撿便宜。周悼王的弟弟王子匄被立為天子，史稱周敬王。

晉國只得再次出馬，與王軍聯手對付叛軍。叛軍控制下的據點一個個被拔除，到西元前五一九年初，王軍基本收復失地。在這樣大好形勢下，周敬王與單穆公卻做出一個致命的錯誤決定。周敬王擔心請神容易送神難，萬一叛亂剿平，晉國人賴著不走怎麼辦？倒不如提前恭送他們出境。晉國的表現倒是中規中矩，好吧，你讓我撤，我就撤。很快，晉軍全部撤出周王領地。

然而，周敬王顯然低估了叛軍的力量。

應該說，叛軍首領王子朝是個有能力、頗有名望的王子。就在他被晉軍打得走投無路時，晉國人居然撤走了。這簡直是奇蹟。他馬上抓住機會，策反尹邑，誘殺擁護周敬王的劉佗，再次扯起叛亂旗幟。

掉以輕心的單穆公與伯蚠以為大局已定，兵分兩路，進攻尹邑，幻想給叛軍最後一擊。不料尹邑一戰王師大敗，這一戰成為周王室內亂的轉捩點。單穆公與伯蚠灰頭土臉地逃回洛邑，如驚弓之鳥，草木皆兵，連守住首都的決心也沒有，匆匆護送周敬王逃往劉邑。

王子朝趾高氣揚地回到洛邑，住進王宮，自己加冕稱王。這麼一來，周王朝出現兩王並立的局面。王子朝佔據首都，對周敬王窮追猛打，很快控制了周王室的大部分地盤。

王室的內戰，令諸侯國不知所措，中小諸侯都看晉國的態度。

晉國政府也遲疑不決了：究竟要認哪個周王呢？兩個王都是周景王的兒子，從身分上說都有繼承大統之權，誰才算正統呢？這個有點難辦。晉國政府決定派人前往周地考察，看看老百姓對兩個王的態度如何。

西元前五一八年，晉國大夫士彌牟奉命前往調查。他向百姓詢問對兩個王的看法，發現民眾普遍支持周敬王。在平民百姓眼裡，周敬王才是合法的天子，王子朝不過是篡位奪權的野心家，這些年的戰亂都是這傢伙挑動的。士彌牟將調查結果回報給晉國政府，晉頃公決定支持周敬王的政權，認定王子朝的政權為非法，拒絕接待王子朝派出的使臣。

晉國的這一立場，對流亡中的周敬王不啻為一粒定心丸。

第二年（西元前五一七年），晉國大夫趙鞅主持諸侯國會議，商量安定周室的事宜。在會議上，晉國方面提出兩個主張：第一，各國政府必須向流亡的周敬王提供糧食；第二，計畫次年出兵，武力護送周敬王重返都城。

這兩大主張看上去光明正大，天子有難，諸侯齊心協力勤王，難道不是天經地義嗎？然而，趙鞅卻碰釘子了。此時的周王早已經是形同虛設，對各諸侯國來說，周王只是象徵性的存在，誰去理會他的死活呢？齊國拒絕參加這種無聊的會議，與齊國關係緊密的莒、郯、徐等國也沒有一個參加會議。

即便是參加會議的國家，也發出不和諧的聲音。譬如宋國代表公然表示，不能向周敬王提供糧食援助，他的理由是：周王是主人，我們是客人，只有主人請客人吃飯，哪有客人帶上一席飯菜給主人呢？弦外之音是說，我們這些小諸侯被欺負的時候，周天子有幫助過我們嗎？你是天下之主，我們有難你不來幫忙，現在你有難了反倒我們來幫忙，沒門兒！

晉國大夫士彌牟氣壞了，跳起來把宋國代表大罵一通，宋國這才被迫接受此協議。由此可以看出，當時多數諸侯國，根本無意去理會周室的內戰。

不僅中小諸侯無動於衷，連晉國也消極怠工，出兵一事一拖再拖。

在這段時間裡，周敬王的流亡政府不斷地遭到進攻，岌岌可危。單穆公急了，派人向晉國政府求援，可是望眼欲穿遲遲未見晉軍的影子。西元前五一六年七月間，在叛軍的圍攻下，周敬王被迫放棄流亡政府所在地劉邑。王子朝的軍隊佔領劉邑後，將這座城池燒為灰燼。周敬王奪路而逃，一直逃到滑邑。

直到這個時候，晉國才不得不出兵。再不出兵，周敬王只能到地下去見列祖列宗了。晉國軍隊開進滑邑，迎接狼狽不堪的周敬王，並分兵駐守戰略要地闕塞。大家想想，周之內戰不過是小打小鬧，晉軍才是無敵於天下的狠角色。有了晉軍相助，周敬王底氣十足，他集合流亡政府軍，對叛軍展開反撲。

叛軍一看到晉軍主力出動，早就嚇得魂飛魄散，紛紛奪路而逃。原本效忠於王子朝的召伯盈本就是個政治投機份子，一看大勢不好，索性倒戈一擊，把王子朝趕出洛邑。王子朝情知大勢已去，與一幫大臣狼狽地逃往楚國。

看上去這場持續四年之久的內戰似乎要結束了，其實不然。

王子朝逃亡到楚國後，發表了一份聲明，譴責周敬王政權的兩個核心人物：單穆公與伯蚠，認為兩人「攪亂天下，倒行逆施」。同時，他還批評晉國政府出兵協助他們，乃是放縱這些野心家無邊的欲望。王子朝還為自己政權的合法性辯護，認為周朝的立儲原則是：「如果王后沒有嫡子，就選立年長的庶子，如果遇到庶子的年齡相同，則選立有德者。」周景王嫡子早夭，只能在庶子中選擇接班人，王子朝作為庶長子，理所當然是王位的繼承人。他甚至批評周景王在立嫡一事上存有私心，違背古制。

對這份聲明，魯國大夫閔子馬評論說：「王子朝一心想當天子，既批評周景王，又得罪晉國，無禮到極點，就算文辭再精彩，又有什麼用呢？」

周敬王政府開始清算叛黨，逮捕並殺害了一批以前追隨王子朝的官員。這次打擊面太廣，被處決的人除了頑固派外，還包括不少已經向政府投誠的官員，比如把王子朝驅逐出洛邑的召伯盈，也未能倖免於難。這種大屠殺不能不說十分短視，結果逼使王子朝的舊臣鋌而走險，重新走上叛亂之路。不過由於群龍無首，零星的叛亂終於不成氣候被一一擊破。

王子朝亡命楚國十年。此時春秋已進入尾聲，經過長達百年的對抗，晉、楚兩霸都筋疲力竭。與此同時，東南的吳國異軍突起。西元前五〇六年，吳王闔閭攜伍子胥、孫武兩大名將發動對楚國的致命一擊。吳軍以秋風掃落葉之勢橫掃楚國，攻破楚都，楚昭王落荒而逃。曾經雄霸南方的楚國，幾乎亡於吳國人之手。

楚國的破敗，給了周敬王一個天賜良機。此時楚國自身難保，誰還想著庇護流亡中的王子朝呢？王子朝不死，周敬王不得安眠。怎麼幹掉王子朝？周敬王當然不敢明目張膽地派軍隊到楚國殺人，只能採取偷偷摸摸的手段。於是在一個月黑風高之夜，幾名刺客悄悄潛入王子朝的宅院，不久後人們發現王子朝陳屍室內，腦袋已不翼而飛。

王子朝死了。

周敬王終於可以長長喘一口氣，那一夜他終於睡得很香很甜。他相信從今天始，可以高枕無憂了。誰也不會想到，王子朝的死並不意味叛亂的終結，周敬王很快就要再嘗苦果。

西元前五〇四年，王子朝的餘黨在儋翩的領導下，對周敬王政權發難。這次叛亂的爆發，得到了鄭國政府的鼎力支持。隨著晉、楚霸業式微，鄭國蠢蠢欲動，企圖通過扶植儋翩叛亂對周王領地鯨吞蠶食。鄭國不僅支持王子朝餘黨在周室王畿製造動亂，還進攻周領地的馮、滑、胥靡、負黍、狐人、闕外六座城邑。

晉國不得不又一次出兵救援天子，此時的周敬王在叛軍的進攻下惶惶不安，倉促逃出京城，又一次開始流亡生涯。

儋翩的叛軍在西元前五〇三年初攻佔儀栗後成了強弩之末，晉國出兵是周王室反敗為勝的關鍵因素。四月，單武公（**單穆公的兒子**）與劉桓公（**伯蚠的兒子**）率政府軍在窮谷一役中挫敗叛軍的進攻，此役成為周室內戰的轉捩點。該年年末，在晉國軍隊的護送下，周敬王終於重新返回國都。

第二年（西元前五〇二年），單武公攻克叛軍控制的重要城邑穀城，緊接著又佔領簡城；劉桓公則收復儀栗，在盂邑再破叛軍。至此，周室內亂徹底結束。

這場內亂從西元前五二〇年爆發，至西元前五〇二年結束，時間跨度長達十九年，是周室歷史上最嚴重的一場內亂。周王室已經徹底沒落了，在中原的政治影響力尚不及一個中等諸侯。儘管晉國仍然高舉「尊王」的旗幟，可是誰都看得出來，晉國並不積極賣力，否則區區一場叛亂，何至於要用十九年解決。

沒落中的周王室，究竟要走向何方呢？

四十三、零落成泥碾作塵

東周一般被分為兩截，前半截是春秋，後半截是戰國。春秋止於西元前四七六年，為什麼以這一年作為春秋的結束、戰國的開始呢？這年發生了什麼驚天動地的大事嗎？其實沒有。只不過是周敬王在這年駕崩，他總共當了四十四年天子。

周敬王的兒子姬仁繼位，史稱周元王。

春秋戰國之交，最重要的事情，就是吳越戰爭。周元王繼位時，這場戰爭已經進入尾聲。西元前四七三年，一代梟雄越王勾踐以臥薪嘗膽之志，最終實現滅吳的夢想，成為無可爭議的霸主。勾踐滅吳後，學起齊桓公、晉文公的模樣致貢於周，以示「尊王」。周元王仿效前世天子，封勾踐為伯，承認其霸主之地位與特權。

這大概是周天子最後一次風光了。

越國的霸業，隨著勾踐的去世飄散於風中。曾經強盛百年、笑傲江湖的晉國內患重重，晉國君主與周天子一樣被架空，國家權力落入幾個家族之手。西元前四五三年，晉國趙氏、魏氏、韓氏三家聯手消滅知氏分割晉國。晉國走向分裂已是不可避免。

在晉國裂變的同時，周王室也悄悄醞釀著裂變。周元王只當七年天子就去世，其子周貞定王在位共計二十八年，於西元前四四一年去世。平靜的宮廷再掀巨浪狂風，先是周貞定王長子姬去疾繼位

（史稱周哀王），豈料僅僅三個月後，便被弟弟姬叔襲所殺。姬叔襲自立為王，史稱周思王。覬覦王位的可不止他一人，五個月後，其弟弟姬嵬發動政變殺死周思王，登上天子寶座，史稱周考王。

連續兩次政變，都是弟弟殺死王兄。大概是這個原因，周考王未雨綢繆，索性把弟弟姬揭封於王城。我們前面講過，周公執政時期，把洛邑分為兩個部分，洛水以東叫成周，洛水以西叫王城。由於王城在西，故而又稱為「西周」，姬揭便是西周的第一任領主，稱為西周桓公，又稱西周君。

周考王把王城封給弟弟，避免了兄弟相殘的悲劇繼續上演，但天子在周領地的地位也一落千丈，並為後來周室的分裂埋下伏筆。

周考王死於西元前四二六年，其子周威烈王立。

自晉文公始，晉國便成為超級強國，建立起長期霸權。晉國的繁榮得益於獨特的六卿制，六卿實際上就是六大軍事巨頭，武人在晉國制度中扮演著極為重要的角色。然而，六卿制也是晉國動盪之根源，到春秋後期，形成魏、趙、韓、知、范、中行六大家族輪流執政的傳統。六卿之間爭權奪利，或聯合或傾軋，最後知、范、中行三家被消滅，魏、趙、韓三家瓜分晉國。

西元前四〇三年，周威烈王以天子之名，正式冊封魏、趙、韓為諸侯，這就是所謂的「三家分晉」。

傳統的儒家史學認為，趙、韓、魏三家身為臣子竟然剖分晉國，君君臣臣的政治體系完全被破壞。在這種綱常散壞的情況下，周天子封三家為諸侯，承認他們瓜分晉國的合法性，使得君臣之禮完全崩潰。後來司馬光在《資治通鑒》中痛心疾首地說：「君臣之禮即壞矣，則天下以智力相雄長，遂使聖賢之後為諸侯者，社稷無不泯滅，生民之類糜滅幾盡，豈不哀哉！」把戰國時代的禍亂歸結於周天子自毀綱紀。

其實司馬光實在是誇大其詞。按這位仁兄的看法，似乎周天子不承認三晉諸侯，魏、趙、韓就能被約束住。事實上，戰國時代的周天子，比起春秋時代更加羸弱，完全沒有任何權力。所謂「冊立諸侯」，無非是對既存事實的承認罷了。說白了，不是周天子給三晉面子，反倒是三晉給周天子面子。讓你冊封我們三家諸侯是看得起你周王，是顧著你的面子。楚國稱王了，吳、越稱王了，他們有請示天子嗎？所以說，司馬光的評價，實是幼稚可笑。

三家分晉，預示著一個新時代的到來。魏、趙、韓各自獨立後，都拼命向外擴張以爭奪生存空間，從此戰國之兼併戰爭愈演愈烈，大魚吃小魚，小魚吃蝦米。在這個波瀾壯闊的史詩年代，周天子已經淪為戰爭看客，最後也勢必成為犧牲品。

周威烈王之後，是周安王、周烈王，儘管天下洶洶，戰爭的火焰暫時還沒有燒到天子腳下。然而，周顯王上臺後第二年（西元前三六七年），問題還是來了。

前文說過，周考王把弟弟封為西周桓公，居於王城。桓公去世後，威公繼位。周顯王上臺不久，西周威公去世，誰將成為下一任西周君呢？姬朝是太子，法定繼承人理應繼位。不過，威公的小兒子姬根卻得到了韓國與趙國的支持。雙方勢均力敵，互不相讓。在韓、趙的武力支持下，姬根佔據平陰、偃師、鞏三城，稱為東周；姬朝佔據穀城、緱氏、王城，稱為西周。此時王畿之地共有七座城池，所謂王畿之地，就是首都周圍方圓千里之地。這七座城池，東周佔了三城，西周佔了三城，可憐的周天子只有洛陽（即成周）一城。由於東周有韓、趙撐腰，周顯王只得依賴東周自保。這還叫天子嗎？充其量不過就是個縣長罷了。

大家注意，在歷史上，「東周」、「西周」是有兩個含義的。其一是大家所熟悉的，以驪山之亂、周平王東遷為標誌，周朝分為西周、東周兩個階段；其二就是周顯王時，王畿之地分裂成兩部分，一為西周，一為東周。在後文我們說到西周、東周時，基本上是後一種意思。

韓、趙兩國扶植東周，其實有自己的險惡用心。先讓周室分裂，這樣好一口一口吃掉。在周顯王時代，秦國在商鞅的主持下，推行變法，很快後來居上，成為魏、韓、趙之勁敵。在秦國的打擊下，韓國接二連三地丟失土地。這時韓國便把目光鎖定在東周，於西元前三五三年發動對東周的進攻，奪取王畿週邊的大片土地。

在春秋時代，周天子雖然沒什麼權力，但好歹有霸主「尊王」，王室的地盤別人還是未敢覬覦的。眼下諸侯們非但要搶天子的地盤，還要搶「王」的稱號。

西元前三三四年，即周顯王三十五年，這是戰國史上值得回味的一年。

這年發生了一件大事：齊魏徐州相王。什麼意思呢？就是齊國與魏國互相承認對方的王號，齊國君主是齊威王，魏國君主是魏惠王。大家注意，魏國的前身是晉國，當年晉國與齊國都是高舉「尊王」的旗幟，而現在這兩國率先自立為王。還尊你周王個屁，老子也是王！以前叫某某公或者某某侯，現在不了，現在叫某某王。

此例一開，就一發不可收拾了。

此後十餘年，所有重要諸侯國全部稱王。西元前三二五年，秦國稱王；緊接著，韓國稱王。西元前三二三年，魏、韓、趙、燕、中山「五國相王」，就是五個國家互相承認對方的王號，至此，滿天下都是王了。什麼普天之下，莫非王土，那麼多王究竟是哪個王的土呢？率土之濱，又是哪個王的臣呢？

從此之後，周王徹底淪為一個微不足道的小角色了。

五國相王後兩年，在位長達四十八年的周顯王去世。其後繼位的分別是周慎靚王與周赧王。周赧王是周朝最後一位王，說起末代君王，我們總會想像其淒慘落魄的樣子，然而周赧王算是比較幸運的，因為他竟然在這個驚濤駭浪的大戰爭年代裡，當了整整五十九年的王！

自西周、東周分裂後，連續幾任周王都依附東周生存。不過後來東周遭韓國的鯨吞蠶食，實力大打折扣。周赧王上臺後，他決定遷都王城，轉而依附西周。我們不禁也要歎息，堂堂周王看上去像是要飯的，像條寄生蟲。

與周室的沒落相比，秦國如夏日之日，暴烈的日光烤焦大地。

從秦孝公始，秦國亮出寒光閃閃的刀鋒，刀鋒所過之處，留下的是血海屍山。秦惠文王是秦國擴張史上最重要的君王之一，在秦之輪番打擊下，三晉（魏、趙、韓）、楚國屢屢敗北，秦已然成為天下至強。秦武王之崇尚武力，比秦惠文王有過之無不及。他早就有窺視周室的野心，他的理想是：「寡人欲容車通三川，以窺周室，而寡人死不朽矣。」

窺周室與通三川有什麼關係呢？秦國與周王領地並不接壤，要窺周室首先要攻佔韓國的三川之地。為此，秦武王發動規模空前的宜陽之戰。

西元前三〇七年，經過一年的血戰，秦軍攻取宜陽，斬首六萬。通往周室的道路已經打通。周室早已敗落，有什麼好窺的呢？無非是因為周室有象徵權力的九鼎。倘若把九鼎扛回秦國，秦武王便是萬王之王了。

秦武王先派右丞相樗里疾前往西周王城拜會周赧王，隨行的車輛有一百輛。樗里疾綽號「智囊」，是秦國最有謀略的將軍之一，此番前來別有用心。倘若西周王城無所戒備，他便可以順手牽羊把西周給滅了，把九鼎扛回秦國。

周赧王豈能不知狼子野心，怎麼辦呢？他思前想後，想出了一條妙計。周天子派人前往歡迎樗里疾的到來，以保護秦使為藉口，安排一隊持戈的士兵走在秦國車隊前面，又安排一隊強弩手，走在秦國車隊後面。在如此嚴密的監視下，樗里疾想顛覆周政權可不太容易。不過，周政權之所以逃過一劫，乃是發生了一件意外的事：秦武王與手下勇士比賽扛鼎時發生意外，腿骨斷裂而死。

秦武王死後，秦國諸公子為爭奪權力而爆發內戰，自然無暇顧及周室。周赧王長長喘了一口氣，拭去額上的汗滴，又可以苟活幾年了。

外患僥倖避開，內亂卻躲不過。

自從春秋以來，周室的內亂已經爆發多次。儘管周室已經形同小諸侯，然而有權力的地方就有鬥爭，哪怕是個小小的雞窩。自從周室分裂為西周、東周後，雙方互相攻訐。西元前三〇〇年，東、西周爆發戰爭。東周力量稍強，西周抵擋不住，只得向韓國求援。韓國遂發兵救援西周，戰爭形勢很快發生逆轉，東周節節敗退，不得不請求韓國停止軍事行動。

就在兩周熱衷於窩裡鬥的同時，天下形勢日益明朗化。

秦國在春秋時代無所為，原因是受晉國的壓制。戰國時期晉國一分為三，分裂後的三晉與秦血戰百年，力量對比發生逆轉，秦人越戰越勇，向東擴張之勢已是不可阻擋。秦武王意外身死，令東方諸國稍稍有喘息之機，隨著秦昭王上臺與內亂的結束，秦國又開始了新一輪的擴張。

秦武王死後十五年（西元前二九三年），奪取兩周之地再次擺上秦國的議事日程。該年，秦以向壽為將，揮師東進，進攻東周。唇亡齒寒，魏、韓兩國聯合起來，干預秦國的軍事行動。魏韓兩國集結二十四萬軍隊，開赴前線。秦軍獲悉魏、韓參戰的消息後，從東周撤退至伊闕。秦國宰相魏冉果斷起用白起為將，與魏、韓聯軍決一死戰。伊闕之戰，白起大放光芒，魏、韓聯軍遭到毀滅性的打擊，幾乎全軍覆沒。

戰神白起得勝不饒人，轉而把刀鋒對準西周。魏、韓的精兵猛將都抵擋不了秦軍，周王室能獨自抗擊秦師嗎？為了拯救王室於危急之中，只能尋求外援，此時唯一能遏制秦國的國家，只有趙國。趙國經雄才大略的趙武靈王「胡服騎射」的軍事變革，一躍成為二號強國。可惜趙武靈王意外死於政變，國家大權落入權臣李兌之手。

周赧王派大夫周最動身前往趙國求援，他向李兌分析：秦國所顧忌的只有趙國，倘若趙國出面調停，秦國擔心趙國參戰，勢必要放棄攻打西周。趙國可以不費一兵一卒，坐收安定周室之功，到時必定在諸侯中贏得舉足輕重的地位。

李兌怦然心動，遂出面警告秦國，要求他們退出周室地盤。由於秦軍剛剛在伊闕苦戰一場，又頗憚忌趙國之實力，故而不得不接受趙國的調解，明智地從西周撤軍。就這樣，已經被逼到懸崖邊上的周王室，又一次奇蹟般地死裡逃生。

王一多，未免顯得不值錢。

秦昭王已經不滿足於王號，為了彰顯秦國凌駕於眾國之上，他撿起夏商時代的「帝」號。其實，在夏商時代，帝與王並無不同，都是天子的代名詞。只是如今「王」的含金量太低，只有

「帝」的尊號才能顯示出與眾不同。此時秦國雖說是最強大的國家，畢竟還沒強大到把所有國家打趴下，秦昭王對稱帝尚信心不足，只是自稱「西帝」，把「東帝」的頭銜讓給齊國。然而，這種文字遊戲實在沒有實際意義，故而幾個月後，齊、秦兩國都撤銷帝號。

有野心的絕不止秦一國，齊國正籌畫著一個規模空前的軍事冒險計畫。西元前二八六年，齊國發動滅宋之戰，一舉吞併實力僅次七雄的宋國。此役震動天下，魯、衛、鄒等小國無一例外向齊國稱臣。齊湣王乘機席捲淮河，從楚國那兒奪走了淮北之地，擊破淮河下游之淮夷，拓地七百里。在極短的時間內，齊國的土地幾乎翻了一倍。齊湣王壯志凌雲，打算一鼓作氣吞併兩周（**西周、東周**），自立為天子。

看到沒有，周王室就是一群餓狼嘴邊的肉罷了。

齊湣王想當天子？呸——各諸侯國很生氣，後果很嚴重。很快，燕、趙、魏、韓、秦五個國家聯合起來，儘管這五個國家互有矛盾，但在共同對付齊國這一問題上卻堅定不移。西元前二八四年，五國展開聯合軍事行動，在燕國上將軍樂毅的統領下，齊國幾遭滅頂之災，不可一世的齊湣王只當了半截霸主，死於非命。

風雨飄搖中的周王室又一次幸運地避免過早出局。

一個明顯的事實是，只要列國紛爭還在，周王室總還能擠出一小塊生存空間。九座象徵權力的大鼎總是有人窺視，窺視的人多了，反倒成了一種平衡力量。周王室依靠這種平衡力量，在戰國七雄的七顆雞蛋上小心翼翼地行走。

隨著齊國的衰落，華夏格局已經一覽無餘了：秦國是當之無愧的第一強國，同出一源的趙國緊隨其後，其餘五個國家，只有當看客的份了。秦、趙的平衡若是打破，天下歸一的趨勢就不可逆轉了。決戰時刻終於到來。

西元前二六二年，戰國史上規模最大的長平戰役打響。這是秦與趙兩國的總決戰，雙方投入兵力超過一百萬，這是賭兩國命運的大決戰。三年血戰，秦軍最終棋高一著，戰神白起再次上演冷酷無情的殺戮機器角色，趙國最精銳的四十萬軍隊葬送於長平。此役決定了歷史的未來走向，從此，秦軍在這個世界上再無對手。

新的統治者呼之欲出，舊的統治者的末日之門已昭然若揭。

長平之戰結束後四年（西元前二五六年），秦國以雷霆萬鈞之勢，再掀戰爭狂潮，先攻韓國，斬首四萬，再攻趙國，斬首九萬。東方諸侯們在秦國人滴血的屠刀下驚恐萬狀，唯一能保命的路只有一條：合縱抗秦。

在參加合縱運動的諸國中，看到了西周君的影子。儘管西周的力量那麼弱小，西周君仍然想著有一份光就發一份熱。只是他沒想到，這份光、這份熱最終把他烤死了。西周軍隊跟在諸國屁股後面，挺進到伊闕，阻止秦軍繼續東進。

秦昭王憤怒地發現，小小的西周君怎麼膽敢攻擊秦國呢，難道以為我秦國的鐵拳力道不夠重、不夠沉嗎？戰國時代的周王室從來未能擁有實際的權威，春秋時代的「尊王」思想已經蕩然無存。甭說秦國，就是其他中小諸侯也不把周王室放在眼中。當戰國進入尾聲時，周王室的命運早就注定了。秦國吞併二周的想法由來已久，早在秦武王時，那位尚武君王便幻想著「車通三川，以窺周室」，如今西周君卻不自量力武力拒秦，這只能加速周王室的覆滅。

很快，西周君就明白什麼叫「以雞蛋碰石頭」了。秦就是石頭，西周就是雞蛋。秦軍以泰山壓頂之勢直搗西周，西周一彈丸之地，如何抵擋？西周君已經沒有選擇了，他只能親自前往秦國請降，獻上三十六座城邑以及三萬人口。僅僅擁有三萬人口的西周，就這樣輕而易舉地被秦國吞併了。秦昭王放逐了西周君，這位西周領主最後鬱鬱而終。

西周完蛋了，末代天子周赧王也走到了人生的終點。自周赧王登基以來，就把都城遷往西周王城。他在位時間很長，總計有五十九年，可是終其一生只是一個窩囊天子。周赧王不用說號令天下，就是在西周這一小塊地盤裡也沒有實權，僅僅是依靠西周君才得以勉強生存。這位周天子不僅沒有權，也沒有錢。據說他曾向別人借錢沒還，結果債主追上門，天子為逃債躲在王宮內台。這件事成為一時的笑柄，後來人們把這座台稱為「逃債台」。秦滅西周後，老朽的周赧王也一命嗚呼，象徵周室權力的九鼎落入秦人之手。

西周滅亡了，西周的百姓不願意成為秦國的臣民，紛紛逃到東周。此時周赧王已死，東周君掂量一下自己的分量，不敢把王冠戴在頭頂。從此之後，再無周天子，周王朝實際上也宣告結束。

唇亡齒寒，西周被秦國吞併後，東周君惶惶不可終日，為了自保他只能聯合東方諸侯對抗秦國。事實證明東方諸侯聯盟向來是鬆散的，合縱同盟未能挽救東周的命運。西元前二四九年，秦莊襄王遣宰相呂不韋率軍入侵東周。東周的命運與西周如出一轍，在秦軍的打擊下很快瓦解了。東周君被放逐到一個叫陽人聚的地方，東周滅亡。

兩周先後亡於秦國之手，這也宣告了周朝八百年歷史的徹底結束。

其實，這一點也不令人感到意外。從驪山之變始，曾號令天下的周王室就形同虛設，周王只是名義上的天子，在霸主們的保護下象徵性地存在著。及至戰國，在「齊魏相王」及「五國相王」後，重要的諸侯全部自封為王。從這個時候開始，諸侯已經不需要「周王」這塊招牌了，周王室的地位更是江河日下，滅亡只是遲早的問題。

長期以來，窺視周室的人不在少數，大家之所以遲遲不動手，並不是因為周王室有什麼實力，而是會引起嚴重的政治後果。吞併周室，勢必要成為天下公敵，倘若一個國家還沒有達到一枝獨秀、雄視天下的程度，那最好還是別打周室的算盤。故而以楚莊王之桀驁，欲窺鼎而不可得；以齊湣王之囂張，幻想吞併二周，最終落得個國破身亡的下場。秦國直到天下無敵、笑傲江湖之時，才把殘敗的周室一口吞下，把象徵天下權力的九鼎奪走。

一扇青銅大門緩緩關閉時間隧道的入口，一個曾經偉大的王朝永遠被拋進歷史的墳墓。人有生老病死，王朝也有興盛衰亡。在東周滅亡二十八年後，秦國一統中國，結束了漫長的諸侯爭戰時代。

一個舊的時代結束，一個新的時代即將開始。

這是歷史的新陳代謝！

夏商周大事年表

前二十七世紀　黃帝、炎帝阪泉之戰；黃帝、蚩尤涿鹿之戰；炎黃文明之開始

前二十六—前二十四世紀　少昊、顓頊、帝嚳時代

前二十三—前二十二世紀　帝堯、帝舜時代，一說堯禪讓予舜，一說堯為舜所囚；大禹治水；一說舜讓位於禹，一說舜為禹所放逐

前二十一世紀　夏啟與伯益爭奪王位，一說伯益讓位於啟，夏朝由是開端；夏啟滅有扈氏

前二十世紀　夏帝太康失位，后羿獨攬大權；寒浞政變，殺后羿；寒浞殺夏帝后相，后相妻逃走，生子少康

前十九世紀　少康以女諜女艾刺殺寒澆，滅寒浞，重立夏朝，史稱「少康中興」

前十七世紀　夏帝孔甲好方術鬼神，諸侯多叛，夏國勢漸衰

前十六世紀　末代帝王夏桀無道；商湯十一征滅夏；伊尹流放太甲，一說太甲三年悔過，伊尹迎回之；一說伊尹為太甲所殺

前十五世紀　商一度中衰，至商王太戊時復興

前十四世紀　商二度中衰，至商王祖乙二度復興

前十三世紀　盤庚遷都於殷，商朝曾五次遷都，此為最後之遷都。武丁大帝振興殷室，以傅說為相，殷國大治；武丁征鬼方，三年克之；武丁南伐楚，東征夷，西擊羌，此殷商武功之盛之時代

前十二世紀 古公亶父遷民於岐山，岐周興起；季歷七伐戎狄，周崛起為軍事之強邦；姬昌為西伯

前十一世紀 商紂暴政，殺比干、囚西伯；西伯得姜尚輔佐，開疆拓地，奠定滅商之基礎；周武王滅商，殺紂王；武王死，周公攝政，平管、蔡之亂；周成王、周康王尊先王之教，天下安寧，史稱「成康之治」

前十世紀 周昭王南征荊楚，於漢水為荊人所暗算，舟沉而死；周穆王征犬戎伐徐，開疆拓土；呂侯作《呂刑》

前九世紀 周懿王時，王室衰微

前八四一年 周厲王無道，國人暴動，周、召二公行政，稱「共和」；自該年始，中國歷史始有準確之紀年

前八二八年 周厲王死，周宣王繼位，法文、武、成、康之制度

前八二三年 周宣王伐玁狁

前八二二年 周伐西戎、淮夷、徐方，國勢復振，號為中興

前七八九年 周宣王伐姜氏之戎，周軍大敗，盡喪南國之師

前七八二年 周宣王卒，周幽王立

前七七一年 幽王烽火戲諸侯；犬戎破鎬京，殺幽王於驪山之下，西周滅亡

前七七〇年 周平王東遷，東周開始

前七〇七年 周、鄭繻葛之戰，周軍大敗，周桓王負傷，王室顏面掃地

前六七五年 子頽政變，驅逐周惠王，自立為王

前六七三年 鄭厲公伐子頽，周惠王復國

前六六七年 周惠王以齊桓公為侯伯，齊桓公尊王

前六三六年 王子帶叛亂，驅周襄王

前六三五年 晉文公勤王，殺王子帶，周襄王復辟

前六〇六年 楚莊王兵抵洛水，窺覬周之九鼎

前五二〇年 王子朝與周悼王爭位，周之內亂前後十數年

前五〇二年 周之內亂平定

前三六七年 周室分裂為西周、東周

前二五六年 西周滅亡，末代周王周赧王卒

前二四九年 東周滅亡

大地叢書介紹

作者：姜狼

定價：360 元

本書是一部通俗歷史讀物，是歷史中國系列中的一部。全書共分數十篇章，從春秋五霸（齊桓公姜小白、晉文公姬重耳、宋襄公子茲甫、秦穆公嬴任好和楚莊王熊侶）到春秋名相（管仲、晏嬰）；從著名兵法家（田穰苴、孫子）到春秋名臣（伍子胥、范蠡）；再由儒家的代表孔子到道家的代表老子，還有對中國文學史上第一部詩歌總集《詩經》的介紹，等等，作者將春秋近三百多年的歷史用一種獨特的方式展現在讀者面前。

大地叢書介紹

作者：醉罷君山
定價：320 元

秦朝（西元前221年－西元前207年），是中國歷史上第一個建立大一統的帝國。秦朝源自周朝諸侯國-秦國。秦國於戰國時期逐漸轉強，到秦國君王嬴政陸續征服六國而一統中原，史稱秦朝。

秦王政建立秦朝後自稱「始皇帝」（即秦始皇），從此中國有了皇帝的稱號。雖然秦朝外表十分強盛，但由於秦始皇集權、過度發展、嚴重勞役百姓，所以秦朝之統治不免帶有苛急、暴虐之特點，讓天下百姓飽受苛政之苦而想要叛變。

秦始皇最後留下的，是一個外強中乾的帝國。秦二世繼位後，秦廷被掌權的趙高掌控而混亂不堪。此時秦末民變爆發，六國有力的軍人各自復國，雖然秦將章邯努力平亂，但於鉅鹿之戰被楚將項羽擊敗，秦軍主力投降。西元前207年十月，新任秦王子嬰於咸陽向楚將劉邦投降，秦朝滅亡。

本書用故事串聯歷史，帶你逃離歷史課本的枯燥，回到那個活生生的大秦帝國。

大地叢書介紹

作者：劉學銚

定價：300 元

歷史是什麼？廣義是過去發生的事，狹義是經過後人篩選過濾的事。現代人要了解歷史必須透過先人留下來的各種史書，歷史是人寫的，寫歷史的史官總會有既定的政治立場，很多主流的歷史說法也不一定是歷史真正的原貌。還原歷史真相，從不同的角度看歷史，也許會發現，我們曾經以為很熟悉的歷史會是如此的陌生。

本書包含以下十個主題：

一、北魏後宮多高句麗女子。二、花木蘭其人、其詩、其事。三、 掀開五胡十六國序幕的匈奴劉淵。四、北魏洛陽的靈異事件與西域胡僧。五、幾個末代皇帝事蹟。六、成吉思汗的霸業、容貌與陵寢。七、隋、唐先世多胡化。八、五世達賴喇嘛、噶爾丹與中俄尼布楚條約。九、匈牙利是匈奴的後裔？十、稗官野史中的武則天。

作者根據史料旁徵博引、交叉比對，加上本身專業的經驗與研究的修為，引領大家進入塵封已久的歷史禁地，窺探古代那些不為人知的傳奇軼事，帶給你聞所未聞的閱讀享受，看得過癮、讀得暢快—歷史原來是這樣。

夏商周原來是這樣 / 醉罷君山著. -- 一版.-- 臺北
市：大地, 2018.02
面：　公分. --（History：100）

ISBN 978-986-402-280-9（平裝）

1.中國史　2.通俗史話

610.9　　107000456

夏商周原來是這樣

HISTORY 100

作　　者	醉罷君山
發 行 人	吳錫清
主　　編	陳玟玟
出 版 者	大地出版社
社　　址	114台北市內湖區瑞光路358巷38弄36號4樓之2
劃撥帳號	50031946（戶名：大地出版社有限公司）
電　　話	02-26277749
傳　　眞	02-26270895
E - mail	vastplai@ms45.hinet.net
網　　址	www.vastplain.com.tw
美術設計	普林特斯資訊股份有限公司
印 刷 者	普林特斯資訊股份有限公司
一版一刷	2018年2月

大地

定　　價：300元
版權所有・翻印必究
Printed in Taiwan

本書繁體中文版經由「丹飛經紀」
授權大地出版社獨家出版發行